기업재무전략 사례로 본

대한민국 성공중견기업의 조건

KAIST
금융 및 기업지배구조 연구실 편집

SukJung
도서출판 석 정

대한민국
성공중견기업의 조건

발 행 일 2007. 8. 20. 제1판 1쇄 인쇄
2007. 8. 30. 제1판 1쇄 발행

책임편집 박광우
발 행 인 황의민
발 행 처 도서출판 석 정

등 록 1980. 1. 24 3-78호
주 소 서울특별시 마포구 동교동 203-3
전 화 332-6293
팩 스 334-5367

ISBN 978-89-88806-48-7 93320
정가 15,000원

머리말

우리나라에서는 본격적인 경제발전을 경험한 60년대 이후 수많은 기업들이 부침하였다. 우리는 성공한 기업이나 실패한 기업에서 다같이 배울 점이 있음을 발견한다. 그리고 오늘의 성공한 기업이 내일의 성공기업으로 계속 자리매김하기 위해서는 부단한 경영혁신이 필요함을 알게 된다. 특히, 우리나라 기업들의 성패에는 기업재무전략(Corporate Finance Strategy)을 어떻게 취하느냐가 그 기업 성패에 매우 중요한 요인으로 작용한다. 이는 물적 자원이 부족한 우리 기업들이 일어나기 위해서는 그 동안 어떻게 효율적으로 자금을 조달했고, 이를 운용했는가가 기업성공에 아주 긴요한 요건이 되었기 때문이다.

기업재무활동의 전과정은 그 이론을 먼저 공부하는 것이 필요하다. 그리고 그러한 이론이 실무에서는 어떻게 효과적으로 적용될 수 있는지알기 위해서는 기업의 실제사례를 분석해 보는 것이 매우 유용함은 물론이다. 편저자는 그 동안 중앙대학교 경영대학, KAIST테크노경영대학원과 금융전문대학원에서 기업재무 강의를 통해서 하버드경영대학원(HBS) 재무회계분야의 여러 사례를 함께 학생들과 함께 토론하였다. 그런데 학생들과 편저자는 HBS사례 중에 해외기업들은 물론 삼성이나 대우계열사와 같은 우리나라 기업들과 제일은행이나 신한금융그룹과 같은 국내 금융기관에 대한 사례가 매우 많이 포함되어 있다는 사실을 국내기업의 사례를 HBS와 연계된 외국출판사에서 구입해 학생들과 함께 토론하는 어색한 상황이 벌어졌다.

그 동안 국내 전략경영학 분야에서는 미국사례 중심이 아닌 적지 않은 국내기업의 사례가 교재로 편찬된 바 있다. 전략경영과 직결되는 기업재무분야에서도 국내기업의 사례를 중심으로 발간된 교재가 등장할 때가 된 것 같다. 그래서 2005년 가을학기에 편저자의 기업재무정책을 수강하는 석박사과정의 학생들에게 편저자는 사례작성을 제안하게 되었다. 수강학생들에게 사례 작성 요령과 지침을 알려 주었고, 학생들이 선정하고 개발한 사례를 수업시간에 발표하게 한 후 형식과 내용에 대해 수정의견을 제시하였다.

향후 본 사례서가 기업재무와 경영전략 수업에서 사례로 사용될 뿐만 아니라 기업인을 비롯한 일반 독자들이 읽는데 어려움이 없도록 편저자의 의견이 반영된 학생들의 최종보고서는 지속적인 편집과정을 거쳐 본 교재에 포함된 다음 10편의 흥미로운 사례로 발간되었다.

첫 장에 나오는 레인콤 사례는 오늘날의 치열한 정보통신산업의 경쟁환경에서는 만년 승자도 없고 패자도 없음을 보여 준다. 2000년대 초에 MP3 플레이어 시장에서 신화를 창조했던 레인콤이 불과 정상정복 2년만에 애플의 iPod라는 복병을 만나게 된다. 이후 약화되는 경쟁력으로 2003년에 IPO(기업공개)는 성공했으나 2004년 무상증자 이후 주가평가에 불확실성이 고조되고 있는 상황이 사례에 나타나고 있다.

2장에서는 ‘Cody(coway-lady)’와 임대서비스 제도를 통하여 정수기 시장에서 선두를 달리고 있는 웅진코웨이를 소개한다. 2002년 이후 매출의 지속적인 감소와 경쟁사에게 잠식되고 있는 시장상황에서 웅진코웨이가 앞으로 나아갈 방향을 제언하고 있다. 또한 중견기업의 다각화(diversification) 전략측면에서 밝은 면과 어두운 면을 독자들로 하여금 생각해 보게 한다.

3장에서는 'BT(bio technology)' 산업의 지속적 발전을 위한 중요한 이슈인 국내 바이오기업들의 IPO 문제를 다루고 있다. 국내 바이오벤처기업의 대표격인 바이오니아라는 기업의 IPO 공모가 산정과정을 소개하면서 앞으로 국내 바이오기업들의 기업재무전략 방향을 제시한다. 이는 세계 바이오산업과 경쟁하기 위하여 실질적인 투자를 이끄는 아주 중대한 문제이기도 하다.

4장은 기업인수 및 합병 (M&A)에 대한 사례이다. ST&C의 해운회사인 세양선박에 대한 적대적 M&A시도 과정을 보여 줌으로써 M&A가 실제로는 어떻게 진행되는지 소개하고 있다. 앞으로 활성화될 M&A 시장을 고려할 때 세양선박의 방어전략은 타기업에게도 매우 흥미로운 주제이다.

5장에서는 코스닥 시장에서의 우회상장을 다루고 있다. 태원 엔터테이먼트라는 회사가 스펙트럼 DVD회사를 인수하여 우회적으로 주식을 상장하는 과정을 소개한다. 그 동안 신문지상에 많이 거론되던 우회상장 문제와 과제를 사례로 다루었다.

6장에서는 '락앤락' (Lock & Lock)이라는 브랜드로 밀폐용기 세계시장을 석권하고 있는 하나코비를 소개한다. 하나코비는 1985년 창사이래 지속적인 고성장을 이루고 있으나 최근 중국의 가짜제품과 타기업의 유사제품에 고전을 겪고 있다. 이러한 문제들을 해결하기 위한 하나코비의 전략을 살펴본다.

7장에서는 국내 도자기 업계의 양대 산맥 중의 하나인 한국도자기의 독특한 재무구조를 살펴본다. '무차입' 경영방침을 고수하게 된 배경과 한국도자기의 기업문화를 소개한다. 반면 라이벌인 행남자기는 '차입'을 통한 발전을 꾀하고 있어 이와의 비교를 통해 앞으로 한국도자기가 더욱 발전하기 위한 방향을 제시한다.

8장에서는 세계 헬멧시장에서 높은 시장점유율을 가지고 세계 유수기업과 동등하게 겨루고 있는 국내 중소기업인 홍진 HJC를 소개한다. 홍진 HJC는 1982년 미국시장에 OEM 방식이 아닌 독자 브랜드를 출품하여 성공한 기업이다. 기업재무전략을 넘어선 중소기업만이 가질 수 있는 독특한 조직문화를 소개하고 있다.

9장에서는 외국계 외식산업체가 시장을 장악하고 있는 가운데 토종 국내 중소기업으로 드물게 성공한 (주)놀부의 성공 요인을 분석하고 있다. 재무적 성과와 함께 중앙공급식주방과 독특한 지식경영을 통해 번창하고 있는 놀부의 현주소와 중견기업으로 나아가기 위한 전략을 제언한다.

10장은 국내기업의 배당정책에 대한 사례이다. 엠텍비젼은 중소기업으로서는 매우 드물게 차등배당정책을 제시하였다. 배당정책이 시장과 기업의 가치에 미치는 영향과 엠텍비젼이 차등배당정책을 결정한 그 배경을 소개하고 있다.

본 사례서의 출판을 많은 분들이 도와주었다. 본 사례서가 성공적으로 발간할 수 있도록 크게 격려해 주신 한국과학기술(KAIST) 서울 캠퍼스 배순훈 부총장님, 이재규 경영대학장님, 이봉수 금융대학원장님을 비롯한 여러 경영대학 교수님께 감사드린다. 또한 연구와 사례작성에 참신한 아이디어를 주신 기업재무연구회 김성민, 박경서, 박영석, 백제승, 변진호, 신현한, 연강흠, 위정범, 이원흠, 전상경 그리고 회장이신 최도성 교수님께 감사의 마음을 전한다. 또한 유익한 조언을 아끼지 않으신 남상구, 선우석호, 장하성, 정광선 그리고 조성욱 교수님께 감사드립니다. 편집과정에서 KAIST 금융 및 기업지배구조 연구실(Banking and Corporate Governance Lab)의 박현성군이 많은 시간 수고하였다. 도서출판 석정의 황종연 실장님은 이 사례서 발간을 기획하고 출판을 가능하게 하였음에 감사한 마음을 전한다.

본 사례서는 편저자가 알기로는 국내에서 처음으로 국내기업을 대상으로 발간된 재무전략사례집이다. 편저자는 사례서 발간을 준비하며 우리나라 중견기업 중에는 해당업종이나 상품에서 대한민국 1등일 뿐만 아니라 세계 1등인 분야가 의외로 많았음에 놀랐다. 독자들도 이 사례서에 소개된 성공한 대한민국 중견기업들을 더 잘 이해해, 우리나라에서 성공한 기업들의 조건이 무엇일지를 깊이 생각해 보는 기회가 되기를 기대한다.

2007. 6월 홍릉캠퍼스에서 편집을 마치며,

박 광 우

추천의 글

경영학교육에서 이론 전달과 함께 실무를 익히는 방편으로 사례분석이 국내대학에서 많이 시행되어 왔다. 지금까지는 하버드경영대학의 Case Study와 같이 해외사례에 의존하는 경향이 많았다. 이러한 그 동안의 여건에 비추어 이번에 한국과학기술원(KAIST) 경영대학 금융 및 기업지배구조연구실(Banking and Corporate Governance Lab) 박광우 교수와 그가 지도하는 석박사학생들이 국내기업의 기업재무와 경영전략에 대한 주제로 "대한민국 성공중견기업의 조건"이라는 사례서를 발간한 것은 우리나라 경영학 발전에 크게 기여할 것으로 본다.

16만이 넘는 기업고객과 거래해 온 중소기업금융의 리딩뱅크 최고경영자로서 성공한 기업들의 조건들에는 어떠한 것들이 있나 생각해 보았는데, 이 책은 기업재무와 경영전략 측면에서 이에 대한 답을 구하는데 적지 않은 도움을 준다. 10개의 사례를 통해 다음과 같은 몇 가지 공통점을 발견했다. 첫째, 재무적 곤경(financial distress)은 국내기업의 성장을 막는 큰 걸림돌이 되고 있다. 따라서, 기업들은 재무적으로 어려울 때 자금을 조달할 수 있는 창구원을 확보해 놓아야 한다. 즉, 은행과의 관계금융(Relationship Banking)을 강화해 나가야 한다. 이는 우리 기업은행이 주창하는 금융주치의(金融主治医)의 개념과 일치하는 것이다. 둘째, 부단한 경영혁신이 성공의 뒷받침이 된 것을 확인하였다. 오늘날과 같은 급변하는 경쟁환경에서 이러한 혁신활동은 지속되어야만 우량기업으로 살아남을 수 있음을 여러 사례들은 보여 주고 있다. 특히 지속적인 기술개발이야말로 중소기업의 생존을 담보한다는 사실을 확인할 수 있다.

마지막으로, 많은 우리나라의 성공기업들이 사회공헌활동을 활발하게 전개하고 있다는 점이다. 진정한 기업의 성공은 그 기업이 우리사회의 발전에 얼마나 기여하고 있느냐에 귀결될 것이다. 투명한 기업경영, 상생의 노사관계, 기업의 지속적인 성장, 그리고 늘 어려운 이웃을 따뜻하게 돌아볼 수 있는 기업이 진정 성공한 기업이다.

아무쪼록 우리나라의 많은 젊은이들이 finance 이론의 습득과 함께 본 사례서를 토론하며 실무에 대한 이해를 높여 이론과 실무를 겸비한 실력 있는 사람으로 사회에 진출하기를 기대해 본다.

기업은행장
강 권 석

차 례

제4장 세양선박: 적대적 M&A 시도에 대한 경영권 방어

제5장 태원 엔터테인먼트: 우회상장을 통한 코스닥 진출

제7장 한국도자기: '무차입 경영'의 신화는 계속될 것인가?

제8장 홍진 HJC: 세계인의 머리에 우리의 헬멧을

제 10 장 엠텍비젼(주): 잘 돌려줘야 성공한다

CHAPTER 01

레인콤: Reigny Day or Rainy Day

권영배
안　혁
홍광표

1.1 It's a Reigny Day, 레인콤

2005년 11월 어느 금요일 아침, 국내 유수의 사모펀드 펀드매니저인 안영표씨는 평소와 다름없이 왼손에는 에스프레소커피를 들고 iRiver MP3 플레이어를 통해 흘러나오는 음악을 들으며 상쾌한 마음으로 출근하였다. 지난 밤의 미국 NASDAQ시장 동향과 채권금리 동향을 살핀 후 개장을 기다리던 그에게 잠시 후, 한 직원이 다가와 말을 했다. "레인콤의 주가동향이 심상치 않습니다." 오늘도 개장과 동시에 3% 이상 하락하는 레인콤을 보며 안영표씨는 불길한 예감에 긴급회의를 소집하였다.

사상 최고치를 경신한 국내 거래소(KOSPI) 시장과 장기적인 침체에서 벗어난 코스닥(KOSDAQ)시장을 토대로 2005년 동안 안영표씨가 운영했던 펀드는 매우 좋은 수익률을 기록했다. 하지만, 그의 포트폴리오를 자세히 들여다보면 포트폴리오에 편입된 모든 기업들이 좋은 수익을 가져다 준 것은 아니었다. 특히 몇몇 기업은 좋은 브랜드 인지도와 나쁘지 않은 경영성과에도 불구하고 수익률 측면에서 그의 포트폴리오에 적지 않은 타격을 주었다. 그 중에서 레인콤은 안영표씨의 포트폴리오에 편입된 기업 중, 가장 많이 고민을 하고 있는 기업이다. 안영표씨는 팀원들과 함께 레인콤의 진정한 가치에 대해 논의를 하기 시작했다.

1999년 1월 현재 최대주주이자 CEO인 양덕준씨에 의해 설립된 레인콤은 직원 7명 자본금 3억 원으로 시작한 반도체 유통업체였다. 그 후 2000년 4월 주식회사 옵티로직을 합병하면서 전자부품 개발 능력을 확보하게 되었고, 아이리버(iRiver)라는

Exhibit 1 **회사 연혁**

1999.01	주식회사 레인콤 설립
1999.02	홍콩 현지법인 Reigncom HK 설립
2000.03	CD/DVD Pick-Up/Mechanism Tester 장비 개발 및 출하
2000.04	주식회사 옵티로직 합병
2000.05	홍콩 AV Concept으로부터 미화 560만 달러 투자유치
2000.07	국내 판매법인 (주)아이리버 설립
2000.08	미국 Sonicblue사와 Multi-CODEC CD Player 공급계약 체결
2000.10	벤처기업지정(기술평가기업)
2000.11	세계 최초로 Multi-CODEC CD Player개발 완료 및 출하
2001.01	레인콤 전자 통신연구소 설립
2001.11	미국현지법인 iRiver America 설립
2001.12	세계 초박형 MP3 CD 플레이어 'SlimX' 개발 MP3 CD 플레이어 세계 시장점유율 1위
2002.06	세계 최초로 Dataplay Disc를 재생하는 뮤직 플레이어 'iDP-100' 개발 및 출시
2002.09	MP3 플레이어 'iFP-100' Series 출시
2002.12	홍콩현지법인 iRiver Hong Kong설립
2003.01	Microsoft Media2Go 프로젝트 공동개발 파트너로 선정
2003.04	세계 초박형 MP3 CD Player 'iMP-550' 출시 MP3 플레이어 'iFP-300' Series 출시
2003.06	Hard Disk타입 플레이어 'H110' 출시
2003.07	일본현지법인 iRiver Japan 설립
2003.12	KOSDAQ 등록
2004.01	디지털 음원 서비스 업체인 유리온 설립
2004.02	유럽현지법인 iRiver Europh Gmbh 설립
2004.04	세계 최초 MP3 Player + DSC(Digital Still Camera) 제품 출시

자료: 레인콤

MP3 플레이어를 개발해 돌풍을 일으키며 국내시장의 50%, 세계시장의 10% 정도의 점유율을 차지게 되었다. 2004년 말 기준으로 600여 명의 임직원이 4,540억 원의 매출액을 달성하고 있는 레인콤은 우리나라에서 가장 성공적인 벤처기업 중의 하나로

Exhibit 2 **레인콤 주가 추이(수정주가 사용)**

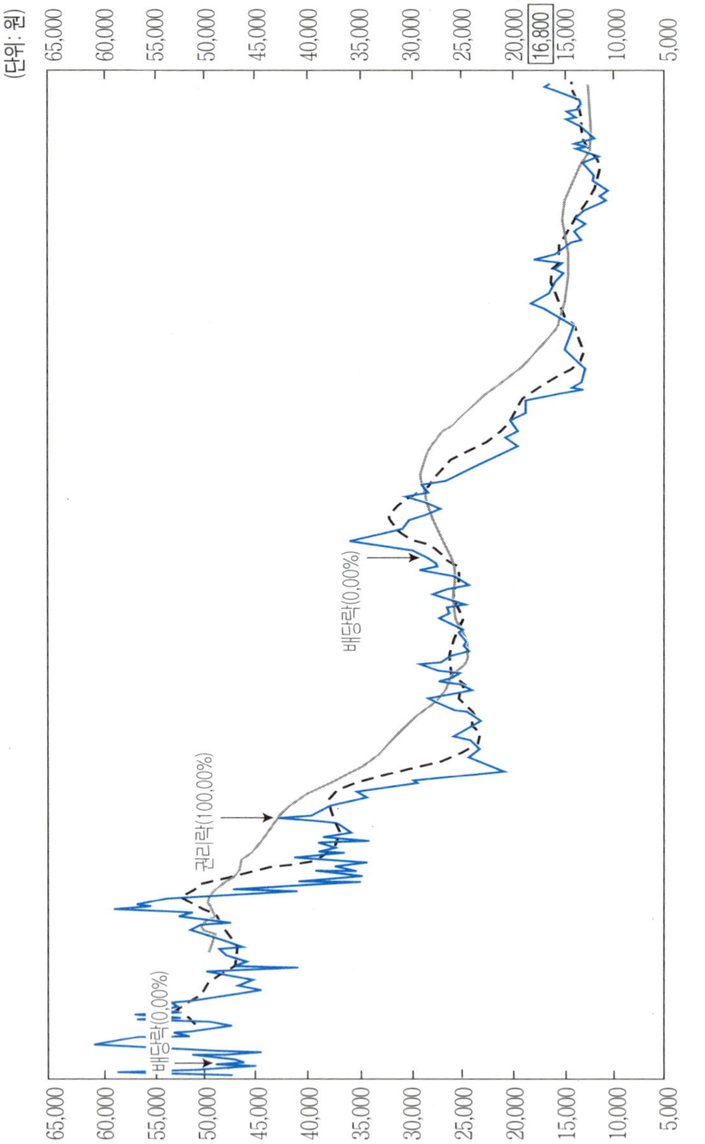

자료: 굿모닝신한증권

평가받고 있다〈*Exhibit 1. 회사연혁*〉.

2003년 12월 레인콤이 기업공개(Initial Public Offering: IPO)를 하였던 시점부터 안영표씨는 레인콤을 포트폴리오에 편입시켰다. 공모가는 47,000원으로 IPO 첫날 105,200원의 종가로 거래를 마쳤다. 그 후 한 달 정도 100,000원 내외에서 거래되었던 레인콤은 그 당시 증권가의 애널리스트들로부터 적정주가 130,000원 내외로 평가받았다.

2004년 7월 1일 100% 무상증자를 실시한 것을 감안한 수정주가를 보면〈*Exhibit 2. 레인콤 수정주가*〉, 2005년 12월의 평균 거래가격인 15,000원은 IPO 첫날 종가 대비 70% 이상 하락한 가격이다. 2005년에도 레인콤의 주가는 연초 대비 45% 이상 하락하였다. 안영표씨의 펀드에 투자한 몇몇 투자자들은 이와 같은 레인콤의 전체 수익률에 대한 악영향을 문제 삼아 안영표씨에게 심하게 항의하곤 하였다.

안영표씨는 이 시점에서 레인콤의 지속적인 주가 하락이 무엇을 의미하는지 재점검해 볼 필요를 느꼈다. 만약 IPO 당시의 적정주가 산출과정이 변화된 환경으로 인해 현재 유효하지 않다면 지금 시점에 맞추어 새롭게 산출해야 할 것이라 생각하였다. 하지만, 적정주가에 큰 변화가 없거나 새롭게 산출한 적정주가에 비해 지금의 주가가 마찬가지로 저평가되어 있다면, 장기적으로 레인콤을 그의 포트폴리오에 계속 유지시키는 것에서 더 나아가 투자 비중을 늘리는 것이 합리적일 것이라고 생각하였다.

우선 그는 레인콤을 자신의 포트폴리오에 편입시켰던 2003년 12월, 당시의 IPO 관련 보고서들로부터 다시 한 번 살펴보기로 하였다.

1.2 2003년, IPO

MP3 플레이어 시장

2003년 당시 대다수의 애널리스트들은 MP3 플레이어 시장의 성장성을 매우 긍정적인 시각으로 바라보고 있었으며, 2007년까지 전세계와 국내 MP3 플레이어 시장이 각각 연평균 48% 및 31%의 성장을 보이며, 각각 34억 달러와 2,785억 원 규모에 달할 것으로 전망하였다*〈Exhibit 3. MP3 플레이어 시장 규모〉*.

MP3 플레이어는 크게 CDP형, 플래시 메모리형과 그리고 HDD(Hard Disk Drive: 하드디스크 드라이브)형으로 나눌 수 있다. 기존의 CD에 MP3 파일을 저장하여 재생하는 CDP형 MP3 플레이어는, 2001년 레인콤이 MP3 플레이어 시장에 성공적으로 진입하게 하였던 제품이었지만 플래시 메모리형과 HDD형의 개발로 인해 2003년 이후 그 수요는 매우 미미한 실정이다. 플래시 메모리형 MP3 플레이어는 레인콤의 주력 상품으로 HDD형 제품에 비해 저렴한 가격과 편리한 휴대성으로 인해 2007년까지 지속적인 성장을 이룰 것이라고 예상되었다. 하지만 HDD의 큰 저장용량과 지속적인 HDD 가격의 하락 그리고 기술 개발로 인해 HDD형 플레이어 시장이 급격히 커져 2007년 이후에는 플래시 메모리형의 판매량을 추월할 것으로 전망되고 있었다 *〈Exhibit. 4 플래시형과 HDD형 플레이어 판매량〉*.

이와 같은 플래시 메모리형과 HDD형 MP3 플레이어의 고성장은 MP3 플레이어가 기존 휴대용 오디오를 대체할 것으로 판단하기 때문에 나온 전망이었다.

Exhibit 3 MP3 플레이어 시장 규모

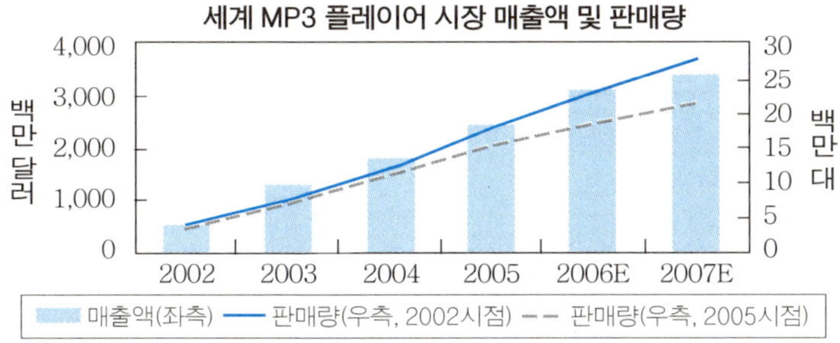

자료: 굿모닝신한증권, 자체 조사 결과

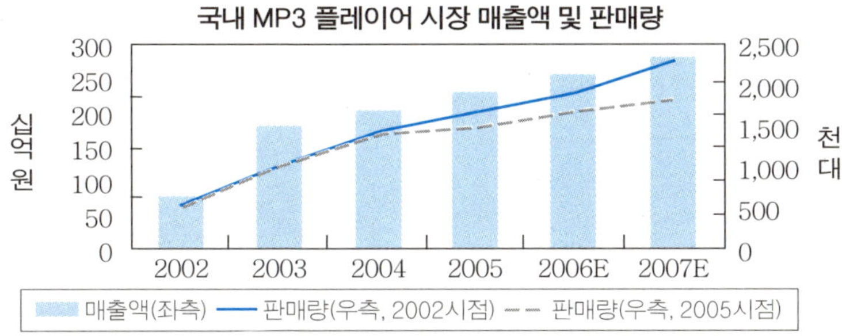

자료: 굿모닝신한증권, 자체 조사 결과

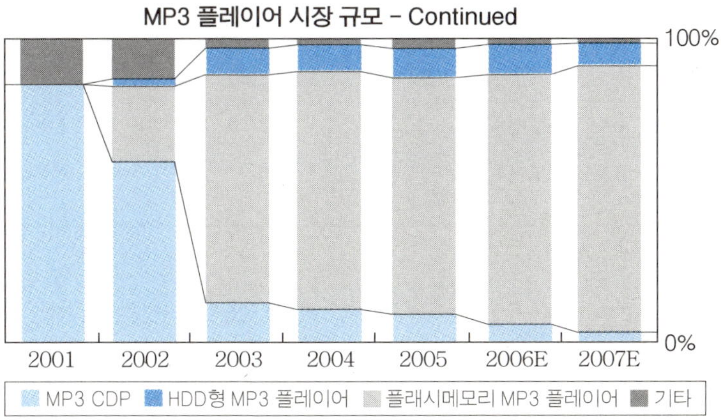

자료: Thomson Research

Exhibit 4 플래시 메모리형 vs. HDD형 MP3 플레이어

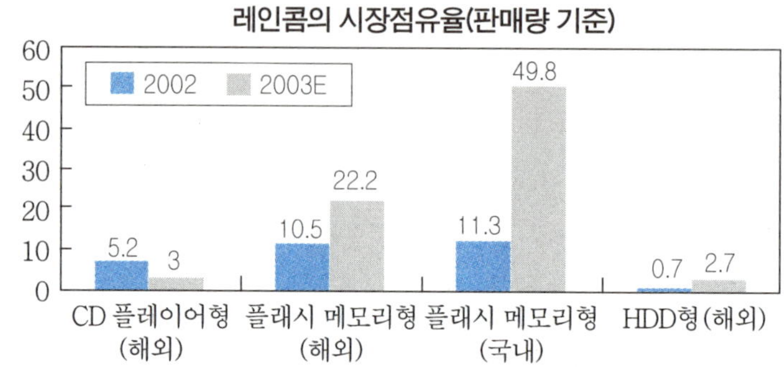

자료: 레인콤, IDC, 굿모닝신한증권, 자체 조사 결과

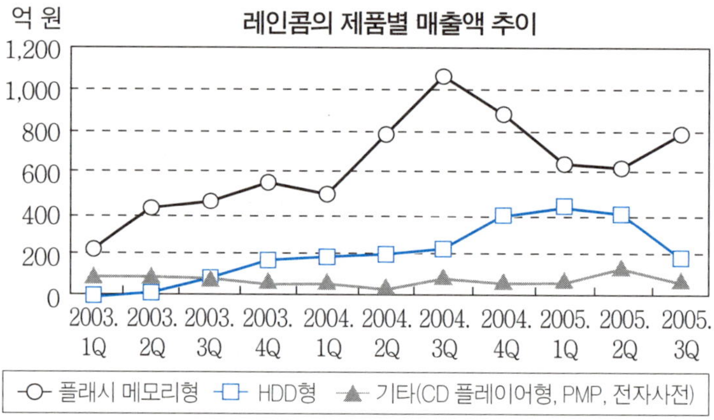

자료: 레인콤, IDC, 굿모닝신한증권, 자체 조사 결과

우선 플래시 메모리형 MP3 플레이어는 다른 휴대용 오디오 플레이어에 비해 휴대성이 뛰어나 목에 걸고다니는 것도 가능하며, CD 플레이어와 유사한 수준의 음질을 구현할 수 있다 *〈Exhibit 5. MP3 플레이어와 기존 휴대용 오디오 플레이어 비교〉*.

Exhibit 5 MP3 플레이어와 기존 휴대용 오디오 플레이어 비교

	MP3 플레이어	MD 플레이어	CD 플레이어	카세트 테이프 플레이어
녹음 기능	가능	가능	불가능	가능
콘텐츠 특성	디지털	디지털	디지털	아날로그
휴대성	매우 좋음	보통	나쁨	보통
음 질	좋음	매우 좋음	좋음	나쁨
크 기	매우 작음	작음	보통	보통
가 격	다양함	높음	낮음	매우 낮음
콘텐츠 생성 시간	곡당 몇 초	재생과 같은 시간	생성 불가능	재생과 같은 시간
저장 매체	플래시 메모리, 하드디스크	미니 디스크	CD	마그네틱 테이프

자료: 자체 조사 결과

HDD형 MP3 플레이어의 경우 방대한 저장용량으로 인해 수백 곡의 노래를 휴대하며 들을 수 있다는 장점이 있었다. 또한 플래시 메모리 또는 하드디스크와 같은 일반적인 저장 매체를 이용하므로 가격이 지속적으로 하락할 가능성이 높을 뿐만 아니라, 음악이 아닌 다른 종류의 데이터를 저장할 수 있는 저장 매체로 사용할 수도 있다.

이와 더불어 음악 CD로부터 MP3 파일 생성이 매우 쉽고 초고속 인터넷의 보급으로 MP3 파일을 공유하기 쉬어짐에 따라 MP3 플레이어의 수요가 쉽게 늘어날 것으로 예상되었다. 비록 음악 파일의 공유를 활성화시키는 P2P 등에 대한 규제가 있기는 하지만, MP3 파일의 편의성으로 인해 그 확산을 막지는 못할 것으로 전망하였다.

반면, MP3 플레이어가 기존의 오디오 플레이어에 위협을 주는 것과 마찬가지로 디지털 기기의 통합 현상은 MP3 플레이어에 새로운 위협이 되고 있다. 특히 오디오 재생기능을 가진 휴대폰의 보급은 2003년 당시 MP3 플레이어를 위협할만한 대체제로 평가받았다. 하지만, 휴대폰의 제한된 배터리 용량과 메모리 용량으로 인해 단기적으로 휴대폰이 MP3 플레이어 큰 위협을 줄 것으로 예상되지는 않는다. 또한 장기적으로도 2003년 당시의 MP3 플레이어의 빠른 개발 속도를 감안할 때 고성능의 MP3 플레이어를 위협할 수 있는 휴대폰은 실용화되기 어려울 것으로 예상되었다.

레인콤

레인콤은 2003년 당시 전세계 플래시 메모리형 MP3 플레이어 시장에서 22.2%의 점유율을 차지하였으며 국내 시장에서는 49.8%의 점유율을 기록하였다*〈Exhibit 6. 국내 상위 5개 업체 MP3 판매량, 2003년 상반기〉*.

특히 레인콤의 주력 제품인 플래시 메모리형 MP3 플레이어는 뛰어난 휴대성과 디자인으로 국내 및 해외 디지털 오디오 시장에서 좋은 평가를 받았다. 인상적인 시장점유율과 더불어 매출액 또한 2000년부터 2003년까지 연평균 209%라는 폭발적인 성장률을 기록하였다. 2001년의 경우 ODM 방식을 통한 CDP형 MP3 플레이어의 매출 급증으로 인해 전년 대비 500%가 넘는 매출액의 증가율을 보였다. 하지만 2003년, 이 시점에서 레인콤은 중대한 결정을 내리게 된다. ODM방식의 공급을 버리고 과감하게 iRiver라는 독자 브랜드를 내건 것이다. iRiver가 고성

Exhibit 6 **국내 상위 5개 업체 MP3 판매량, 2003년 상반기**(단위: 천 개)

업체명	국 내	해 외	합 계
레인콤	217	258	474
디지털웨이	60	140	200
삼성전자	60	120	180
현원	46	68	114
거원시스템	37	24	61
합계	420	610	1,030

자료: iNews24

능과 감각적인 디자인으로 미국시장에서 대성공을 거두며 레인콤은 세계적인 인지도를 확보할 수 있었고, 이에 따라 전년도 대비 200% 내외의 매출액 성장률을 기록할 수 있었다.

레인콤의 급격한 성장은 MP3 플레이어 시장의 성장세와 더불어 레인콤이 가지고 있는 몇 가지 경쟁우위의 영향이 컸다고 평가되었다.

첫째, 다른 경쟁업체에 비해 원재료 조달능력이 우수한 점을 들 수 있었다. 반도체 유통사업을 통해 사업을 시작한 레인콤은 삼성전자 해외수출부문 이사를 지낸 경력이 있는 CEO 양덕준씨의 영향력으로 인하여 삼성전자를 제외하고 가장 싼 가격으로 플래시 메모리를 조달할 수 있는 능력이 있다고 판단되었다. 또한, 급격한 플래시 메모리 가격의 변동을 상쇄할만한 충분한 양의 플래시 메모리 물량을 확보하고 있었다.

레인콤의 또 다른 경쟁우위는 세계적인 전자제품 디자인 업체로 유명한 이노디자인에 디자인을 위임(outsourcing)하여 디자인의 차별화를 추구하고 있다는 점이다. 이노디자인은 삼성전자 캠코더와 LG전자 디오스 냉장고 등을 디자인했으며, 2003년

Exhibit 7 판매채널 vs. 레인콤 중국 공장

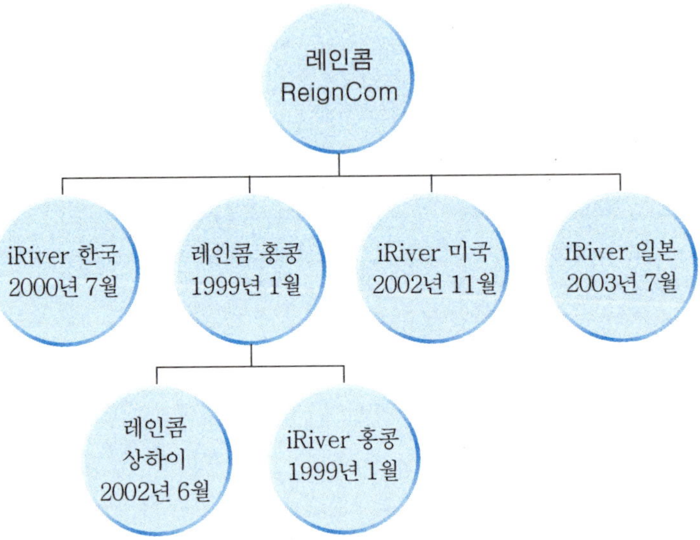

자료: 레인콤

자료: 동원증권

베스트 바이(Best Buy)에서 판매순위 1위를 차지한 레인콤의 "The Craft"도 이노디자인의 작품이다. 레인콤은 이처럼 디자인에 대한 비용으로 제품 매출액의 약 2%를 이노디자인에게 지급하는 것으로 추정되었다. 이와 같은 디자인에 대한 과감한 투자는 우수한 품질에도 불구하고 디자인이 약하여 시장 단계에서 고전을 면치 못하고 있는 여러 벤처기업에 좋은 본보기가 되고 있었다.

또한, 레인콤이 고속 성장을 하는 데에는 탄탄한 해외 네트워크가 큰 역할을 하였다. 레인콤은 2003년 당시 해외에 6개의 자회사를 보유하고 있으며, 이들 대부분 유통 채널로서 활용되고 있다. 이로 인해 전세계에 걸친 직접 판매 채널을 확보함으로써 본사의 마진을 극대화할 수 있었고〈*Exhibit 7. 판매채널*〉, 베스트바이, LG 홈쇼핑, 써킷시티(Circuit City), 하이마트와 같은 국내외의 주요 소매업체와도 판매 계약을 맺고 있었다.

그리고 레이콤의 2대 주주의 자회사 AV Chaseway와 아웃소싱 계약을 함으로써 중국에서 연간 240만 대의 제품을 생산할 수 있는 능력을 갖추었다. 중국에서 제품을 생산함에 따른 유연한 고용과 인건비 절감으로 인해 해외시장에서의 대량 주문에 대한 대응력과 원가 경쟁력을 키울 수 있었다.

주식 가치 평가

위에서 살펴본 것처럼 레인콤의 IPO 시점인 2003년 당시의 많은 애널리스트들은 MP3 플레이어 시장의 고성장성과 레인콤의 경쟁력을 바탕으로 레인콤의 순이익 및 EPS가 2006년까지 연평균 약 21.1% 및 12.7% 성장할 것으로 전망하였다〈*Exhibit 8.*

Exhibit 8 EPS 및 순이익 vs. 주요 MP3 플레이어 업체 영업이익률 추이

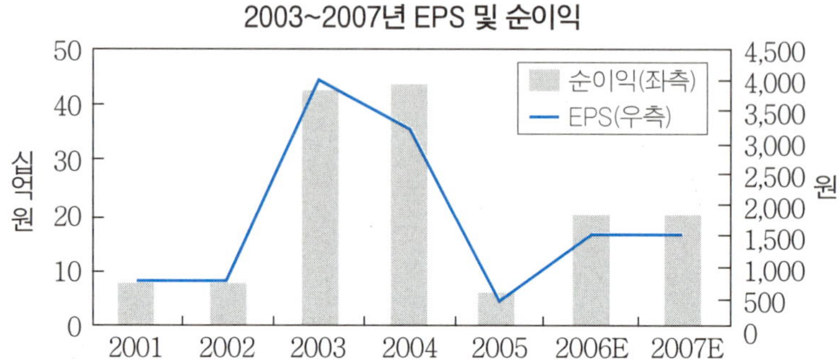

자료: 레인콤, 굿모닝신한증권, 동원증권, 자체 조사 결과

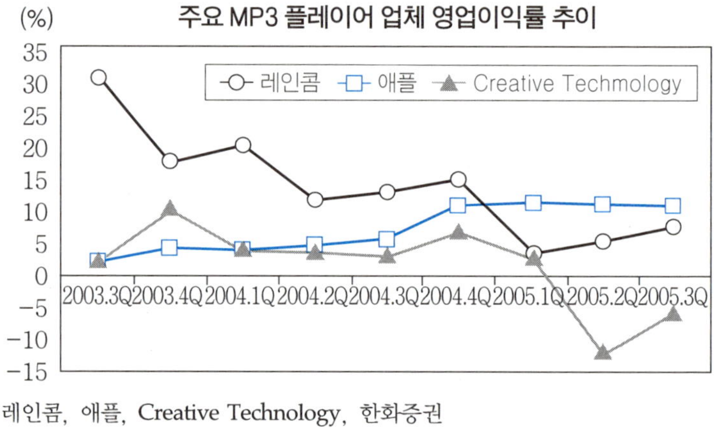

자료: 레인콤, 애플, Creative Technology, 한화증권

EPS 및 순이익〉. 또한, 플래시 메모리형 MP3 플레이어에서의 세계 시장점유율은 2003년 22.2%에서 2007년 25.0%까지 점진적으로 상승할 것으로 기대하였다.

그러나 2003년 49.8%로 추정되는 레인콤의 국내 시장점유율

Exhibit 9 **영업이익 및 영업이익률 추정**

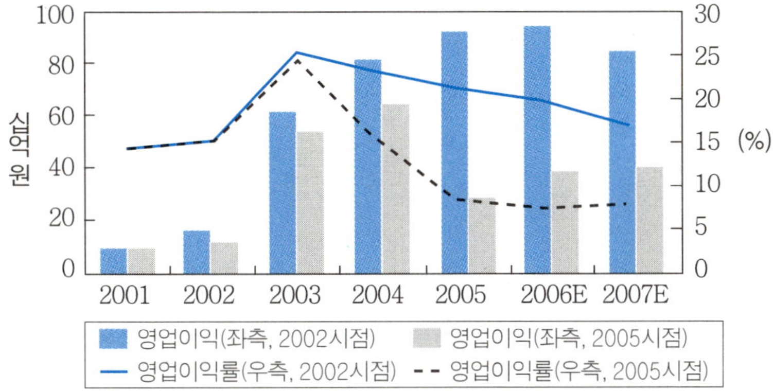

자료: 레인콤, 굿모닝신한증권, 자체 조사 결과

결산기	매출액 (억 원)	영업이익 (억 원)	경상이익 (억 원)	순이익 (억 원)	순부채 비율(%)	ROE(%)	PER(배)
2002	800	127	87	81	0	41.6	n.a.
2003	2,259	540	467	423	0	55.8	12.3
2004	4,540	651	511	435	2.9	29.8	11.1
2005E	4,664	275	66	63	25.2	3.8	26.7
2006E	4,808	377	252	202	28.9	11.7	8.3

자료: 레인콤, 굿모닝신한증권, 동원증권

은 국내 경쟁업체들의 저가 공세로 2007년에는 35.0%까지 하락할 것으로 예상하였으며, 영업이익률은 2003년을 정점으로 점차 감소하여 2006년에는 20% 수준까지 떨어질 것으로 전망하였다 *〈Exhibit 9. 영업이익률〉*.

굿모닝신한증권(Good Morning Shinhan Securities: GMSH)은 위와 같은 전망과 레인콤의 위협 등을 고려하여 레인콤의

Exhibit 10 현금흐름할인법에 의한 적정주가 산출

(십억 원)	2003E	2004E	2005E	2006E	2007E	
세후영업이익	45.9	61.8	66.9	72.6	64.4	
감가상각비	1.9	3.8	5.6	5.6	5.4	
무형자산강각비 및 비현금성 비용	5.3	4.4	6.8	2.0	2.0	
총현금흐름	53.1	70.1	79.4	80.1	71.8	
운전자본 증가분	18.6	2.5	23.6	6.3	5.5	
유형자산 증가분	1.0	6.9	6.1	4.5	6.2	
무형자산 증가분	0.1	0.4	0.5	0.5	0.6	
투자자산 증가분	(0.4)	1.4	1.2	0.8	0.5	
총투자금액	19.2	11.2	31.4	12.2	12.7	
잉여현금흐름	33.9	58.8	48.0	67.9	a9.1	영구가치
순현재가치	33.9	53.2	39.3	50.2	39.6	539.0
순현재가치의 합		755.2				
순차입금		(88.0)				
영구성장률(%)		3.0				
기업가치		543.2				
적중주가(원)		129,722				

자료: 굿모닝신한증권 추정

가중평균자본비용/영구성장률	0.0	1.0	2.0	3.0	4.0	5.0	6.0
7.6	138,614	153,349	173,384	202,205	247,217	327,390	510,332
8.6	124,560	135,543	149,874	169,360	197,393	241,172	319,150
9.6	113,446	121,896	132,581	146,523	165,480	192,752	235,343
10.6	104,437	111,102	119,324	129,722	143,290	161,737	188,275
11.6	96,966	102,351	108,839	116,842	123,963	140,169	188,125
12.6	90,722	95,114	100,337	106,653	114,445	124,298	137,155
13.6	85,382	89,028	93,304	98,391	104,542	112,130	121,725

자료: 굿모닝신한증권 추정

적정주가로 130,000원을 제시하였다. 이는 현금흐름할인법(Discounted Cash Flow: DCF)에 의해 산출된 것이다〈*Exhibit 10. 현금흐름할인법에 의한 적정주가 산출*〉. 2003년 12월 19일 등록 예정인 관계로 국내 및 해외 MP3 플레이어 제조업체의 과거 시장수익률에 의거하여 시장수익률 대비 레인콤의 수익률(beta)을 1.09로 가정하였다. 한편, 도출된 적정주가는 2004년 추정 EPS(Earnings Per Share) 기준으로 시장(Kosdaq) 평균보다 15.3% 높은 수준이며, 세계 시장에서의 레인콤의 선도적 지위와 MP3 플레이어 시장의 높은 성장성을 감안할 때 이와 같은 프리미엄은 적절한 수준인 것으로 판단되었다.

이와 같은 굿모닝신한증권에서 제시한 130,000원의 적정주가와 더불어 외국계 증권사인 CLSA 증권은 140,000원, 메릴린치는 170,000원의 적정주가를 제시하였다.

1.3 2005년 현재, It's a Rainy Day

안영표씨는 IPO 당시의 증권사 보고서를 보면서 한숨을 내쉬었다. 당시 누구나 레인콤의 장밋빛 미래만을 예상하였지 어느 하나 이토록 치열한 시장 상황을 예측한 이는 없었다. 안영표씨는 팀원들과 함께 2003년, IPO 이후 새롭게 변화된 시장상황과 레인콤의 현황을 살펴보기로 하였다.

MP3 플레이어 시장

2003년 이후 MP3 플레이어 시장은 플래시 메모리형 MP3 플레이어가 주류를 이룬 가운데 iPod의 선전으로 HDD형이 약 10%의 시장을 차지하고 있다*〈Exhibit 3. MP3 플레이어 시장 규모〉*.

그러나 2005년 HDD형 MP3 플레이어를 주도하던 미국의 애플사가 iPod nano라는 플래시 메모리형 MP3 플레이어를 출시하면서 플래시 메모리형 MP3의 시장은 더욱 확대될 것으로 생각된다.

애플과 iPod

애플이 퍼스널컴퓨터 부문의 부진을 만회하기 위해 스티브 잡스의 지휘 아래 MP3 플레이어를 출시하였다. 초기에 출시된 iPod은 HDD형 MP3 플레이어로 독특한 사용 방식과 매력적인 디자인을 바탕으로 초기 HDD형 시장을 선점할 수 있었다. 플래시 메모리의 가격하락과 더불어 플래시 메모리형이 가지는 휴대성에 착안하여 'iPod Shuffle'을 출시하고 2005년 9월 말에는 'iPod nano'를 출시하여 플래시 메모리형 MP3 플레이어 시장에 진출하였다*〈Exhibit 11. Apple Computer 주가 동향〉*.

애플의 경우, 단순히 MP3 플레이어를 판매하는 것에서 더 나아가 iTunes 서비스를 통해 음원 제공 서비스도 겸하고 있다. iTunes를 통해 음원 제공자와 소비자를 연결해 주는 역할과 더불어 향후에는 모바일 시장 진출을 꾀하고 있다. 또한, 비디오 기능을 탑재한 iPod를 출시하고 iTunes를 통한 비디오 서비스도 계획중이다.

Exhibit 11 Apple Computer 주가 동향

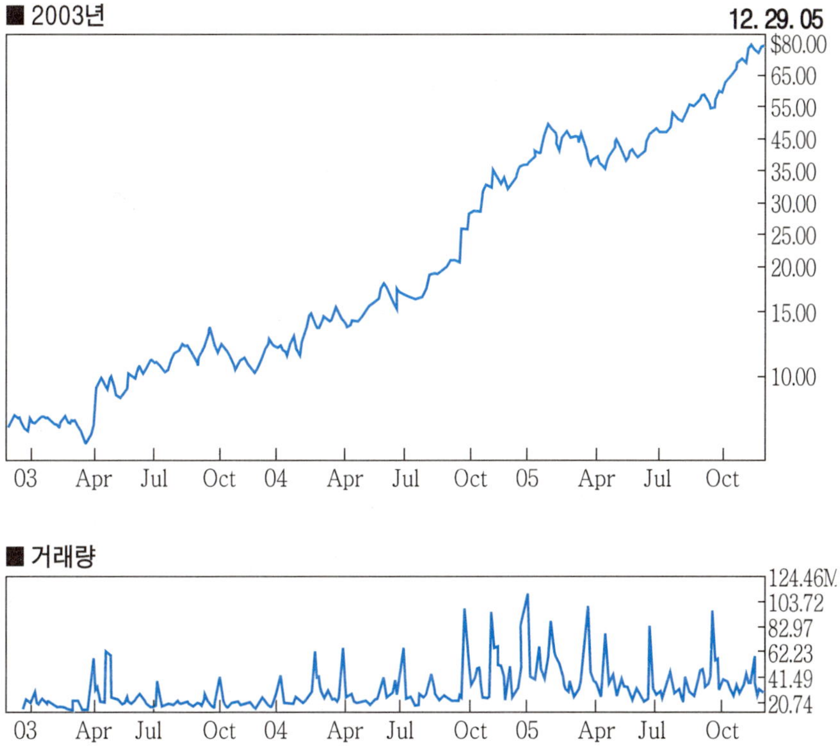

자료: EDGAR

디지털 컨버전스(Digital Convergence)

디지털 컨버전스 현상은 디지털 제품 또는 서비스가 융합되어 새로운 형태의 제품이나 서비스로 탄생하는 현상을 말한다. 21세기에 들어 다양한 종류의 디지털 기기의 출현과 기술의 발전으로 인해 이와 같은 디지털 컨버전스 현상은 더욱더 가속화

Exhibit 12 **MP3 핸드폰 탑재 현황**

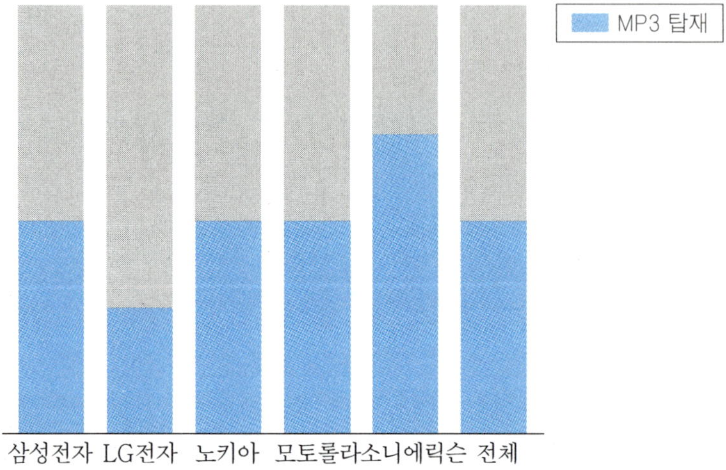

자료: 동원증권, 2005

되고 있다.

MP3 플레이어를 위협할 것으로 예상하였던 오디오 기능을 가진 휴대폰은 2003년 당시에는 향후 큰 위협이 되지 않을 것이라 전망했었다. 하지만 생각보다 빠른 속도로 개발되는 소위 MP3폰은 배터리 용량증가와 플래시 메모리 가격의 하락에 힘입어 급격히 시장을 확대하였다. *〈Exhibit 12. MP3 핸드폰 판매동향〉*. 특히 디지털카메라와 MP3 플레이어 기능이 결합된 휴대폰이 청소년층에서 선풍적인 인기를 끌면서 iRiver의 입지를 더욱 좁게 만들었다.

또한, 휴대폰뿐만 아니라 오디오 기능을 부가적으로 사용할 수 있는 PDA, Sony의 PSP와 같은 휴대용 디지털 기기는 인접

시장인 MP3 플레이어 시장에 위협을 주고 있다.

플래시 메모리형과 하드디스크 드라이브형 MP3 플레이어

MP3 플레이어의 저장 매체에 따른 경쟁 구도가 2004년 이후 본격화되었다. 플래시 메모리형 시장에 집중한 국내 업체와 달리, 애플은 HDD형 제품만을 출시하였다. 하지만, 애플이 HDD형 MP3 플레이어 시장 장악에 성공하고, 최근 플래시 메모리형 제품인 'iPod nano'를 출시하면서 HDD형은 애플이, 플래시 메모리형 시장은 국내 업체들이 주도하던 과거의 구도가 깨지고 전반적으로 플래시 메모리형 제품이 시장을 선도하게 되었다*〈Exhibit 4 플래시 메모리형 vs. HDD형 MP3 플레이어〉*.

iPod 제품을 통한 애플의 공세는 국내 업체들에게 판매량 감소 이외에도 판매단가 하락압력으로 인한 수익성 악화를 가져왔다*〈Exhibit 8. 주요 MP3 플레이어 업체 영업이익률 추이〉*. 또한 애플의 플래시 메모리 대량 수요로 인한 전반적인 플래시 메모리 공급부족현상은 다른 업체의 생산차질을 유발시켰으며 원가 경쟁력에서 밀리게 하는 결과를 초래하였다.

대체재로 부각되는 MP3 폰

2004년 2분기부터 본격적으로 출시된 MP3 핸드폰 출시는 초기에는 저장용량이 부족하여 용량이 작은 저가 MP3 플레이어 시장에만 영향을 주었지만, 저장용량의 확대와 온라인 음원의 활성화, 기기 간의 컨버전스로 인하여 가장 위협적인 대체제로 부각되고 있다.

실제로 온라인 음원의 경우 대부분 이동통신사들이 서비스를 실시하고 있다(SKT의 멜론, KTF의 도시락, LGT의 뮤직온). 이들은 MP3 플레이어 고객들이 음악 콘텐츠를 쉽게 이용할 수 있도록 하여 MP3 보급에 긍정적인 역할을 할 것으로 생각되지만, 한편으로는 이동통신사들이 온라인 음원 서비스를 겸하고 있기 때문에 MP3 플레이어 업체들에 대해 불리한 점으로 작용할 수 있을 것으로 생각된다.

이러한 측면에서 레인콤의 자회사인 유리온이 펀케익닷컴(FunCake. com)을 통해 유료 음악콘텐츠를 공급하고 있지만, 이동 통신사의 네트워크 효과(network effect: 다수의 가입자를 확보한 서비스 공급자가 이러한 고객 기반을 통해 경쟁사에 비해 높은 수익을 올리는 현상)로 인하여 실제 가입고객을 늘리는데 어려움을 겪고 있다.

이러한 점들이 레인콤의 미래에 어두운 그림자를 드리우고 있다. 점점 경쟁이 심화되는 MP3 플레이어 시장상황은 레인콤의 매출이나 영업이익률이 개선되는 데 큰 어려움이 되고 있다.

1.4 포트폴리오 제외 혹은 비중 확대?

2003년 레인콤의 성공적인 IPO 당시 상황과 비교하여 2005년 현재 MP3 플레이어시장은 매우 경쟁이 치열해졌으며, 그로 인해 더 이상 폭발적인 성장과 높은 수익률을 보장해 주는 시장은 아니다.

하지만, 레인콤은 iRiver라는 강력한 브랜드와 감각적인 디자인, 높은 품질 등의 경쟁력을 갖고 있기에 레인콤의 미래가 어둡다고만은 할 수 없다. 따라서 안영표씨는 새로운 시장상황에 맞는 레인콤의 재평가가 이루어져어야 할 시점이라 판단하였다. 과연 레인콤은 아직까지 매력적인 투자대상인가?

CHAPTER 02

웅진코웨이: 차별화 전략을 통한 블루오션 창출

박 헌 국
이 재 혁
김 효 선

2.1 회사 개요

IMF 위기 이후 앞만보고 숨가쁘게 달려온 지난 6~7년보다 박용선(朴龍善 · 48) 웅진코웨이 사장은 얼마 남지 않은 2005년 한 해가 더 바쁘게 느껴진다. 지난 5월, 웅진코웨이와 웅진코웨이 개발을 웅진코웨이로 합병하고, 전사 총괄경영을 맡게 된 박 사장은 눈 코 뜰 새 없이 바쁜 하루를 보내느라 사무실 창 밖으로 보이는 다양한 색으로 점등된 화려한 장식물들 조차도 박용선 회장의 마음을 들뜨게 하지 못하는 것 같다.

박용선 사장은 웅진코웨이의 성장에 날개를 달아 준 주인공이다. 웅진 미디어 관리이사, 그룹 종합감사실장을 거쳐 마흔 한 살의 젊은 나이에 웅진코웨이개발 대표로 발령이 났다. 그는 1998년 대표이사로 부임한 뒤 소비자에게 빌려 준 정수기를 관리하는 코디 제도를 고안했고, 임대(rental) 마케팅을 진두 지휘했다. 외환위기 여파로 주머니 사정이 좋지 않은 소비자의 형편을 감안, 고급 정수기를 매달 일정액을 내고 빌려 사용하도록 한 것이다. 임대 서비스와 코디(Coway lady) 제도라는 두 가지 획기적인 경영전략의 도입으로 웅진코웨이는 IMF의 위기상황을 여유 있게 벗어나서 6년 동안 800%라는 고속의 성장을 하게 된다. 박 사장 취임 첫해 890억 원의 매출을 기록한 회사는 성장을 거듭, 2004년엔 8,278억 원의 매출을 올렸고 웅진코웨이개발을 합병한 올해 매출 목표는 1조 2,000억 원, 경상이익 목표는 1,050억 원. 3년 뒤엔 매출을 2조 2,000억 원까지 끌어올릴 계획이다.

거침없이 달려온 웅진코웨이의 성공스토리는 세간에 책을

통해, 혹은 신문, 잡지의 지면을 통해 많은 사람들에게 신화적인 이야기로 알려져 왔었다. 하지만 시장에서 영원한 승자가 없다는 점을 누구보다 잘 아는 박용선 사장은 요즘 많은 고민을 하고 있다. 웅진코웨이가 기업으로서 짧은 역사를 가지고 있는 부분을 항상 걱정하던 박 사장은 2002년 이후 뚜렷한 감소세를 보이는 매출의 변화와 정수기 시장을 시작으로 시장점유율을 잠식해 오고 있는 다양한 경쟁자들의 약진에 긴장하고 있다.

박용선 사장은 이러한 웅진코웨이의 현안을 해결하고 이제는 좁은 울타리를 뛰어넘어 세계로 도약하는 기업의 반석을 다지기 위해 새로운 전략의 실행을 준비하고 있다. 내년부터는 본격적으로 해외 시장을 개척하여 기업이 처한 성장성 정체의 문제를 해결하고 앞으로 오랫동안 세계시장에 웅진코웨이를 당당한 생활환경 선두 기업으로 성장시키기 위해 노력하고 있다. 이러한 노력의 일환으로 웅진코웨이는 서울대와 지난 6월 '웅진 R&D센터(가칭)' 설립을 위한 약정을 체결했다. 서울대는 웅진코웨이와 함께 20년 동안 연구동을 운영하면서 물, 공기, 건강과 관련된 환경 기술 분야, 새로운 가전 아이템에 대한 공동 연구를 진행할 계획이다. 이러한 연구가 계획대로 결실을 맺는다면 웅진코웨이는 2007년까지 세계에 내놓아도 될만한 명품 세 가지를 손에 쥐게 될 것이다. 이러한 박용선 회장의 해외 확장과 명품 개발 전략이 웅진코웨이를 향후 세계무대를 제패할 한국기업으로 만들어 낼지 관심을 가지고 지켜 보자.

회사 소개

1989년 웅진그룹에서 미래산업의 주역으로 환경과 건강산업을 주목하고 웅진코웨이개발 주식회사를 설립하였다. 출발에서 WQA(미국수질협회)의 정식회원으로 등록하고 일본에 정수기를 수출하여 기술과 경험을 쌓기 시작하였는데, 첫 맑은 물과 깨끗한 공기를 공급하기 위한 본격적인 환경산업으로 성장하기 위하여 1993년에 환경기술연구소와 공주시에 유구공장을 설립하면서 본격적인 연구, 생산체계를 갖추기 시작하였다.

웅진코웨이개발은 1992년 코웨이컴팩 정수기를 판매 개시한 이래 그 뛰어난 품질로 국내 정수기 시장의 주목을 받기 시작했고, 1994년 업계 최초로 Clean-Mark를 획득하면서부터 각종 인증과 수상을 거듭하여 품질우위를 인정받게 되었다. 또한 1996년에는 공기청정기, 2000년에는 고품질의 연수기와 온수세정기를 출시해 명실상부한 환경기업으로 발돋움하게 되었다.

1998년 IMF로 많은 기업들이 어려움을 겪을 때 업계 최초로 정수기 임대 제도를 과감하게 도입하여 침체해 있던 기업에 활력을 불어넣고 소비자들을 물 걱정에서 해방시킨 쾌거를 이룩하게 되었다. 이 혁신적인 임대 제도로 인하여 IMF의 시련기에도 사세는 오히려 급성장하게 되었으며, 1996년에 코스닥 등록을, 2001년에는 증권거래소에 상장을 하였다. 2000년에 임대 서비스 부분을 웅진코웨이 개발로 분사하였으나 2005년 다시 합병을 통하여 재도약을 노리고 있다.

주요 제품 및 유통망

웅진코웨이의 주력 제품은 환경 및 건강가전, 욕실 및 주방가구로 분류되며 주로 방문판매를 위주로 이루어지고 있다. 주력 산업인 환경가전은 정수기, 웰빙수기, 공기청정기, 가습기,

Exhibit 1 **주요 제품 및 유통망**

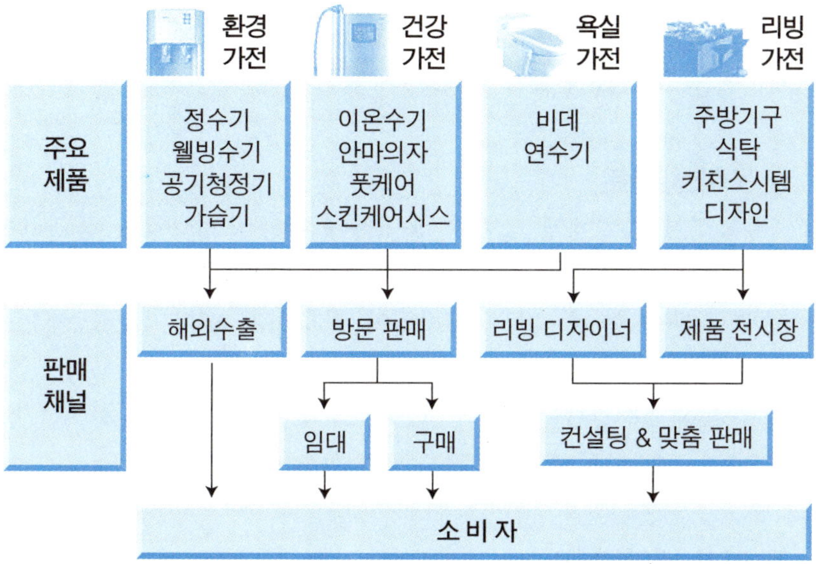

자료: 웅진코웨이

Exhibit 2 **정수기 시장 규모(단위: 억 원)**

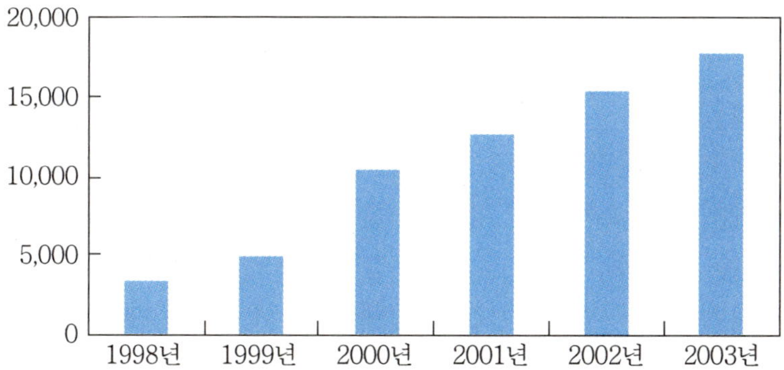

자료: 웅진코웨이

개인용 산소발생기 등이며 그 밖에 비데 혹은 이온수기 등의 제품이 있다. 이러한 제품은 주로 방문판매를 통하여 이루어지고 있다〈*Exhibit 1. 주요 제품 및 유통망*〉. 웅진코웨이의 차별화된 서비스는 다음과 같다.

1) 용이한 주문

고객이 기업에게 얼마나 용이하게 주문할 수 있는 정도이며 웅진코웨이는 전화 한 통화나 홈페이지에서의 등록을 통해 간편하게 주문을 할 수 있는 시스템이 갖추어져 있다. 특히 정수기 전문 판매업체인 웅진코웨이개발이라는 판매 관련 회사가 있었기 대문에 타사보다 뛰어난 A/S망 구축 및 소비자로 하여금 용이한 주문을 가능케 하였다.

2) 적기 배달(공급)

제품이나 서비스가 어떻게 고객들에게 잘 전달되는 정도이며 속도, 정확성 및 제품보호 등이 포함된다. 웅진코웨이는 전화나 인터넷 등 온라인으로 주문하면 소비자가 원하는 시간에 정확한 물건을 배달한다.

3) 설치

미리 정해진 자리에 제품이 제대로 만들어질 수 있도록 하는 작업이며 소비자는 양호한 설치 서비스를 기대한다. 웅진코웨이는 제품을 주문하면 설치 직원과 코디가 와서 자세한 사용법 및 자가관리법, 수질검사를 해 주어 소비자들의 신뢰를 얻고 있다.

4) 고객훈련

웅진코웨이는 코디들이 방문하여 정수기를 점검해 주는 것 이외에도 홈페이지 등을 통해서 소비자들에게 정수기의 자가진단법, 제품매뉴얼, 상담게시판을 두어 고객을 교육함으로써 소비자들 스스로 제품을 진단하고 문제점을 해결할 수 있게 하였다.

5) 고객상담서비스

판매업자가 구매자에게 무료나 대가를 받고 제공하는 자료, 정보시스템 또는 권고 서비스를 말하며 대표적인 웅진코웨이의 장점이다. 수시로 코디라는 상담원이 가정을 방문하여 정수기의 상태를 파악하고 필터 교환 및 수질 검사 등을 해 주며 인터넷을 통하거나 전국에 구축되어 있는 고객상담소로 불편한 점이나 의문점이 있으면 바로 해결 가능하다.

6) 유지 및 수선

고객들로 하여금 작업 순서에 따라 그들이 구입한 제품을 유지할 수 있도록 도와줄 수 있는 기업의 서비스 프로그램이며 코디를 통하여 정수기의 유지 및 수선이 신속하게 이루어지도록 하여 서비스 질을 높였다.

정수기 업계 현황

국내 정수기시장이 급성장하면서 시장규모는 1조를 넘어서고 있다. 이는 수질오염에 대한 인식과 웰빙에 대한 욕구가 높아지고 저렴한 가격에 임대할 수 있는 임대 서비스가 대중화 대면서 규모가 더욱 커지고 있기 때문이다. IMF사태에 따라 일

시적으로 감소하였지만 최근에 다시 증가하는 추세이다. 정수기 산업은 소비자의 소득수준 등 내수 경기와 밀접한 연관이 있으며, 환경에 대한 관심의 정도 등 경기 변동과 정부의 정책에 민감한 산업이다. 고가의 제품이며 아직 생필품으로서의 인식이 정착되지 않은 이상 경기의 변화에 탄력적으로 반응할 소지가 높다.

국내 정수기 시장은 웅진코웨이, 한국암웨이, 청호나이스 등의 업체가 고가 제품을 출시하여 고급 수요를 대상으로 하고 있는 시장과 코오롱 등의 저가 보급형 시장으로 양분되어 있으며, 이러한 과점의 양상을 보이는 가운데 수십여 개의 군소업체가 영업중이다. 가격과 품질의 일반적인 경쟁뿐 아니라 광고를 통한 이미지, 서비스, 영업망의 구축이 중요한 경쟁 변수로 작용하고 있으며 정수기 산업의 특성상 지속적인 A/S가 필요함에 따라 소비자들은 전국적인 A/S망을 구축하고 인지도가 높은 기

Exhibit 3 국내 정수기 시장점유율

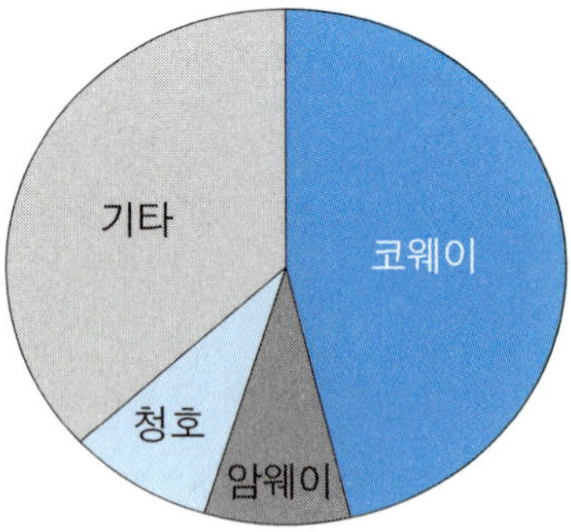

자료: 웅진코웨이

업의 제품을 선호하고 있어 메이저 업체 일부가 시장의 대부분을 점유하고 있다〈*Exhibit 3. 정수기 시장점유율*〉.

1998년부터 시작된 임대 시장은 웅진코웨이에 의해 시작되어 주도권을 확고히 유지하고 있다.

2.2 차별화된 서비스

1998년 일반 대중 사이에서 '먹는 물'에 대한 인식이 높아가고 있었는데 반해 정수기 시장은 차별화된 서비스 제공 및 고객의 니즈를 파악하지 못하여 시장은 정체 상태로 머무르고 있었다. 당시 웅진코웨이 역시 1998년까지 8년 동안 총매출량이 30만 대 밖에 안 될 정도로 부진을 면치 못하고 있었다. 이에 웅진코웨이는 획기적인 사업전환을 기획하게 되었다. 당시 일반적인 가정에서 일시불로 구입하기에는 부담스러운 가격인 정수기의 구입방식을 임대 방식으로 전환하여 침체된 시장에 활력을 불러일으켜 전체 정수기 시장 자체를 성장시켰으며 웅진코웨이의 정수기 시장점유율을 획기적으로 높이게 된다. 또한 Direct Marketing 방식인 코디 제도를 도입하여 고객에게 'Before 서비스'라는 차별화된 서비스를 제공하여 다른 업체와는 차별화된 전략을 세우게 된다. 이러한 2가지 차별화된 서비스는 웅진코웨이의 성장 동력이 되게 되었다. 물론 이러한 성장의 배경에는 R&D에 꾸준한 투자를 하여서 환경친화적인 제품을 개발하였다는 점과 브랜드 이미지 개선(개별브랜드 4년 연속 정수기 부분에서 수위)을 위해 대중에게 친근하게 다가간 점도 중요한 요인이었다고 할 수 있다.

임대(rental) 서비스 제도

일반 판매에만 의존하는 방식에서 벗어나 1998년 4월부터 파격적인 가격에 정수기 임대 서비스를 도입하였는데, 이 서비

Exhibit 4 임대 프로그램 구조

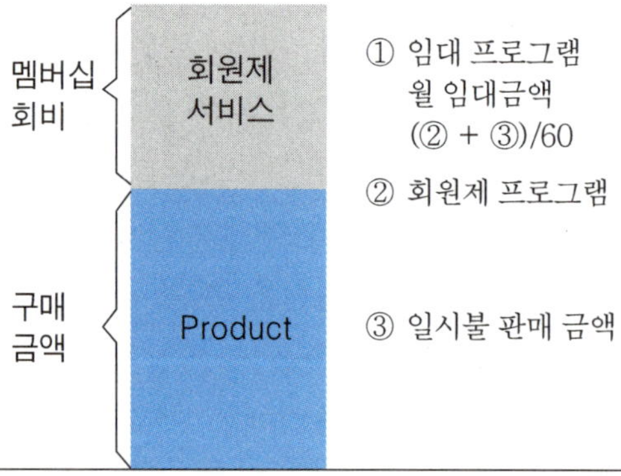

① 임대 프로그램(2004년 매출의 78%)
- 5년간 사용 가능한 옵션 있음
- 코디가 무료 필터 교체하고 주기적 점검 수행
- 등록비: 58,000원
- 월 서비스료: 22,000원

② 회원제 프로그램(2004년 매출의 6%)
- 임대 프로그램과 동일한 서비스 제공
- 월 멤버십 회비: 13,400원

③ 일시불 구매 금액(2004년 매출의 9%)
- 정수기 ASP: 2,000,000원
- 공기청정기: 950,000원

자료: 웅진코웨이

스는 정수기를 임대해 주는 대신 보증금 100,000원, 설치비 40,000원, 월사용료 27,000원~57,000원 사용료를 받는 형식으로 당시 100만 원 이상의 고가의 정수기를 사용 가능하게 하였으며, 1년의 의무기간 후 언제라도 교체 가능, 무상 필터 교환, 2개월마다 코디의 무료 정기점검 서비스, 5년 사용 후에 제품 소유권 이전(선택), 무료 수질 검사(연 1회) 등의 서비스가 포함되어 있다. 임대 프로그램의 매출 구조는 임대 프로그램(대부분의 매출을 차지하고 있음)과 멤버십 프로그램 혹은 일시불 구매로 나뉘어진다〈*Exhibit 4. 임대 프로그램 구조*〉.

이러한 임대 판매 및 A/S는 웅진코웨이의 관계사인 웅진코웨이개발(주)에서 전담하였으며, 웅진코웨이(주)는 생산과 공급만을 수행하는 이원화된 체제를 구축하였다. 특히 1999년부터 임대 서비스에 의한 활발한 마케팅으로 1998년에 불과 305.6억이

Exhibit 5 임대 매출 변화

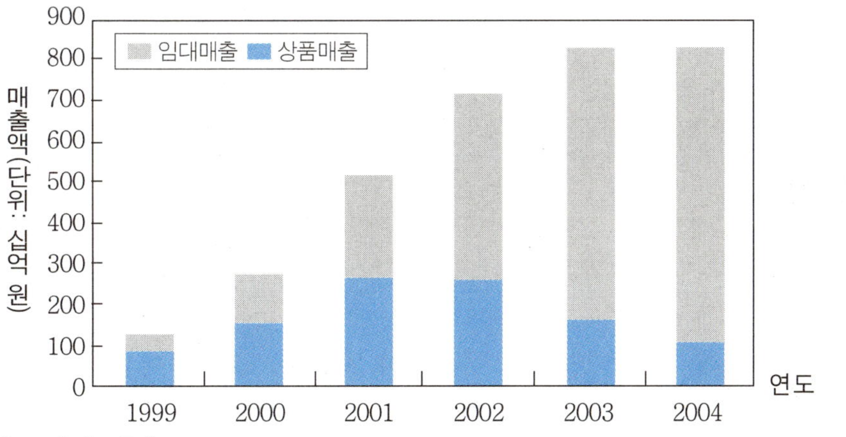

자료: 웅진코웨이

Exhibit 6 영업으로 인한 현금흐름의 변화

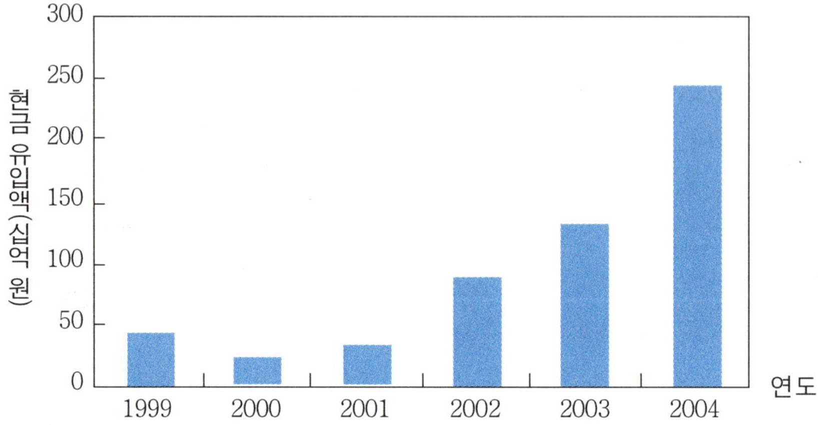

자료: 웅진코웨이

었던 매출은 급격한 신장세를 보여 1999년에는 81.4% 증가한 554.5억 원, 2000년에는 무려 전년 대비 126% 증가한 1,253억 원까지 괄목한 성장세를 보였다. 또한 2001년에는 중국 및 동남아 수출 물량 확대와 맞물려 1,530억 원으로 급증하게 되었지만, 정수기 시장의 국내 포화와 맞물려서 그 성장률은 과거만큼 크게 증가하고 있지는 않은 상황이다. 현재는 임대매출의 비중이 상품매출에 비해서 크게 높은 상황이다〈*Exhibit 5. 임대 매출 변화*〉.

이처럼 웅진코웨이의 임대 서비스 제도는 임대라는 특별한 자금 회수 방식으로 인하여 웅진코웨이의 현금흐름에도 큰 변화를 주게 되었다〈*Exhibit 6. 영업으로 인한 현금흐름의 변화*〉. 실제로 임대 판매가 급격히 이루어진 2000년, 2001년 이후인 2002년부터 현금흐름이 급격하게 좋아졌으며, 회원 수의 급격한 증가〈*Exhibit 7. 임대 회원 수 추이*〉로 인하여 안정적인 현금흐름이

Exhibit 7 **임대 회원 수 추이**

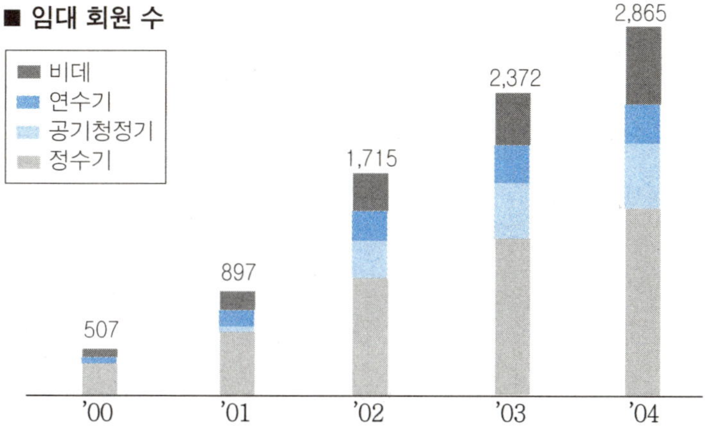

자료: 웅진코웨이

지속적으로 이루어지게 되었다.

또한 임대 마케팅을 통해 10% 안팎에 머물던 국내 정수기 보급률을 30% 이상으로 끌어올리게 되었다는 점에서 웅진코웨이의 임대판매방식은 획기적인 판매방식의 변화로서 인식되고 있다.

코디 제도

코디란 Coway-Lady의 합성어로 웅진코웨이개발에서 활동하고 있는 정수기 관리전문가 여성을 일컫는 말이다. 웅진코웨이는 정수기 사용자의 대부분이 30~40대 여성인 점에 착안해 보다 쉽고 정감 있게 다가설 수 있도록 여성을 고용하였는데 이는 대표적인 "정마케팅" 방식으로 코디 제도가 보다 쉽게 성공할 수 있었던 요인이다. 이러한 코디 관리자는 매출 호조와 더불어 지속적으로 증가하게 되었다 *〈Exhibit 8. 코디 관리자 수 변화〉*.

이러한 코디의 주된 역할은 임대 정수기의 정기 점검, 일반 정수기의 멤버십 회원관리, 필터교환, 임대 회원모집 등으로 모든 'Before 서비스'를 수행하였다.

모집된 코디들은 사내 C/S 아카데미에서 물에 대한 일반적인 상식부터 제품, 기술, 교육, 방문예절교육, 환경에 대한 일반적인 교육 등 소정의 교육을 받은 후 현장에 투입되었다. 앞에서 말한 바와 같이 코디 제도는 정수기를 주로 사용하는 고객이 여성인 점을 착안하였고, 이에 따라 정수기 사후 관리를 여성에 맡긴 것이 주효하였으며, 2차적으로 같은 여성의 입장에서 일을 깐깐하게 처리해 줘 회사의 이미지를 높이는데 큰 몫을

Exhibit 8 **코디 관리자 수 변화**

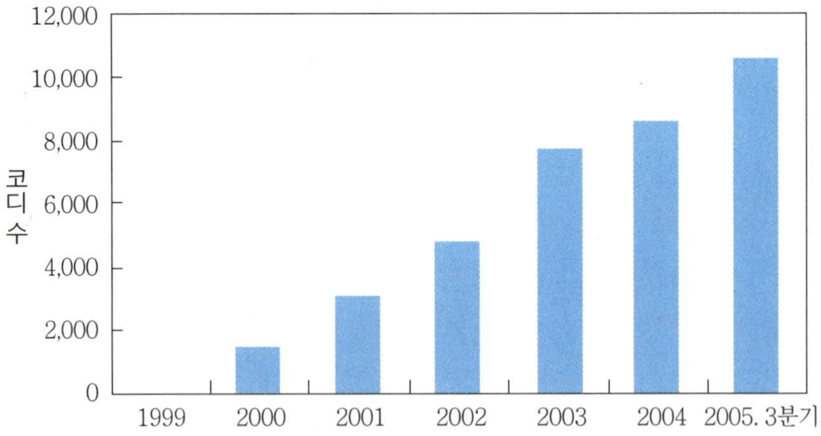

자료: 웅진코웨이

하였다. 또한 고객들과의 접점에서 대 고객 서비스를 실천하면서 고객의 필요와 욕구를 회사로 생생하게 전달해 주는 리포트 역할도 수행하였다.

회사가 이처럼 차별화된 Direct Marketing 서비스 방식인 코디 제도를 도입한 배경에는 다음과 같은 것들이 있다. 첫 번째로는 먹는 물에 대한 인식이 높아짐에 따라 일부 부유층에서만 구입하던 정수기를 일반 대중들도 관심이 높아져서 구입 의사가 증가하고 있었다는 것이다. 두 번째로는 최초 설치 후에 필터 교환 등이 쉽지 않아서 일반 주부가 관리하기에는 쉽지 않았다는 점을 들 수 있다. 특히 관리가 쉽지 않음으로 인하여 지속적 관리상의 이유로 정수기를 도입하는 것을 기피하는 경향이 있었다. 마지막으로 대부분의 제품과 마찬가지로 정수기 시장에서도 문제가 생기면 찾아가는 'After 서비스'를 주로 수행하고 있었다. 하지만 웅진코웨이는 "먹는 물"의 중요성을 인식하여 기존 업체에서 수행하던 After 서비스로는 한계가 있음을 파악하였고, 기존 업체와는 차별화된 서비스 전략인 코디 제도를 도입하여 'Before 서비스'를 수행할 수 있었다.

Direct Marketing 방식으로 전환을 의미하는 코디 제도의 도입으로 인하여 웅진코웨이는 기존 유통구조를 혁신하였다 *〈Exhibit 9. 코디를 이용한 유통구조 혁신〉*. 과거 일반적인 판매 유통구조는 매장, 사무실, 창고유지비 인상, 교통난에 의한 운송비 상승 등으로 인하여 판매 유통방식의 한계를 느꼈으며, 대부분의 회사들이 이러한 유통형태에서 할인점, 양판점, 통신판매 등으로 전환을 시도하고 있었다. 이에 웅진코웨이도 이러한 Direct Marketing으로 전환을 하게 되는데 이러한 역할의 중심에는 코디 제도가 있었던 것이다. 웅진코웨이는 코디 제도를 이

Exhibit 9 코디를 이용한 유통구조 혁신

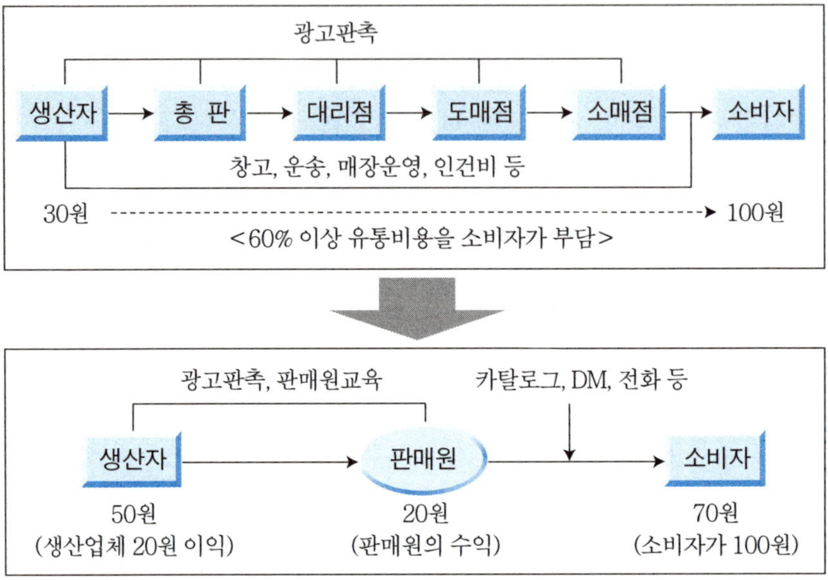

자료: 웅진코웨이

용하여 중간 유통 비용을 대폭 절감해서 그 혜택을 소비자에게 돌려 준다는 개념으로 다가갔으며, 소비자는 일반 유통방식에 의해 구입하는 것보다 훨씬 저렴한 가격으로 상품을 구매할 수 있게 되었다.

또한 정수기를 수시로 점검 및 판매하는 코디들이 자연스럽게 주부들과 수시로 접촉하면서 다른 임대 제품을 판매할 수 있는 발판을 마련하게 되는데 이처럼 코디 제도를 이용하여 사업다각화를 추진하게 되는 효과도 노리게 되었다. 일반적으로 정수기 외에도 임대 형식으로 구매를 많이 하는 제품인 비데,

Exhibit 10 **제품 믹스(product mix)의 변화**

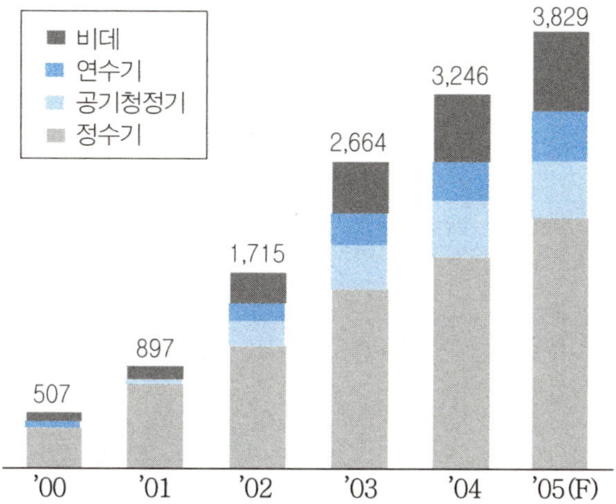

자료: 웅진코웨이

공기청정기, 이연수기로 사업다각화를 실시하게 되었으며, 최근에 정수기의 매출 성장이 점차 둔화되었음에도 불구하고 비데, 공기청정기 등 다른 임대 제품의 매출은 꾸준히 증가하고 있는 실정이다〈*Exhibit 10. 제품 믹스의 변화*〉.

2.3 재무적 성과

웅진코웨이는 1998년 임대 서비스로 전환하여 코디제도를 도입한 이후로 고객중심의 경영 전략(Before 서비스)을 통해서 시장점유율을 꾸준히 확대(임대 서비스 전에 25% 정도의 규모에서 현

Exhibit 11 **매출 및 영업이익, 당기순이익 변화**

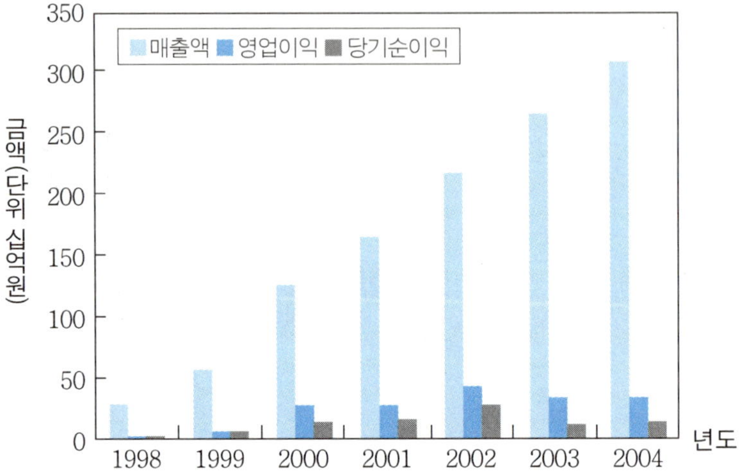

자료: 웅진코웨이

재 경쟁사 대비 56% 정도 시장 점유율 차지)하였으며, 임대 서비스로 전환을 시도한 후 매출 및 당기순이익이 뚜렷이 증가하였다 *〈Exhibit 11. 매출 및 영업이익, 당기순이익 변화〉*.

지배구조의 변화

웅진코웨이(주)와 웅진코웨이개발(주)이 효율적이고 투명한 의사결정(기존에는 내부거래로 인하여 투명하지 못한 실적 존재)을 하기 위해서 하나의 회사인 웅진코웨이(주)로 2005년 흡수 합병하였다. 이를 통해 비용을 크게 절감하는 효과를 거두었다.

또한 주주의 가치를 최우선시하는 정책을 시행하고 있으며,

Exhibit 12 **주당순이익(EPS) 변화**

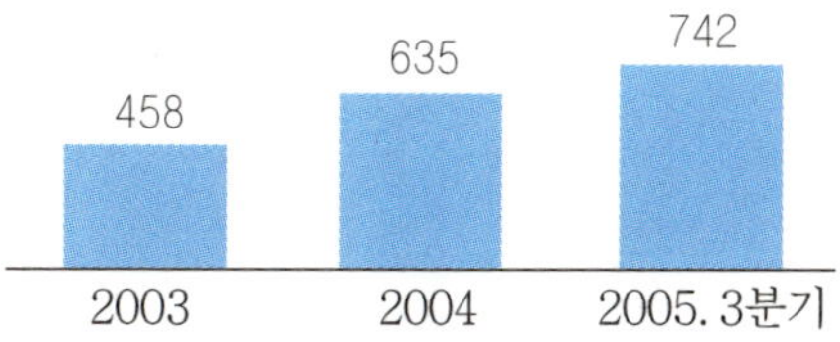

자료: 웅진코웨이

주주에게 배당하는 금액을 최소한 당기순이익의 20% 이상 지급하는 정책을 세우고 있으며, 2004년에는 배당성향(dividend payout ratio)이 34%가 넘고 있다. 주식 가격을 안정화시키고 기존 주주의 가치 향상을 증가시키기 위하여 자사주 매입을 지속적으로 수행하고 있다. 2003년 이후 주당 순이익비율(EPS)는 지속적으로 증가하고 있는 추세이다〈*Exhibit 12. EPS 변화*〉.

현금흐름 및 할부금융문제

임대 거래의 특징상 안정적인 현금흐름이 발생하는데 이는 지속적인 회원 증가가 필수적이다. 현재는 정수기 외에 여러 임대 제품에서 지속적으로 회원 수가 증가하고 있는 상황이라 현금흐름은 업계의 다른 회사보다는 상당히 좋은 편이다. 하지만 할부금융을 이용하여 팩터링(factoring)을 수행하지 않고 직접 소비자의 임대 요금을 회수하므로 영업 주기가 거의 2년이 될 정도로 길다〈*Exhibit 13. 영업 주기 변화*〉. 향후 할부금융 회사를 이용하여 팩터링을 수행할 필요성도 있지만 이 경우 소비자에게 더 비싼 가격을 받아야 하는 문제가 발생한다. 지속적으로 운영

Exhibit 13 **영업 주기 변화**

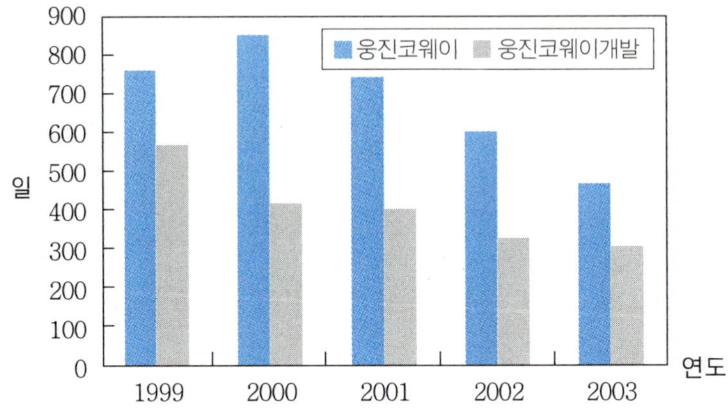

자료: 웅진코웨이

환경 개선을 통해서 현재는 영업 주기가 1년 6개월 정도로 짧아졌지만, 향후 고객이 부담하는 금액을 약간 올리더라도 할부금융 회사를 이용하여 현금회수율을 빨리 가져가는 것을 고려해야 한다.

기업가치 분석

1) 성장성 지표

매출액 증가율과 영업이익 증가율을 보면 웅진코웨이와 웅진코웨이개발 모두 지속적으로 감소하고 있음을 알 수 있다〈*Exhibit 14. 성장성 지표*〉. 물론 증가는 계속하고 있지만 정수기 시장의 경쟁으로 인하여 증가율 자체는 낮아지고 있는 상황이다. 이에 해외 사업 진출이나 사업다각화에 대하여 고려할 필요가 있다.

Exhibit 14 **성장성 지표**

■ 매출액 증가율

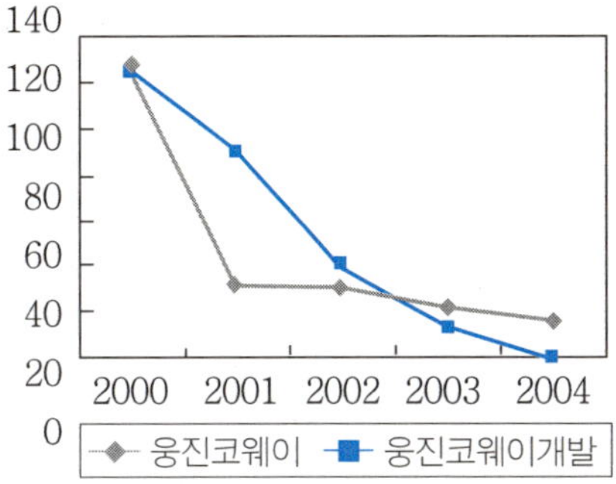

■ 영업이익 증가율

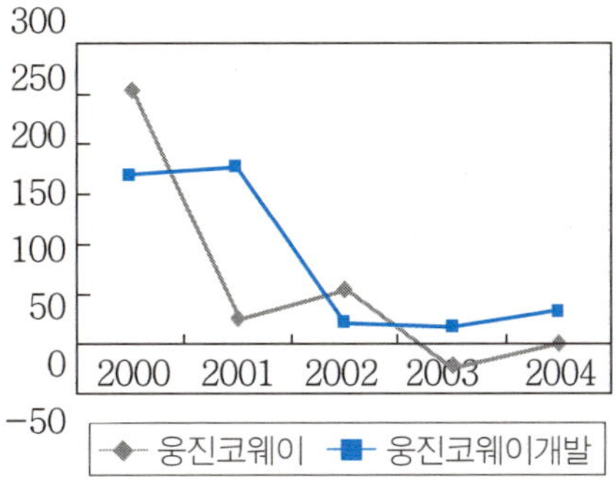

■ 총자산 증가율

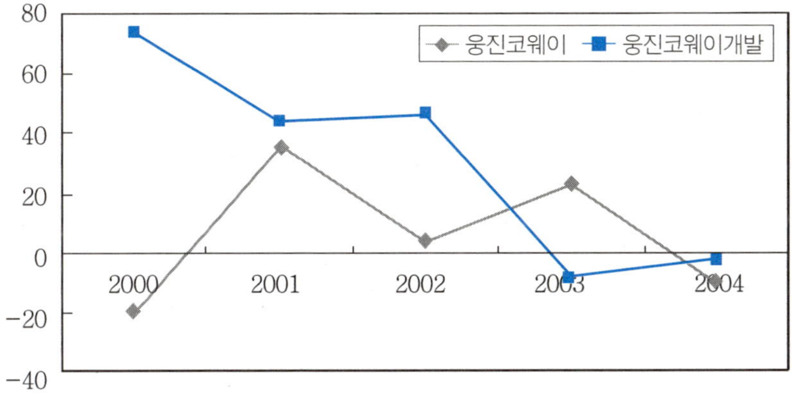

자료: 웅진코웨이

또한 신규투자가 이루어지지 않고 있어서 총자산 증가율도 줄어들고 있는 상황이다.

2) 수익성 지표

성장성 지표와는 달리 수익성 지표(매출액 영업이익률, 매출액 순이익률)에서는 비교적 안정적이다⟨*Exhibit 15. 수익성 지표*⟩. 안정적인 임대 서비스와 지속적인 회원 수 증가로 인하여 순이익은 일정한 편이라고 볼 수 있으며 영업이익률은 20%, 순이익률은 10% 정도로 높은 편이다.

Exhibit 15 **수익성 지표**

■ **매출액 영업이익률**

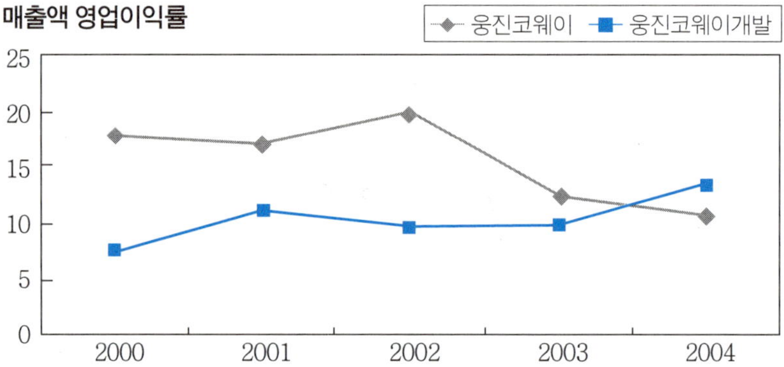

■ **매출액 순이익률**

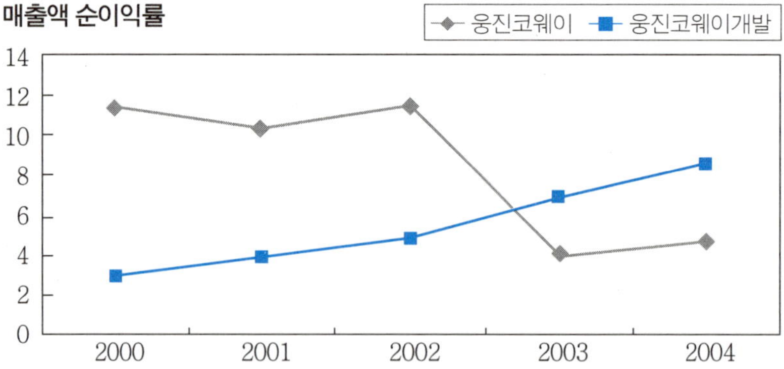

자료: 웅진코웨이

Exhibit 16 안정성 및 유동성 지표

■ 유동비율 대 부채비율

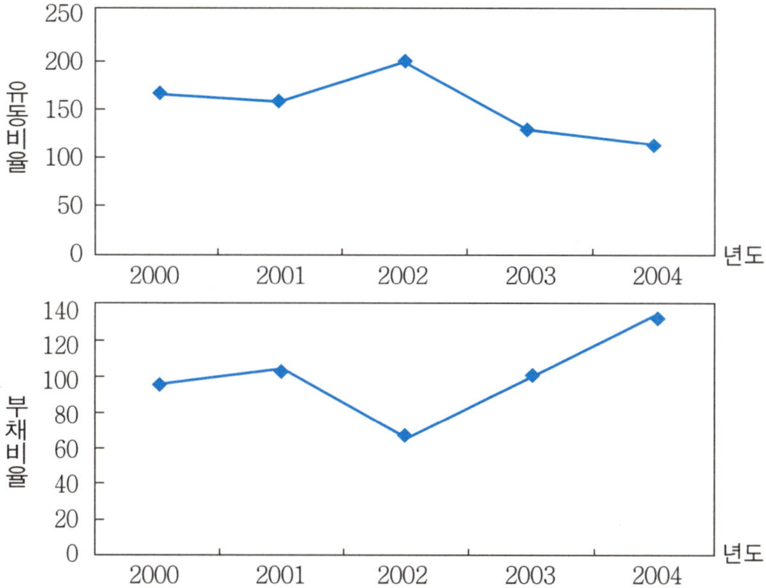

■ 이자보상비율

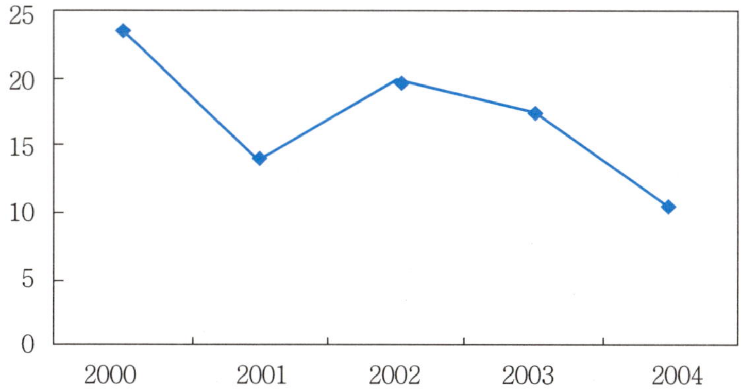

자료: 웅진코웨이

3) 안정성 및 유동성 지표

유동 비율은 보통 2 이상을 나타내면 양호하다고 하지만 2003년 이후로 1.5 정도로 낮아지고 있다〈*Exhibit 16. 안정성 및 유동성 지표*〉. 부채 비율도 지속적으로 증가하고 있는 추세이다. 또한 이자 보상 비율은 좋은 편이지만 지속적으로 감소하는 추세이다. 이는 부채의 증가로 인하여 이자비용이 증가한 것이다.

4) 활동성 지표

웅진코웨이개발(주)과 웅진코웨이(주)가 모두 지속적인 운영 개선을 통해서 좋아지고 있다. 특히 재고회전율의 경우는 상당히 좋아지고 있으며, 매출채권 회전율은 좋아지고는 있지만 임대 서비스를 하는 회사라서 회전율 자체가 워낙 안좋은 편이다. 따라서 향후 할부 금융 회사를 이용하여 매출채권을 팔아서 직접 할부금액을 회수하는 방식에서 벗어날 필요가 있다.

전체적으로 재무구조를 보면 임대 제도로 전환함으로써 초기 영업 비용은 많이 소모되었지만 장기적으로 회사를 안정적으로 운영하고 있는 상황이다. 정수기 시장의 증가 및 임대 서비스 전환을 통하여 매출액, 당기순이익, 현금유입이 지속적으로 증가하고는 있지만 성장률 자체는 감소하고 있는 추세이므로 향후 성장 동력을 찾아야 한다.

2.4 당면 과제

최근 포화된 국내 시장에서 정수기 업계의 경쟁이 심화되고 있는 가운데, 평소에 고려하지 못했던 기존 임대 서비스의 단점이 나타나고 있다. 또한 제품 라인(product line)의 확장으로 인해 다양한 브랜드를 양산하게 되면서 브랜드 관리의 문제점이 중요한 문제로 대두되고 있다.

임대(rental) 서비스의 단점 부각

임대(rental) 서비스는 고객이 가입 초기에 목돈을 투자하지 않고도 저렴한 비용으로 제품과 서비스를 이용할 수 있어 제품 판매에 장애가 되는 금전적인 벽을 낮출 수 있고 가입자에 대한 지속적인 서비스를 통해 교차 판매 등 쉽게 고객의 추가 수요를 끌어 낼 수 있는 장점이 있는 반면, 기업의 입장에서는 가입 전 초기에 투입되는 영업 비용의 회수가 길어지는 단점이 있어 가입자가 많이 확보되기 전까지는 현금흐름에 역효과를 줄 수 있다. 그리고 초기에 임대 서비스를 지탱하는 주요인으로 평가되던 코디 제도에 대한 신임이 점차 감소하고 있다. 자동차의 증가로 인한 교통혼잡으로 인해 고객 방문 시간의 정확한 예측이 힘들고, 약속 시간에 자주 늦게 되는 사례가 발생함으로 인해 주부들의 코디에 대한 신임이 갈수록 줄어들고 있다. 또한 임대 서비스 적용으로 대부분의 시장을 잠식한 일반 고객에 비해 법인 영업은 상대적으로 저조한 상황을 보이는 점도 임대 서비스가 가진 단점의 하나라고 할 수 있다.

정수기 업계 과다 경쟁

청호나이스, 앨트웰, 하이필, 원봉, JM글로벌 등 업계의 과

다한 경쟁으로 인한 시장점유율 하락도 웅진코웨이가 해결해야 할 현안 중 하나다. 이들 업체 중에서 특히 JM글로벌은 웅진코웨이개발에서 판매담당 총괄사장을 역임했던 두진문씨가 작년 9월 설립한 회사로 아직 신생기업이지만 공격적인 마케팅을 펴고 있어 업계의 주목을 받고 있다. 벌써 7천여 명에 이르는 방문판매 조직을 두고 있으며 올해 매출목표를 1천 1백 억 원으로 잡을 정도로 빠르게 성장하고 있다. 이 회사는 고순도의 산소를 직접 발생시켜 마시는 물의 산소함유량을 높인 "산소정수기"를 업계 최초로 선보였다. 또한 이 정수기는 기존 정수기에서 많이 발생되는 2차 세균오염 문제를 해결한 항균시스템을 갖춰 "C마크"를 획득하기도 했다. 이러한 기능들로 인해 JM글로벌의 정수기는 다른 회사제품보다 50만 원 가량 비싼 특징을 갖고 있지만 회사측은 임대 방식의 마케팅을 강화한다는 방침아래 매달 4~5백 명씩의 주부관리요원을 충원해서 시장점유율을 높인다는 목표를 가지고 있다. 이러한 JM글로벌의 공격적인 마케팅은 결국 웅진코웨이의 시장점유율을 갉아먹고 있다. 웅진코웨이의 박용선 사장은 "국내시장도 대체수요가 지속적으로 발생하고 있어 아직 성숙기는 아니다"며 "향후 환경, 건강과 관련된 신규 아이템이 많다"고 강조한다. 하지만 2002년 이후 매출이 더 이상 성장하지 않는다는 점과 할인점, 홈쇼핑, 온라인 판매 등 신규 판매 방식의 증가로 일반 소비자 시장을 잠식당하고 있다는 점은 웅진코웨이가 심각히 고려해야 할 점이다.

브랜드 활용도 저하

웅진코웨이는 1990년 정수기 생산을 시작한 뒤 공기청정기

(1994년), 비데(2000년), 시스템키친(2004년)까지 사업영역을 넓혀 왔다. 최근엔 연수기와 음식물쓰레기 처리기 임대 사업도 진행 중이며 앞으로 여성용 미용기기의 판매도 시행할 예정이다. 시장 확대를 위해 다양한 제품 라인이 추가되면서 브랜드 관리에 대한 문제가 제기되고 있다. 웅진코웨이는 정수기, 비데, 시스템키친 등 상품에 따라 '코웨이' '룰루' '뷔셀' 등 브랜드가 제각각이어서 브랜드 활용도 제고를 위해 최근 브랜드 관리에 대해 컨설팅을 받고 있다고 한다. 허일웅 웅진코웨이 팀장은 "한 아이템에 대한 전문회사라는 꼬리표가 다른 신규 사업으로 진출할 때 발목을 잡기도 한다"며 브랜드 관리의 중요성에 대해 언급한다. 실제로 대부분의 고객들이 웅진코웨이가 정수기를 만드는 기업으로 알고 있으며, 룰루나 뷔셀이 동일한 회사의 브랜드라는 점을 잘모르고 있는 실정이다. 정수기 이외의 제품을 성공적으로 시장에서 자리잡도록 하기 위해서는 적절한 브랜드 관리가 시급히 필요하다고 생각된다.

국내 시장의 포화

앞에서도 언급했듯이 2002년 이후 정수기 매출이 더 이상 성장하지 않는 모습을 보이고 있다. 반면에 기존에 확보해 놓은 가입자가 많기 때문에 당기순이익은 꾸준히 성장하고 있는 셈이다. 브랜드 정수기 시장에서 80%, 일반 정수기 시장에서 50% 가량의 시장점유율을 가진 상태에서 더 이상 초기와 같이 폭발적인 성장을 하기는 어려운 상황이다. 웅진코웨이는 1조 2천억이 넘는 매출을 올리는 기업이다. 이러한 큰 기업에서 매출성장률의 둔화는 상당히 큰 문제가 아닐 수 없다. 기업의 성장 속도

둔화는 시장이 보내는 기업에 대한 경고라고 볼 수 있다는 것을 사전에 인식해야 한다.

2.5 향후 전략

앞서 살펴본 바와 같이 웅진코웨이는 임대 서비스의 단점 부각, 정수기 업계 과다 경쟁, 브랜드 활용도 저하, 국내 시장의 포화 등과 같은 다양한 당면 과제를 가지고 있다. 이러한 당면 과제를 해결하고 IMF 환란기의 위기를 넘어 짧은 기간 동안 800%의 고속 성장을 하던 예전의 모습을 되찾기 위해 웅진코웨이가 내놓은 대안으로 국내 시장 경쟁력 강화와 해외 시장 개척이라는 두 가지 대안을 들 수 있다. 국내 시장 경쟁력 강화 부분에서는 Rental House의 도입으로 인해 잠식된 시장점유율을 확보한다는 계획을 가지고 있고, 친환경 경영 강화를 통해서는 장기적으로 지속 가능한 기업이 되려고 하는 의지를 표명하며 기업의 이익을 사회에 환원하는 생활환경기업으로 거듭나려고 하는 웅진코웨이의 사상을 소비자에게 각인시키려는 계획을 가지고 있다. 해외 시장 개척은 동남아를 중심으로 해외 시장 진출을 추진함으로써 제 2의 전성기를 마련하기 위한 노력이며 이를 뒷받침해 줄 제품 기술력을 확보하기 위해 연구개발에 많은 투자를 하고 있는 실정이다. 박용선 회장은 세계를 리드할 명품 브랜드를 3개 이상 개발하여 성공적인 해외 시장 개척을 이룩하려는 야심 찬 계획을 가지고 있다.

국내 시장 경쟁력 강화

1) Rental House 도입

최근 웅진코웨이는 전국에 흩어진 임대 사무실을 제품 전시 판매장으로 꾸미는 Rental House라는 프로젝트를 진행하고 있다. 체험관과 전시관의 기능을 동시에 갖춘 Rental House는 정수기 및 기타 제품 판매의 최전선 매장으로 활용될 예정으로 2005년 9월부터 60개 매장을 오픈 하였고, 2006년에는 200개로 그 수를 늘여갈 계획이다. Rental House의 도입은 잠식된 국내 시장점유율을 회복하고 연관 상품의 교차 판매를 확대하기 위해 웅진코웨이가 준비한 전략이다.

2) 친환경 경영 강화

생활환경 제품을 다루는 기업답게 웅진코웨이는 환경을 고려한 경영으로 많이 알려져 있다. 환경 전문가들은 웅진코웨이의 임대 서비스 자체가 친환경 경영의 하나라고 평가한다. 기업 대부분은 제품의 생산에만 주력할 뿐, 제품이 팔린 뒤 폐기될 때까지 발생하는 환경오염에는 관심 없다. 그러나 웅진코웨이는 제품 출시부터 폐기까지 전과정을 관리한다는 측면에서 높은 점수를 받고 있다. 또한 기업 운영에 있어서도 친환경 기업을 지향하는 활동을 펼치고 있다. 공장 설계와 생산 공정 그리고 폐수 처리에서 환경을 우선적으로 고려했고, 그 결과 1996년 업계 최초로 국제 환경경영체제 인증 규격 ISO14001을 획득했다. 또한 '맑은 물 사랑 캠페인'을 펼치며 지역 하천 살리기에도 앞장서고 있다. 충남 공주에 있는 정수기 공장 부근 하천인 '유구천 지키기 운동'을 시작으로 '맑은 물 사랑 캠페인'이라는 하천 살리기 운동을 전개해 오고 있으며 서울 금천구청과 '안양천 갈대 식재 협약'을 맺고, 안양천 살리기에도 나섰다. 지난 5월 말 직원과 고객 가족 그리고 금천구청 직원, 안양천을 사랑하는 시민의 모임 회원 등 300여 명이 경기도 광명시 철산교 주변 안양천 일대에 5만 포트의 갈대를 심기도 했다(1포트는 갈대 3~4그루 묶음). 이 외에도 음식물 처리기를 개발하여 상품화함으로써 수질오염의 주범인 음식물의 처리를 통해 환경개선에 기여하고 있다. 웅진코웨이는 고객의 생활을 편리하게 하고, 소비자의 건강을 향상시키는 회사로 기억되고자 '생활환경기업'이라는 기업 이미지 구축에 힘쓰고 있다.

해외시장 개척

1) 해외시장 진출

웅진코웨이는 내년부터 해외에서 정수기와 비데 임대 사업을 본격적으로 시작할 예정이다. 박연호 사장은 최근 언론과의 인터뷰에서 "외국은 수질이 틀려 정수기 사업 진출에 어려움이 있었으나 기술적 문제가 거의 해결돼 내년부터 본격 진출을 계획하고 있다"고 말했다. 예전부터 웅진코웨이는 정수기, 공기청정기, 연수기 등을 세계 26개국으로 수출 및 임대를 실시하고 있었다. 그러나 그 규모가 작고 시장 가능성을 타진하는 실험에 불과했다. 이번에는 예전의 시장 탐색과는 다르다. 웅진재팬, 코웨이타일랜드, 중국 웅진코스메틱 등 기존 3개 해외 법인 외에 주력사업 해외진출을 위해 현재 인도 중국 베트남 홍콩 4개 지역에 대해 시장조사를 벌이고 있고 사내공모를 통해 해외 파견 요원도 양성중이다. 해외 시장 공략은 웅진코웨이의 사활이 걸린 매출 확대와 향후 성장 가능성 확보를 위한 필수적인 선결 조건이다.

2) R&D에 높은 투자(명품 브랜드 개발)

웅진코웨이는 해외시장의 적극적인 공략을 지원하기 위해 연구개발에 많은 예산을 투입하고 있다. 올해 연구개발(R&D) 예산을 지난 해 135억 원에서 250억 원으로 늘리는 한편 내후년엔 서울대에 R&D연구센터도 설립하기로 했다. 이는 또한 인재 유치를 위한 포석이기도 하다. 웅진코웨이와 서울대는 지난 6월 '웅진 R&D센터(가칭)' 설립을 위한 약정을 체결했다. 웅진코웨이는 185억 원의 발전기금을 출연하고, 15년간 해마다 5억 원씩, 모두 75억 원을 연구비로 지원한다. 서울대는 웅진코웨이와 함께 20년 동안 연구동을 운영하면서 기술을 지원할 계획이다. 서울대가 SK, LG 등의 기업과 산학연계 활성화를 목적으로 조성 중인 서울대 연구공원에 2007년, 3,000여 평 규모의 R&D센터가 건립되면 웅진코웨이는 서울과 인천에 분산된 자사 연구소도 통합 이전할 계획이다. 웅진코웨이는 서울대 R&D센터 투자를 통해 세계무대에서 통하는 제품을 만들어 내기를 기대하며 2007년까지 세계적인 명품 세 가지를 만드는 것을 목표로 연구개발에 많은 물질적, 정신적인 투자를 하고 있다. 장기적으로 세계시장에 통용될 친환경 기술을 개발하여 웅진코웨이를 세계적인 기업으로 만들어가고자 하는 박용선 회장의 신념이 녹아 있는 부분이다.

결론적으로 깨끗한 물에 대한 사람들의 관심과 고객부담은 낮추고 서비스는 높인다는 웅진코웨이의 목표의 결합으로 정수기 업계의 선두자리를 굳게 지킴은 물론 시장점유율을 더욱 확대하고, 세계적인 시장에 생활환경기업으로 입지를 굳히고자 하는 것이 웅진코웨이가 가진 중장기 전략이며 기업 이념이라고 할 수 있다.

CHAPTER 03

바이오니아: 합리적인 IPO 공모가 산정, 바이오 민간투자 이끌 것인가?

강 병 욱
김 성 기
신 소 희

3.1 투자 확대를 위한 바이오니아의 IPO 공모가 산정

1990년대를 호령했던 IT판 이후, 국가 경쟁력의 중요한 동력은 세계 바이오판의 흐름에 동참함으로써 얻을 수 있을 것이라는 견해가 지배적이고, 이미 바이오기술 분야의 글로벌 경쟁력을 갖기 위한 선두권 다툼은 치열하기까지 하다. 이러한 상황에서 세계 바이오판으로의 성공적인 탑승을 위해서는 바이오산업에 대한 지속적이고 실질적인 투자를 가능케 하는 것이 무엇보다 중요하다. 하지만 우리나라는 아직 바이오 R&D에 대한 정부 및 민간 투자에 있어서 바이오 선진국들과 많은 차이를 보이고 있으며, 최근까지 이들 기업에 대한 장기적 투자 역시 사실상 제도화되지 않던 실정이었다.

이에 본 사례에서는 우리나라 바이오벤처의 대표격인 바이오니아의 '기술성 평가제도를 통한 IPO 공모가 산정'이라는 이슈를 중심으로 바이오기업에 대한 투자를 어떻게 효과적으로 구조화할 수 있을지에 대한 방안을 제시해 보고자 한다. 먼저, 연구 주제 선정에 대한 배경을 설명하고, 간략하게 바이오산업의 현황과 특성을 소개하였다. 다음으로, 정부의 바이오산업 육성 정책과 기술성 평가제도에 대해 살펴보았다. 그리고 나서 구체적으로 기술성 평가제도를 통한 바이오니아의 공모가 산정에 대한 이슈를 주간사인 대우증권의 입장에서 정리해 보았다. 마지막으로 우리나라의 바이오산업 환경과 대우증권, 금융감독원, 바이오기업, 일반투자자의 입장을 고려하여 적절한 IPO 모형에 대한 제언을 하였다. 이렇게 함으로써 바이오기업이 글로벌 경쟁력이 있는 R&D에 지속적으로 투자할 수 있는 근간을 마련하

Exhibit 1 최대주주 및 그 특수관계인의 주식소유 현황

[2005년 09월 30일 현재] (단위: 주, %)

서명	관계	주식의 종류	소유주식수(지분율)						변동원인
			기초		증가	감소	기말		
			주식수	지분율	주식수	주식수	주식수	지분율	
박한오	본인	보통주	2,789,410	32.06	–	–	2,789,410	29.83	
김명희	이사, 배우자	보통주	264,820	3.04	–	–	264,820	2.83	
박한이	제	보통주	328,380	3.77	–	–	328,380	3.51	
박경애	누이	보통주	6,050	0.07	–	–	6,050	0.06	
박준성	자	보통주	63,240	0.73	–	–	63,240	0.68	
박준영	자	보통주	30,120	0.35	–	–	30,120	0.32	
박유진	자	보통주	30,120	0.35	–	–	30,120	0.32	
김인환	처남	보통주	35,890	0.41	–	–	35,890	0.38	
정문기	매제	보통주	54,710	0.63	–	–	54,710	0.59	
이재돈	이사	보통주	61,690	0.71	–	–	61,690	0.66	
김재하	이사	보통주	1,490	0.02	–	–	1,490	0.02	
최영철	이사	보통주	4,410	0.05	500	–	4,460	0.05	양수
정진평	이사	보통주	16,100	0.19	–	–	16,100	0.17	
주용제	관계회사 임원	보통주	5,000	0.06	–	–	5,000	0.05	
이 효	관계회사 임원	보통주	7,000	0.08	–	–	7,000	0.07	
황진영	관계회사 임원	보통주	700	0.01	–	–	700	0.01	
계		보통주	3,698,860	42.52	500	–	3,699,360	39.57	
		우선주	–	–	–	–	0	0	
		합 계	3,698,860	42.52	500	–	3,699,360	39.57	

최대주주명: 박한오 특수관계인의 수: 16명

자료: 바이오니아

Exhibit 2 요약재무정보

제14기 3분기 2005. 09. 30 현재
제13기 2004. 12. 31 현재
제12기 2003. 12. 31 현재
제11기 2002. 12. 31 현재
제10기 2001. 12. 31 현재

(단위: 천 원)

구 분	제14기 3분기말	제13기	제12기	제11기	제10기
[유동자산]	11,504,304	9,129,254	10,443,697	12,262,366	12,100,079
• 당좌자산	7,179,008	4,641,565	5,282,623	7,323,282	7,476,720
• 재고자산	4,325,296	4,487,689	5,161,074	4,939,084	4,623,359
[고정자산]	36,157,700	39,243,516	41,501,248	43,153,929	37,729,732
• 투자자산	2,328,201	2,471,275	3,493,804	4,676,135	5,005,473
• 유형자산	26,072,849	29,080,758	30,682,234	32,248,353	27,830,231
• 무형자산	7,756,650	7,691,483	7,325,210	6,2229,441	4,894,028
자산총계	47,662,004	48,327,770	551,944,945	55,416,295	49,829,811
[유동부채]	8,109,541	11,636,446	10,302,463	7,196,338	8,357,546
[고정부채]	10,542,662	13,812,503	15,854,808	17,923,776	8,865,545
부채총계	18,652,203	25,448,949	26,157,271	25,120,114	17,223,091
[자본금]	4,675,000	4,350,000	4,350,000	4,350,000	4,350,000
[자본잉여금]	10,542,662	28,618,503	28,618,503	28,618,503	28,618,503
• 자본준비금	–	–	–	–	–
• 재평가적립금	–	–	–	–	–
[이익잉여금]	△7,370,761	△10,010,821	△7,238,158	△2,732,315	△369,745
[자본조정]	66,891	△33,561	57,629	60,293	8,262
자산총계	29,009,801	22,923,821	25,787,674	30,296,181	32,606,720
매출액	7,153,633	9,227,641	8,816,288	11,131,792	7,523,919
영업이익	△255,159	△1,983,785	△3,188,870	△1,371,448	△868,568
경상이익	2,640,060	△2,772,662	△4,505,843	△2,362,570	△1,176,042
당기순이익	2,640,060	△2,772,662	△4,505,843	△2,362,570	△1,176,042

자료: 바이오니아

[△는 부(–)의 수치임]

고 바이오산업이 선순환 구조를 그리며 발전할 수 있는 방향을 제시하였다.

'바이오산업은 세계시장을 목표로 해야 합니다. 전세계시장의 1%에 불과한 국내시장만을 바라봐서는 희망이 없습니다. 전세계 생명공학 연구자가 우리의 고객입니다.' – 바이오니아 CEO 박한오

CEO 박한오 박사의 말처럼 바이오테크 분야의 글로벌 경쟁력을 갖추기 위한 각국의 다툼이 치열한 상황에서, 정부나 민간이 가진 자원과 역량을 효과적으로 바이오산업에 대한 투자로 이끄는 것은 세계 바이오판의 선두 영역에 탑승하는 데 있어서 매우 중요한 이슈가 될 것이다. 특히 R&D를 위주로 하는 바이오기업은 수익 발생까지 10년 이상이 걸리는 산업의 특성상 장기투자(long-term investment)가 절실하다. 그러나 국내 창투조합의 투자기간은 5년에 불과하고 정부지원 외에 민간자본으로부터의 장기적 투자를 이끌어 내기 위해 IPO의 필요성이 대두되었다.

우리는 현재 이슈가 되고 있는 기술성 평가제도에 의해 IPO가 가능하게 된 바이오니아의 사례를 통해 우리나라의 바이오 중소 기업에 대한 투자활성화를 위한 방안을 모색해 보고자 이 주제를 선정하였다.

바이오니아 IPO 주간사인 대우증권 이세연 대리는 '기술성 평가제도'를 통해 공모에 나선 기업의 적절한 공모가 산정이라는 문제에 대해 책임감과 기대감을 동시에 느끼고 있었다. 공모가 산정에 대한 뚜렷한 가이드라인이 없는 상황에서, 바이오산업의 발전에 가장 필수적인 민간 투자를 이끌 수 있는 적절한 공모가를 만들어 내는 첫 사례로서, 차후 벤치마킹이 될 수 있

는 사건이기 때문이다.

'코스닥 기술성 평가제도' 란 기술력이 높은 벤처기업의 경우 경상이익과 자기자본이익률(ROE) 등의 수익성이 코스닥시장 상장 요건에 미달하더라도 전문기관으로부터 기술력을 검증받은 업체는 상장심사를 통과할 수 있도록 한 제도로, 이를 통해 2005년 12월 29일 바이오니아, 바이로메드가 코스닥에 상장되어 거래가 시작되었으며 크리스탈지노믹스는 700.52대 1에 달하는 경쟁률로 성공적인 공모를 마치고 상장을 앞두고 있다. 이들 바이오벤처는 매출액이 적고 수익성도 크게 뒤떨어지지만 바이오산업에 대한 정책적 지원과 사회적 분위기 등이 반영된 바이오테마주라는 점에서 합리적인 공모가를 산출해 냄으로써 황우석 쇼크에도 불구하고 만족스러운 청약경쟁률을 유지할 수 있었다.

특히, 바이오니아는 바이오벤처 중 '기술성 평가제도' 의 첫 수혜자로서 투자자들이 가장 주목하는 공모예정 업체 중 하나였다. 사실 수익면에서 성과가 미미한 기업의 입장에서 코스닥 상장을 이루어 내기까지는 바이오니아 CEO 박한오 사장의 노력이 컸다. 현재 적자를 낸다고 해서 민간자본을 유치하는데 제한을 받는다면, 정부로부터의 지원만으로는 한계가 있고 벤처캐피탈을 통한 자금조달도 붐을 타고 등락이 심한 현실에서 바이오기업이 자본을 끌어들일만한 원천을 찾기는 불가능하다. 때문에 미국 나스닥이나 일본 마더스의 기술성 평가제도를 참고하여 우리나라도 이러한 제도적 지원을 받는데 많은 노력을 기울였던 것이다.

하지만 공모확정가 11,000원으로 청약을 받아 상장 첫날 기준가가 공모가보다 48.18% 높은 16,300원에 결정된 바이오니아가 시간이 지나 가격제한폭까지 하락하는 모습을 본 대우증권이 대리는 어떻게 하면 차후 바이오니아와 같은 바이오기업, IPO 주간사, 금융감독원, 바이오주에 대한 일반투자자 등의 입장을 고려하면서 가장 합리적인 공모가 산정을 할 수 있을까에 대해 다시 한 번 고심하기 시작했다.

바이오니아는 유전자기술들이 급격히 발전하고 있었던 1992년도에 유전자기술이 국가핵심기술임에도 불구하고 대부분의 유전자 연구용 기자재들을 외국에서 수입하는 상황에, 이것들을 국산화하여 21세기 우리나라의 생명공학 경쟁력을 확보하기 위해 한국생명공학연구원 1호 연구원 창업기업으로 설립되었다. CEO 박한오 박사에 의해 설립된 바이오니아는 1992년 설립 이후 13년간 유전자 관련 사업분야에 주력해 왔다. 합성유전자를 비롯한 핵심 유전자 기술을 개발하고 사업화함으로써 우리나라 생명공학 연구의 국가경쟁력을 높이는 핵심적인 역할을 수행하였으며 유전자를 이용한 기술을 개발하여 제품화, 특허출원과 등록에 의하여 세계적인 경쟁력을 확보해 가는 회사로 발전하여 왔다.

현재까지 바이오니아는 유전자 합성원료 대량생산 공정으로부터 자동유전자합성 및 정제, 생산 장비들을 모두 개발하여 원료부터 최종제품까지 일관된 자동화생산 공장을 갖추어 가격 및 품질 경쟁력을 확보하여 세계 최저가격대로 합성유전자를 세계시장에 공급하고 있다. 바이오니아는 유전자 진단, 검출 및 분석에 사용되는 유전자 추출, 증폭, 염기서열 분석에 필요한 핵심소재로 사용되는 시약들과 장비들을 개발하여 생산/공급하고 있으며, 현재 국내시장에서 외국의 제품들과 경쟁하여 품질과 가격경쟁력을 확보하여 국내 및 해외시장에서 점유율을 높여 가고 있다.

사업 분야는 단기/중기적으로는 축적된 유전자 기술들을 바탕으로 합성유전자, 유전자 분석/진단/검출 분야의 시약, 장비들로 수익을 올리고, 장기적인 수익모델로서 유전자 신약기술들을 개발하여 사업화함으로써 21세기 유전자 혁명을 주도해 나가는 유전자 전문회사로 발전해 나가고자 한다. 바이오니아의 주요 사업분야는 다음과 같다.

1. 유전자 신약 기반기술 제품(합성유전자, S.pombe 균주 및 HCS)
   A. 합성유전자 : DNA, siRNA, Bulk Oligo
   B. S.pombe 균주 및 HCS : High Contents Screening System

2. 유전자 신약개발 : siRNA 신약개발

3. 유전자 증폭 및 추출시약

4. 유전자 분석 시스템 : Exicycler, MyGenie 32/96, Agaro-Power 등

5. 생물무기 검출/유전자 식별 시스템

바이오니아는 2002년 9월, 코스닥시장(당시 한국증권업협회)에 예비심사를 청구하여 2002년 12월, "합성유전자 매출에 대한 추가적인 검증이 필요하다"라는 사유로 보류판정을 받은 바 있다. 합성유전자 원료생산설비와 대규모 합성라인 등 바이오니아의 설비투자 규모와 국내시장 규모 등을 고려할 때 세계시장 진출이 긴요한 것으로 판단되나 공장의 화재 등으로 대량생산 가능성과 세계시장에의 매출 가능성 등에 대한 검증이 부족하다는 것이 세부내용이었다.

2002년 IPO 실패 이후 바이오니아는 재무 유동성 부족으로

세계 주요 시장에 대한 홍보 및 마케팅 투자가 여의치 않은 상황에서 화재로 손실된 합성유전자 대량생산라인을 복구하는데 주력하였다. 현재 합성유전자 생산시설은 정상적으로 완료되었으며, 합성유전자의 원료공장부터 유전자합성 자동화설비까지 모두 자체기술로 개발, 제작, 설치하여 세계 합성유전자 시장을 주도할 수 있는 기술과 설비를 보유하게 되었다. 이를 인정받아 2004년도 산업자원부는 바이오니아의 대용량 합성유전자(HT-Oligo)를 차세대 세계일류 상품으로 선정하였고 NT(신기술)마크 인증을 하였다. 이러한 기술 및 가격경쟁력을 바탕으로 해외에 진출하였으며, 수출비중이 매년 증가하여 2002년 2억 원에서 2004년 12억 원으로 수출이 전체 매출의 13%를 차지하고 있다.

향후 바이오니아는 코스닥 상장을 통한 기업의 대외 신인도 제고 및 자금조달을 바탕으로 일본, 미국, 유럽 등지에 바이오니아에서 개발한 첨단 합성유전자 생산 시설들을 구축하여 세계적인 합성유전자 및 유전자신약 회사로 성장하고자 한다.

바이오산업의 특성

바이오산업은 1980년대 후반부터 각종 유전자 재조합 단백질 제품들이 상업화되면서 본격화되었다. 미국이 1993년부터 '바이오산업'이란 용어를 공식적으로 사용할 정도로 바이오산업의 역사는 길지 않다. 이후, 2000년대 들어 인간을 비롯한 다양한 생물종의 유전체 지도가 완성되면서 Post-Genome 시대가 시작되었고 생명현상에 대한 총체적인 관점에서 개발된 바이오 제품들이 시장에 나오기 시작하였다.

미국 바이오산업은 바이오 신약의 연간 승인 건수가 90년대

초 10개 미만에서 최근 30건을 넘어서는 등 성장기에 들어선 반면, 한국은 아직 도입 단계로 볼 수 있다. 1992년 바이오벤처인 바이오니아가 설립되었으며, 2004년 LG 생명공학의 신약 '팩티브'가 FDA 승인을 받았다. 현재, 18개 바이오벤처가 코스닥에 등록되어 있으며, 100여 개 기업이 연구개발을 진행중이다. 바이오벤처는 2000년~2001년 사이에 집중적으로 창업하였다.

바이오산업은 고부가가치를 창출할 수 있는 대표적인 지식기반산업으로서 차세대 성장동력 산업의 하나로 주목받고 있다. 이는 생명공학기술이 정보통신기술(IT)이나 나노기술(NT) 등 첨단신기술과 더불어 향후의 산업혁신에 매우 폭넓고 다양하게 기여할 것으로 예상되기 때문이다. 생명공학기술을 활용하면 인체적합성이 강화된 의약품이나 기기를 개발할 수 있고 사용되는 원료의 재활용도를 높일 수 있을 뿐 아니라 환경친화적인 제품의 개발이 가능하다. 따라서 바이오산업은 고령화와 보건, 식량, 환경, 에너지 등 인류가 직면하고 있는 각종 문제점을 해결할 수 있는 21세기형 산업이라고 할 수 있다.

바이오산업에서는 첨단의 복합적인 기술을 활용하기 때문에 제품 개발단계가 다단계로 이루어지고 있으며 참여하는 주체 역시 다양하게 구성되는 특징을 갖는다. 즉, 기초연구를 담당하는 대학이나 공공연구기관의 역할이 필요하며, 도출된 연구 성과를 제품화 및 상업화하는 중소 벤처기업의 활동이 활성화되어야 한다. 그뿐 아니라 글로벌마켓에서 경쟁력을 유지할 수 있는 중견기업이나 다국적 제약기업의 역할 역시 매우 중요하다. 즉, 바이오산업에는 연구능력과 함께 상업화 능력의 확보를 위해 다양한 기관 간의 협력과 연계가 매우 중요하다.

뿐만 아니라 연구개발 성과의 상업화를 효율적으로 연계할 수 있는 기술이전 시스템의 활성화와 위험에 도전할 수 있는 기업가 정신 역시 바이오산업 발전을 위한 필수요소라고 할 수 있다. 바이오산업은 대부분 제품들이 인 · 허가가 요구되는 제품들로 장기간의 개발기간과 대규모 투자를 필요로 한다. 바이오산업을 대표하는 바이오 의약의 경우 신약 개발에 평균 14년, 총 8억 달러의 비용이 필요한 것으로 추산되고 성공 확률 역시 매우 낮다. 특히 전임상 이후 산업화 단계에서 대부분의 비용과 기간이 소요된다. 따라서 생명체를 직접 다루거나 생명과 관련된 정보를 활용하는 바이오산업의 발전을 위해서는 생명윤리와 안전성을 유지하면서도 비용 경쟁력과 개발 효율성을 제고할 수 있는 제도가 전제될 필요가 있다.

3.2 정부의 바이오산업 육성 정책

우리나라는 1980년대에 바이오산업 기술 도입 및 육성 정책에 착수하여(1982년 과학기술부에서 생명공학을 핵심전략기술로 선정하여 특정연구개발사업으로 지원 시작) 1983년 생명공학육성법을 제정하고, 1985년 한국생명공학연구원을 설립하였다. 이 때부터 유전자 재조합 기술 등에 대한 바이오산업 R&D를 지원하기 시작하였다.

1990년대는 범부처 종합계획을 수립 · 추진키로 1994년 '생명공학 육성기본계획'을 수립하였다. 2000년대에 들어와서는 바이오산업의 세계화에 대한 비전을 가지고, 2001년 '생명공학육성 제 3단계 기본계획'을 수립하였으며, 2004년에는 차세대 성장동력의 10대 산업으로 '바이오 신약/장기'를 선정하여 집중 육성하는 방안을 마련하였다.

기술성 평가제도

정부로부터의 지원뿐 아니라 민간 잉여자본들의 투자 역시 끌어 내기 위해서는 미국 나스닥이나 일본 마더스와 같은 기술성 평가제도의 도입이 절실하다. 우리나라 코스닥시장에 등록되기 위해서는 자본잠식 없이 매출액 요건을 만족시켜야 하고, 또한 경상이익 실현 및 자기자본이익률(ROE) 5% 이상 등의 수익성 요건을 만족시켜야 하는데 R&D 위주의 바이오벤처로서는 사실상 불가능한 요건일 수밖에 없었다. 그리하여 자본이 필요한 국내 바이오벤처들이 일본 마더스 증시로의 상장을 시도하였으며 실제로 노무라 증권이 국내 바이오벤처에 대한 기술성 평가를 실시하기도 했다. 이러한 시도가 국내투자자의 투자기회상실 및 향후 배당 등으로 인한 국부의 유출이라는 관점에서 우려를 낳았으며 대책마련이 절실하게 되었다.

2001년 4월, 상장심사업무의 객관성 및 전문성 확보를 위해 기술성 및 시장성에 대한 전문평가기관의 평가결과를 상장심사에 반영하기로 했으며 2005년 3월, 마침내 성장형 벤처기업의 시장진입 가능성을 제고하기 위해 상장심사 외형요건 중 수익요건을 기술평가결과로 대체하는 제도가 마련되었다*〈Exhibit 3. 기술성 평가대상 기업〉*.

기술성 평가제도에 대해 좀더 자세히 살펴보면 기술력을 가진 중소 벤처기업의 자금조달에 있어서 활성화를 도모하기 위한 정책의 일환으로 증권선물거래소가 2005년 3월 도입했으며, 기

Exhibit 3 **기술성 평가대상 기업**

대상 기업	세부 요건	비 고
매출 또는 업력 미달 기업	– 설립 후 경과년수 2년 미만 – 최근년도 매출액 또는 최근 3개년 평균매출액 30억 원 미만	
성장형벤처 특례적용 희망기업	– 차세대 성장동력산업 등의 업종을 영위하는 벤처기업 중 기술평가결과로 코스닥상장 심사시 수익요건 적용을 면제	
거래소가 필요하다고 인정하는 기업		예비심사 청구 이후

자료: 증권선물거래소

술력 성장성을 갖춘 벤처 기업이 코스닥 상장을 쉽게 할 수 있도록 수익요건(경상이익, ROE) 적용을 면제해 주는 제도이다. 전문평가기관 등을 통해 기술력과 성장성을 검증토록 하고, 이를 위해 2005년 4월 한국생명공학연구원 등과 평가계약을 체결했다. 기술평가전문기관으로는 바이오분야의 생명공학연구원을 비롯해 기술신용보증기금, 한국과학기술정보연구원, 한국산업기술평가원, 한국전자통신연구원 등 모두 7개 기관이 선정되어 있으며 각 평가항목에 근거해 검증하고 있다*〈Exhibit 4. 기술성 지정평가기관 및 항목〉*.

즉, 코스닥 기술성 평가란 전문기관으로부터 기술력을 검증받은 업체는 적자상태에서도 코스닥에 상장할 수 있게 하는 제도로서 바이오니아, 바이로메드, 크리스탈지노믹스도 이 평가를 통과했다.

Exhibit 4 **기술성 지정 평가기관 및 항목**

- 한국산업기술평가원
- 한국전자통신연구원
- 한국보건산업진흥원
- 한국과학기술정보연구원
- 한국기술거래소
- 기술신용보증기금
- 한국생명공학연구원

대분류	중분류
기술성	기술의 완성도
	기술의 경쟁우위도
	기술인력의 수준
	기술제품의 상용화 경쟁력
시장성	기술제품의 시장규모 및 성장잠재력
	기술제품의 경쟁력

자료: 증권선물거래소

바이오니아의 IPO 공모가 산정

대우증권 이 대리는 크게 세 주체들의 입장을 고려하여 공모가 산정을 연구할 필요가 있었다.

첫째, 바이오니아 입장에서는 가능성 있는 사업 영역에의 지속적 투자를 지원받기 위한 민간측면의 자원 조달을 가능하게 하는 IPO 공모가 산정을 원한다.

둘째, 대우증권 입장에서는 기술성 평가 통과 기업의 공모가 산정 표준모델을 만든다는 점에서 매우 중요한 이슈가 된다.

셋째, 금융감독원과 증권선물거래소의 입장에서는 기술성 평가제도의 연착륙이라는 점에서 첫 사례를 성공시킬 필요가 있을 것이다.

또한 이러한 세 주체들의 니즈를 부합시키는 것뿐만 아니라, 일반 투자자들의 입장에서 그들에게 제대로 된 수익을 보장해 주면서 성장잠재력이 있는 바이오기업에 지속적으로 투자할 수 있는 근거를 마련해 주어야 한다. 이 대리는 이러한 세 주체들의 목적을 염두에 두면서 달성하고자 하는 목표를 이루기 위해 가치평가방법을 다음과 같은 세 가지 관점에서 접근해 보고자 했다.

먼저, 통상적으로 공모가를 기업의 ROE나 PER 등을 상장업체 중 유사업체와 비교하는 방식으로 결정하는 것이다. 그러나 기술성 평가를 통해 상장된 기업들은 장래성은 뛰어나지만, 실적은 매우 부진한 기업들이다. 경상이익이나 ROE 등의 수익성 항목을 면제받고 상장되므로 사실상 적자기업들이 대부분이다. 따라서, 기존의 방식으로 공모가를 산정하기는 힘들다.

다음으로, 현금흐름할인법(discount cash flows)을 사용하는 방법이다. 당초, 주간사인 대우증권은 향후 5년 이상 특정기간 동안의 실적, 배당 가능성 등을 추정해 공모가를 산정하는 DCF 방식을 사용하고자 했다. 하지만, 금감원에서 "변동성이 크다"며 재심사를 요구하였다. 사실 DCF 방식은 향후 경제성장률, 이자율, 임상 단계에 따른 가중치 등의 여러 가정을 투입하게 되어 있지만, 어떤 가정을 쓰고 얼마만큼의 가중치를 두느냐에 따라 결과가 크게 달라질 수 있기 때문에 가치평가에 대한 누적된 기준이 없는 바이오기업의 가치평가에는 부적절할 수 있을 것으로 보인다. 또한 기업의 고유한 특성이 크게 반영되지 못하는 일반화된 방식으로 다른 평가방법이 요구될 것으로 보인다.

세 번째 고려되는 방법은 외부평가 기관에서 회계자료와 각종 매출 및 비용을 고려한 수익을 추정함으로써 기업의 고유한 특성을 많이 살리는 '회생(수익전환)' 방식이다. 예를 들어 수요예

Exhibit 5 공모희망가액 할증근거

1. 유사회사 선정

(단위: 백만 원, %)

구 분	상장일	결산월	자본금		매출액		당기순이익	
			04년	05년	04년	05년	04년	05년
(주)셀바이오텍	02.12.13	12월	3,600	4,700	10,057	6,516	1,679	476
(주)에스디	03.01.24	12월	3,120	4,000	11,835	10,119	2,689	2,135
(주)에스텍파마	04.02.06	12월	2,500	3,300	8,595	6,445	1,461	473

2. 유사회사 및 기준주가 선정

유사회사의 기준주가의 경우, 평가기준일(2005년 11월 25일) 현재 주가와 최근 1주일간 평균주가, 최근 1개월간 평균주가 중 작은 값을 적용하였다.

[기준주가 산정]

(단위: 원)

구 분	셀바이오텍	에스디	에스텍파마	코스닥 지수	코스닥 100 PER
최근 1개월 평균주가(1)	7,573	14,120	9,562	634	19.9
최근 1개월 평균주가(2)	7,087	13,833	8,707	678	21.3
최근일 주가(3)	6,840	15,500	8,510	700	22.1
기준주가(Min[1,2, 3])	6,840	13,833	8,510	634	19.9

3. 유사회사의 PER과 시장 평균 PER의 비교

i. 유사회사의 EPS 산정

[2004년 EPS 산정]

(단위: 원, 배)

구 분	셀바이오텍	에스디	에스텍파마
매출액	10,057,050	11,835,479	8,594,644
당기순이익	1,678,638	2,688,586	1,461,147
가중평균유통주식수	7,061,462	6,110,579	4,909,836
주당순이익	238	440	298

[2005년 3분기 EPS 산정]

(단위: 원, 배)

구 분	쎌바이오텍	에스디	에스텍파마
매출액	6,515,632	10,118,771	6,444,772
당기순이익	475,594	2,134,658	473,120
가중평균유통주식수	7,570,696	6,536,557	6,127,473
주당순이익	84	435	103

ii. **시장평균 PER과의 비교**

[2004년 PER 기준 비교]

(단위: 원, 배)

구 분	쎌바이오텍	에스디	에스텍파마
2004년 EPS	238	440	298
PER	28.8	31.4	28.6
평균	29.6		
KOSDAQ100 PER	19.9		
할증률	148.7%		

[2005년 3분기 PER 기준 비교]

(단위: 원, 배)

구 분	쎌바이오텍	에스디	에스텍파마
2004년 3분기 EPS	84	435	103
PER	81.7	31.8	82.7
평균	65.4		
KOSDAQ100 PER	19.9		
할증률	328.3		

4. 위와 같이 바이오 업종에 속하는 회사 중 바이오니아와 유사성이 인정되는 유사회사를 선정하여 동일기간 동안 코스닥 시장 평균 PER과 유사회사의 PER을 비교한 결과, 바이오 업종에 속하는 유사회사들의 주당순이익에 대한 주가수준이 코스닥 시장의 평균보다 일정수준 할증되어 거래됨을 알 수 있다. 즉, 바이오 업종이 코스닥 시장의 타업종보다 미래가치를 인정받아 주가수준이 높게 형성된다는 가정, 즉 공모희망가액 할증의 제한적인 근거로 제시될 수 있다.

자료: 대우증권

측을 통해 2009년에 발생할 수 있는 매출액, 변동비, 판관비 등을 분할하여 현시점에서 가장 객관적으로 검증한 결과를 현가로 환산하여 가치평가하는 것이다.

이번 사례는 기술성 평가를 통해 상장되는 최초의 사례이니만큼, 앞으로 기술성평가 통과 업체의 공모가 산정에 대한 표준 모델로 일반화될 것으로 예상되어 이 대리의 어깨는 더욱 무거워만 갔다〈*Exhibit 5. 공모희망가액 할증근거*〉.

시장의 반응 및 제언

공모일 하루 전 터진 '황우석 쇼크'에 이세연 대리는 시장의 반응을 초조하게 기다렸다. 잇따른 황우석 쇼크로 실권 가능성이 점쳐지기도 했었다. 그러나 다행히 풋백옵션[1]이라는 '안전판'과 유통시장에서의 바이오 관련주의 진정기미 등으로 실권은 발생하지 않았다. 대우증권은 이날, 바이오니아의 코스닥시장 상장을 위한 최종 청약공모경쟁률이 287.38대 1을 기록했다고 밝혔다〈*Exhibit 6. 증권사별 경쟁률 현황*〉. 2005년 12월 20일과 21일 이틀간 몰린 청약자금도 8,018억 원을 넘었다. 그래도 이대리는 안심할 수 없었다.

이러한 성공적인 공모에도 불구하고 바이오니아는 거래 첫날 된서리를 맞았기 때문이다. 바이오니아는 공모가(11,000원)보다 48% 높은 16,000원에 거래를 개시한 이후 장중 등락을 거듭하다 역시 급락세로 돌아서 역시 하한가인 13,900원에 장을 마

1) 풋백옵션이란 공모에 참여한 투자자가 신규등록일 후 한 달 이내 주간사인 증권회사에 공모가의 90%의 가격으로 되사달라고 요구할 수 있는 권리다. 즉, 한 달 내 주가가 공모가보다 10% 이상 떨어지면 주간사에 되팔아 손실을 최소화할 수 있다.

Exhibit 6 증권사별 경쟁률 현황

증권사	경쟁률
대우증권(주간사)	294.99
교보증권	304.65
우리투자증권	244.08
한국증권	217.22
한화증권	268.06
현대증권	250.61
최종	287.38

자료: 대우증권

쳤던 것이다.

우선 바이오니아 청약결과는 실권주 발생까지 예상됐다는 점에서 상당히 선전한 것으로 분석할 수 있으나 2005년 7월 말 상장된 줄기세포 대장주 메디포스트 일반청약경쟁률 814대 1에는 크게 못 미친다고 할 수 있다. 그리고 상장 첫날 역시, 황우석 교수에 대한 서울대 조사위의 발표가 투자심리를 위축시킨 것으로 짐작되나 장초반의 상승세를 지속하지 못하고 하한가로 장을 마쳤다.

이러한 사실을 근간으로 평가해 볼 때, 바이오니아의 공모가 11,000원이 과연 적절한가에 대한 의문을 제기해 볼 수 있다. 그러면 앞으로 바이오니아와 같은 바이오기업의 IPO가 이루어질 때, 어떻게 회사와 IPO 주간사, 금융감독원, 일반투자자 모두의 입장을 고려하면서 가장 합리적인 공모가 산정을 할 수 있을지, 더 나아가 그를 통한 바이오기업의 발전 방안을 다음과 같이 제시한다.

'투자자들에게 매력적으로 다가가기엔 공모가가 너무 높이

책정된 것이다' 라고 문제점을 제기하고 평가해 보면, 대우증권과 바이오니아가 이끌어 낸 본질가치 4,356원은 어느 정도 논리적이고 설득력을 가지고 있으나 공모가 산출을 위해 사용한 할증률(252.54%)은 근거를 제시하긴 했으나 너무 임의적이라는 결론은 조심스럽게 내려볼 수 있다. 이는 자금을 유치하는 바이오니아의 입장에서는 만족스러울지 모르나 일반투자자들과 이들을 보호해야 할 의무가 있는 금융감독원은 상당히 조심스럽게 접근해야 할 문제이다. 외부기관으로부터 본질가치를 재평가받는 것도 중요하지만 금융감독원이 직접 나서서 무리하게 본질가치를 할증하여 공모가를 산출하는 행위를 제약할 필요가 있다.

바이오니아의 공모가 산정에 관한 일련의 과정을 살펴보면서 우리는 다음과 같은 바이오기업의 발전방향을 생각하게 되었다. 이에 대한 우리의 생각을 제안하며 글을 마무리짓고자 한다.

3.3 IPO를 통한 바이오기업 발전의 선순환

세계적인 바이오기업들의 성공사례를 통해 바이오 분야의 성장을 가능하게 하는 시발점은 세계적인 신약 및 신물질의 시장화, 산업화에의 성공임을 알 수 있었다. 따라서 우리나라는 한정된 인적/물적 자원을 최대한 효율적으로 활용하여 우선 글로벌 경쟁력을 가진 제품을 만들어 내는 것이 중요하다. 이를 위해선 민간투자, 즉 기업의 IPO를 활성화시키는 것이 매우 중요하기에 투자를 출발점으로 R&D 혁신을 유도하는 선순환 구조를 제언한다.

▶ 출발점 : 투자 ⇒ 혁신을 일으키기 위한 R&D 핵심 원천 기술에 투자함으로써 선순환 구조를 유도

▶ 선순환 구조

한국형 IPO 모델을 통한 민간 자본 유치 + 공공부문의 지속적 투자

- R&D 핵심 원천 기술에 대규모 투자
- 글로벌 경쟁력을 가진 혁신적 제품의 생산, 판매
- 기술의 산업화를 통한 부가가치 우선 창출
- 창출된 고수익으로 높은 R&D 투자
- 높은 R&D 투자를 위한 인력 수요가 확대됨
- 고급 인력 수요를 맞추기 위한 고급 R&D 인력의 양성 촉진
- 고부가가치를 가진 R&D 기술 개발 가능성이 높아짐
- 글로벌 경쟁력을 가진 혁신적 제품의 생산, 판매 반복

CHAPTER 04

세양선박: 적대적 M&A 시도에 대한 경영권 방어

서 상 원
박 장 우
양 은 민

한 해를 마감하는 12월 말, B기업의 대표이사 임병석씨도 어느 해보다 숨가쁘게 지나온 금년 한 해를 돌이키며 깊은 생각에 잠겼다. 금년 하반기부터 장안의 화제가 되었던 S&TC사의 적대적 M&A시도를 결국은 성공적으로 방어해 내었다는 점에서 폭풍 속을 무사히 지나 항해를 마친듯한 안도감에 잠시 젖기도 했지만, 곧 회사의 경영권을 위협받았던 순간의 긴장감이 아직 생생한 느낌으로 되살아났다.

이제 경영권 분쟁은 세양선박의 승리로 일단락된 것으로 판단되고, 이제 곧 새 해를 맞이하면서 경영계획을 수립하고 향후 경영권 기반을 확실히 다지기 위한 방안에 대해 생각을 하려고 하지만 M&A 방어를 위해 급박하게 지나왔던 하반기의 일들이 머리 속을 떠나지 않았다. 임병석씨는 자신에게 많은 교훈을 주었던 지난 일들을 우선 정리하는 것이 앞으로 계획을 세우는데 도움이 될 것이라고 생각하고 다시금 회상에 잠겼다.

4.1 회사 개요

세양선박은 1951년 창업되어 1977년에는 국내 해운업계 최초로 증권거래소에 상장된 유서깊은 해운회사이다. 그러나 1997년 2월 법정관리에 이르게 된다. 결국 2002년 쎄븐마운틴해운주식회사가 상장사인 세양선박을 인수하고 공격적인 경영을 통해 해운업계의 주목을 받게 된다. 2002년 470억 원에 불과하던 매출액이 이듬해인 2003년에는 1,123억 원으로 늘어났고 2004년에는 2,364억 원으로 폭발적인 증가를 한다. 2002년 9월에는 회사

Exhibit 1 **세양선박 요약재무재표(단위: 백만 원)**

구 분	2004년	2003년	2002년	2001년	2000년
[유동자산]	106,698	65,883	21,124	7,685	9,366
• 당좌자산	103,762	64,782	20,565	6,853	8,113
• 재고자산	2,936	1,101	559	832	1,253
[고정자산]	176,928	53,056	41,839	31,965	62,045
• 투자자산	109,007	18,254	12,828	8,775	36,842
• 유형자산	67,855	34,780	29,011	23,190	25,203
• 무형자산	66	22	–	–	–
자산총계	283,626	118,939	62,963	39,650	71,411
[유동부채]	101,784	47,063	17,555	6,197	7,142
[고정부채]	74,873	24,549	15,993	47,838	44,540
부채총계	176,657	71,612	33,548	54,035	51,682
[자본금]	44,988	24,182	24,181	2,456	2,456
[자본잉여금]	46,782	20,392	20,171	11,336	11,336
• 자본준비금	46,782	20,392	20,171	11,336	11,336
• 재평가적립금	–	–	–	–	–
[이익잉여금]	15,326	△116	△14,935	△28,175	6,095
[자본조정]	△127	2,869	△2	△2	△158
자본총계	106,969	47,327	29,415	△14,385	19,729
매출액	236,375	112,265	46,959	68,595	57,213
영업이익	18,732	6,816	△1,289	△1,424	△434
경상이익	15,443	14,819	△3,407	△34,269	△5,423
당기순이익	15,443	14,819	13,239	△34,269	△5,423

[△는 부(–)의 수치임]
자료: 2004년 세양선박 사업보고서

는 법정관리를 종결하고 2003년 2월에는 관리종목에서 해제되어 빠르게 정상화되었다. 세양선박은 인수 1년만에 흑자기업으로 성공한 것이다〈*Exhibit 1. 세양선박 요약재무재표*〉.

이 과정에서 2002년 세양선박을 인수한 쎄븐마운틴해운주식회사의 경영자인 임병석의 행보도 또한 많은 사람들의 관심의 대상이 되었다. 1984년 임병석은 한국해양대학교를 졸업하고 항해사로 일한 경력이 있다. 1990년 나이 서른이 되던 해, 자신의 돈 500만 원과 4,500만 원을 빌려 쎄븐마운틴해운의 모태인 칠산해운을 설립한다. 선박과 화물중개업을 하던 그는 5년 뒤 자기 배를 마련하고 회사이름을 쎄븐마운틴해운으로 바꾸고 본격적으로 해운업에 진출하게 된다. 2년 뒤 외환위기 때 다른 해운사들이 긴축경영을 할 때 그는 외환위기극복을 위해 국내 및 해외에서도 물동량이 크게 늘 것으로 보고 용선을 대거 확보하는 등 공격적인 사업확장에 나선다. 특히, 해외물동량의 경우 달러베이스로 결제되기 때문에 외환위기 이후 원화약세상황은 그의 사업에 호재로 작용하였다. 이렇게 성장기반을 확보한 그는 2002년 세양선박을 인수하고 공격적인 사업확장을 시작한다.

이를 시작으로 잇단 인수를 통해 2005년 11월 현재 총 23개의 관계회사를 거느린 중견그룹으로 성장했다. 회사의 지배구조를 살펴보면, 비상장사인 쎄븐마운틴해운이 세양선박주식의 최대주주로서 지배하고 세양선박이 다른 계열사들을 다시 지배함으로써 세양선박이 쎄븐마운틴그룹을 이루고 있는 기업집단의 사실상의 지주회사의 역할을 하고 있다.

기업집단에 속한 회사를 살펴보면, 쎄븐마운틴해운, 세양선박, 황해훼리, 동남아해운 등이 해상운송업을 하고 있으며, 컨테이너제조를 하는 진도, 컨테이너임대업을 하는 필그림해운, 무역업 및 외항화물운송업을 하는 SJ Shipping & Container UK. LTD, 선박관리 및 운용을 하는 서울선박운용, 한강유람선사업을 하고 있는 한리버랜드 등의 기업이 해운업과 관련한 수직계열화를 이루고 있다. 또한 종합건설업을 영위하는 우방, 놀이공원시설을 운영하고 있는 우방타워랜드, 방송프로그램 제작 및 배급을 하는 유쉘컴, 생활경제TV, 방송과 사람 등의 기업으로 다양한 업종으로 사업이 다각화되어 있다*〈Exhibit 2. 세양선박 관계회사 등의 현황, Exhibit 3. 세양선박 관계회사 등의 지분관계〉*.

세양선박은 여객선사업, 보급선사업, 선박투자회사, 컨테이너사업 등으로해운업의 수직계열화 및 Tanker사업에 진출하는 등 고수익 해상운송부문으로 사업포트폴리오를 다각화하여 안정적 매출과 고수익을 달성하고, 5년 내 국내 5위권의 해운그룹으로

Exhibit 2 세양선박 관계회사 등의 현황(2005년 11월 14일 현재 기준)

구 분	회사 수	회사명
상장사	3	(주)진도,(주)우방,(주)우방타워랜드
비상장사	20	쎄븐마운틴해운(주),황해훼리(주),(주)필그림해운,한리버랜드(주),서울선박운용(주), SJ Shipping & Container UK. LTD,유쉘컴,생활경제TV, (주)방송과사람,동남아해운(주), Jindo U.K Ltd, Jindo America Inc., Jindo HongKong Ltd., Jindo Int' l Investment Ltd., Global Unity Ltd., Dalian Jindo ContainerCo., Ltd., Shanghai Jindo Container Co., Ltd., Guangzhou JindoContainer Co., Ltd., Shanghai Jindo Container Refurbishing & Reparing Co., Ltd., Jindo Fashion GmbH
계	23	

* 주: 쎄븐마운틴해운(주), (주)진도, (주)우방, (주)우방타워랜드, 황해훼리(주), (주)필그림해운, 한리버랜드(주), 서울선박운용(주), SJ Shipping & Container UK. LTD, 유쉘컴, 생활경제TV, (주)방송과사람, 동남아해운(주) 등 13개 관계사를 제외한 나머지 관계사는 (주)진도가 지분을 가지고 있는 회사임

자료: 세양선박 2005년 3/4분기 분기보고서

Exhibit 3 세양선박 관계회사 등의 지분관계 자료: 2005년 세양선박 3/4분기보고서 ※2005년 11월 14일 현재 기준(단위:%)

출자회사/ 피출자회사	쎄븐 마운틴 해운	세양 선박	진도	우방	우방 타워 랜드	황해 훼리	필그림 해운	한리버 랜드	서울 선박 운용	SJ Shipping & Container UK. LTD	유쉘컴	생활 경제 TV	동남아 해운	방송과 사람
쎄븐마운틴해운		21.15	2.29	22.95	21.94	30.94		20.37						
세양선박			55.99	12.40	12.40	13.27	81.2	68.60	29.86	100				
진도				1.67	1.67		18.8						75.46	
우방		4.37												
우방타워랜드		0.77									99.0			
황해훼리														
필그림해운			1.12											
한리버랜드											1.0			
서울선박운용														
SJ Shipping & Container UK. LTD														
유쉘컴												100		100
생활경제TV														
동남아해운(주)														
(주)방송과사람														

자료: 세양선박

Exhibit 4 세양선박의 중장기 경영전략

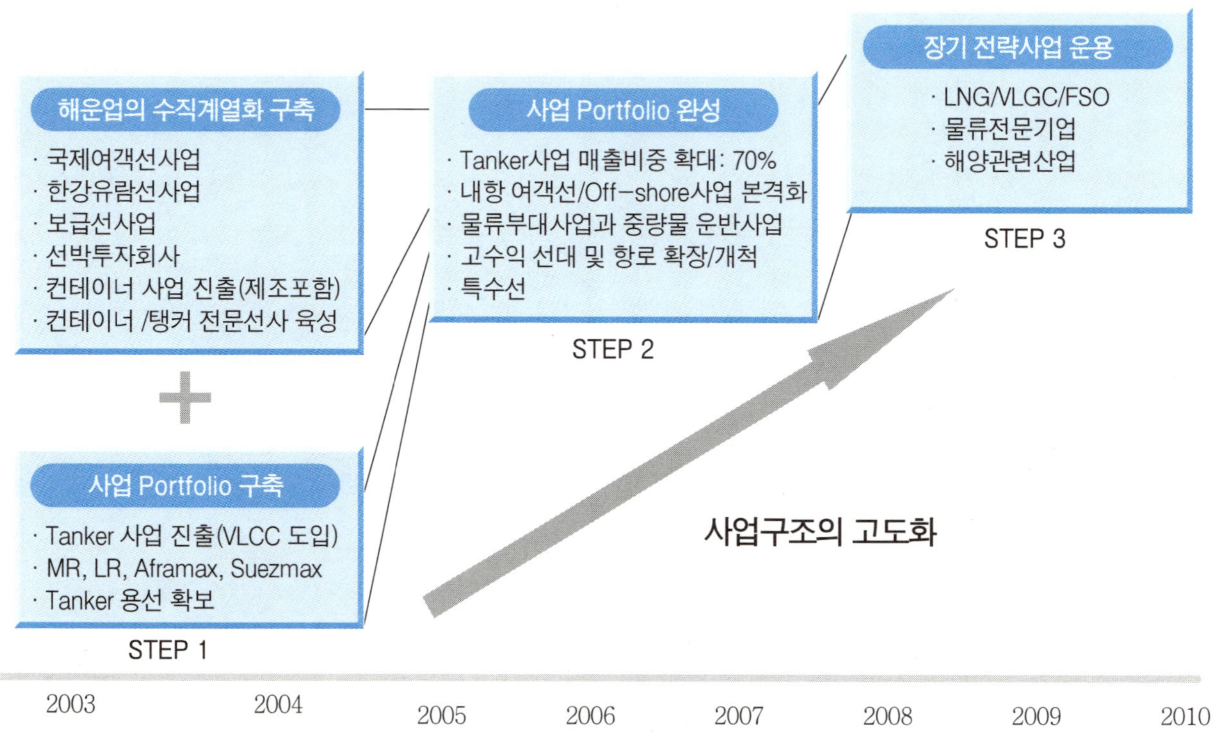

자료: 2004년 IR자료(회사 홈페이지)

장기적으로는 종합해운그룹으로 성장하는 것을 목표로 하고 있다 〈*Exhibit 4. 세양선박의 중장기 경영전략*〉.

해운업의 특성

해운업은 국제무역을 통해 일어나는 운송수요를 대상으로 하고 운송수단인 선박의 공급면에서 비탄력적인 시장 내적 특성을 가지고 있다. 또한 시장 외적인 측면에서는 중공업, 연료 산업, 농수산물 등의 여타 다른 산업과 관련성이 깊어 경기변동이 많은 업종으로 알려져 있다. 그리고 국제적 성격이 강한 국제 산업으로 주활동 대상이 세계적인 특성을 가지고 있다. 국제무역이 증가함에 따라 해운업도 지속적으로 발전할 것으로 예측된다.

이러한 특성 이외에도 해운업은 선박을 모체로 영업활동이 이루어지기 때문에 대규모 자금이 집중적으로 투하되어야 하는 자본집약적인 장치산업이며, 국가 간의 장벽에 구애받지 않는 완전 경쟁시장이라는 특성이 있다.

특히 우리나라는 삼면이 바다로 둘러싸여 있는 반도국가라는 지리적인 특수성으로 해운업은 여타 국가와 달리 그 중요성이 특별하다. 육로 개통이 없는 우리나라로서는 해상운송 또는 항공운송 외에 달리 방법이 없으며 특히 수출입 물량의 98% 이상이 선박을 이용하고 있다.

해운업 경기는 세계 경기 변동, 기후, 유가, 국제적인 정황 등의 많은 변수에 의해 시황이 불규칙적으로 반복되는 특성을 가지고 있다. 따라서 경쟁체제와 운임의 상대적인 하락, 불규칙한 경기, 급락과 급등을 반복하는 유가와 환율동향 등 이러한 구조적인 리스크를 잘 관리하느냐의 여부가 기업의 성패를 좌우

하는 중요한 요인으로 꼽힌다.

최근 우리나라의 해운업은 세계경기의 본격적 회복국면 진입에 따른 교역량 증가, 중국의 수출입 해상물동량 증가추세 지속, 벌크(Bulk) 선박공급량 제한적 증가로 운임이 높은 수준으

Exhibit 5 **BDI 지수의 변동**

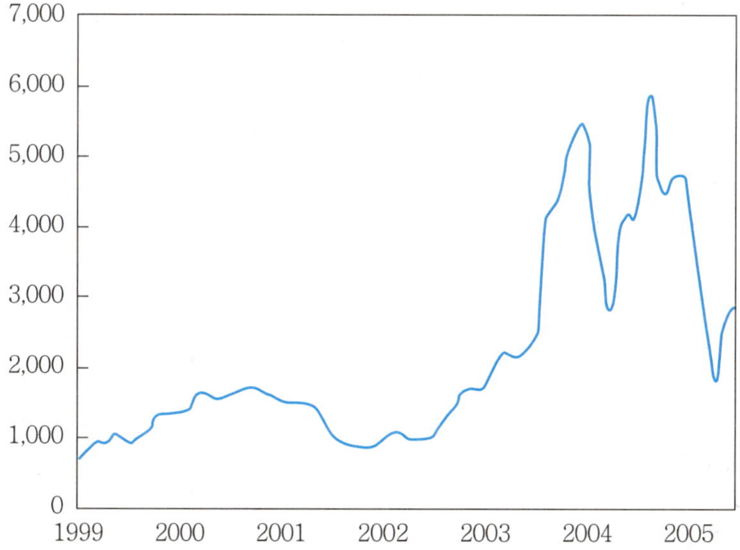

• BDI(Baltic Dry Index): 발틱 건화물 운임지수
발틱해운거래소는 1985년 해상운임 선물거래를 도입한 이후 선물거래의 운영을 위해 여러 가지 운임지수를 발표하고 있다. BDI는 발틱해운거래소가 종전 건화물 시황 운임지수로 사용해 온 BFI(Baltic Freight Index)를 대체한 운임지수로 1999년 11월 1일부터 발표하고 있다. 이 지수는 선형별로 대표적인 항로를 선정, 각 항로별로 톤마일 비중에 따라 가중치를 적용해 산정한다. 1985년 1월 4일을 기준으로 1,000포인트에서 출발했다. BDI 지수는 벌크선 운임에 대한 벤치마크 지수로 사용된다.

자료: 세양선박

로 유지되는 등 2003년 이후 최대의 호황기를 누렸고 당분간 이러한 호황기를 유지할 것으로 예측되고 있다〈*Exhibit 5. BDI 지수의 변동*〉.

4.2 적대적 M&A 시도와 경영권 방어 관점

세양선박에 대한 적대적 M&A가 부각되기 시작한 것은 지난 10월 14일 S&T중공업 회장 최평규씨와 역시 최 회장이 최대주주인 S&TC가 세양선박 주식을 2천만 5천 주(지분율 18.1%)를 전격 매입했다고 발표하면서부터이다. 세양선박 주식을 대량으로 매입함으로써 최평규씨와 S&TC는 세양선박의 2대주주의 위치로 떠올랐다. S&TC중공업(구 통일중공업)을 인수하여 재계의 주목을 받기 시작한 S&TC회장 최평규씨의 행보는 세양선박에 대한 M&A시도로 다시 조명을 받았다.

최평규씨는 27살이 되던 1979년 열교환기와 발전설비를 제조하는 삼영기계공업사(현 S&TC)을 창업하면서 사업가의 길을 걷게 된다. 창업당시 자신의 분야에서 세계최고가 되고자 하는 원대한 목표를 가지고 당시 17평짜리 아파트의 전세금을 빼내 회사를 설립하고 회사에서 숙식을 거듭하는 근면성을 바탕으로 회사를 열교환기업계에서는 독보적인 기술력을 가진 기업으로 성장시켰다고 알려져 있다. 2002년 경우 상호저축은행(현 S&T상호저축은행)의 인수를 시작으로 M&A시장에 본격적으로 뛰어들었다. 그 후 통일중공업(현 S&T중공업), 호텔설악파크, 대화브레이크(현 S&T브레이크) 등을 잇달아 인수하며 사세를 확장시켰다

Exhibit 6 S&TC 기업집단에 소속된 회사

회 사 명	업 종	상장/비상장	비 고
(주)S&TC	열교환장치 제조업	상장	–
광주사위중공유한공사	열교환장치 제조	비상장	해외 현지법인
S&T중공업(주)	자동차부품 제조업 외	상장	2003. 4. 7. 공정위에 기업결합신고
(주)S&T상호저축은행	금융업	비상장	–
(주)호텔설악파크	관광호텔업 외	비상장	2003. 10. 1. 공정위에 기업결합신고
S&T브레이크(주)	자동차브레이크 제조업	비상장	–
S&T솔루션(주)	정보기술 컨설팅 및 소프트웨어 개발업 외	비상장	2004년 7월 28일 설립 등기
심양금배통일차량부품 유한공사	자동차부품 제조업	비상장	해외 현지법인
중국청도통일산업 유한공사	자동차부품 제조업	비상장	해외 현지법인

자료: S&TC 2005년 3/4분기 분기보고서

〈Exhibit 6. S&TC 기업진단에 소속된 회사〉.

현재 S&TC그룹은 8개의 계열회사를 가지고 있다. 최평규씨가 S&TC의 지분을 34.76% 가지고 있고 S&TC가 S&TC중공업 등의 계열회사에 지분을 투자하고 있는 지배구조를 가지고 있다 *〈Exhibit 7. S&TC 관계회사 및 자회사의 투자지분 현황〉.*

세양선박의 임병석 회장과 S&TC의 최평규 회장의 적대적 M&A 과정과 이에 따른 방어과정의 주요 쟁점은 다음과 같다 *〈Exhibit 8. 적대적 M&A 과정과 주요 쟁점〉.*

2005년 10월 14일, 최평규 S&T중공업 회장과 최 회장이 최

Exhibit 7 S&TC 관계회사 및 자회사의 투자지분 현황 (2005년 10월 31일 현재)

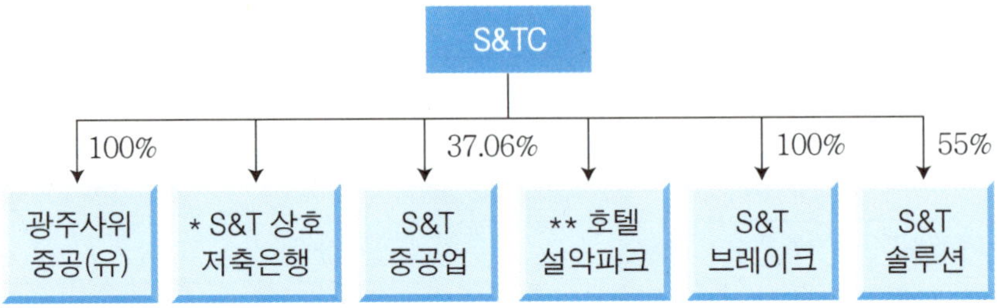

* S&T 상호저축은행: 최대주주 최평규가 지분 83.18%를 보유

** 호텔설악파크: 최평규 및 특수관계인 1인이 지분 83.62%를 보유

자료: S&TC 2005년 3/4분기 분기보고서를 통해 재구성

대주주로 있는 S&TC가 쎄븐마운틴그룹의 지주회사격인 세양선박 주식 2,000만 5,000주(18.1%)를 전격 매입했다. 이는 세양선박의 최대주주인 쎄븐마운틴해운이 가지고 있는 20.4%보다 적은 지분이지만 쎄븐마운틴해운이 세양선박 주식의 4.3%를 차지하는

Exhibit 8 적대적 M&A 과정과 주요 쟁점

일 자	주요 쟁점
2005년 10월 14일	최평규 회장측, 세양선박 지분 18.14% 매집해 2대 주주로 급부상
2005년 10월 17일	세양선박, 제 3자 배정 유상증자 및 해외 CB 발행 결의
2005년 10월 18일	세양선박, 보유하고 있는 진도주식을 증권사 대여 결정
2005년 10월 19일	최 회장, 법원에 제 3자 배정 유상증자 및 해외 CB 발행 금지 가처분 신청
2005년 10월 29일	임병석 쎄븐마운틴그룹 회장, 최 회장측 지분을 유지시켜 주겠다고 제안
2005년 10월 30일	최 회장, 임 회장측 제안 거절
2005년 11월 15일	법원, 최 회장측 가처분 신청 기각

Exhibit 9 10월 14일 세양선박 지분구성

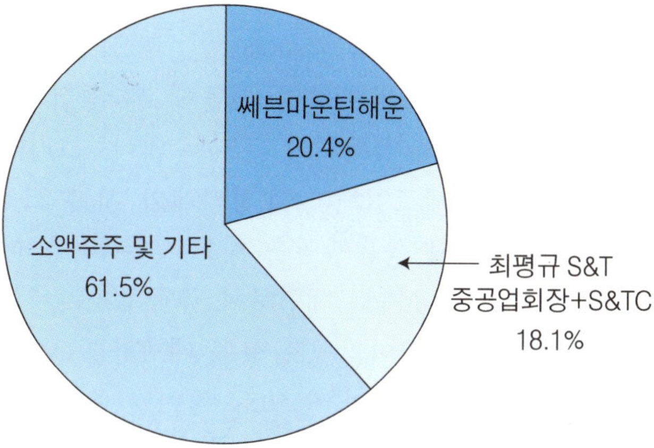

자료: 세양선박

450만 주를 농협에 담보로 맡겨 놓은 상태라는 것을 감안할 때, 최 회장과 S&TC는 사실상 세양선박의 최대주주가 된 것이다. 최 회장측은 지난 8월 9일부터 주식매집에 들어가서 주당 매입단가도 1,005원에서 1,163원 사이로 총 220억 원에서 230억 원의 자금을 투입한 것으로 알려졌다〈*Exhibit 9. 10월 14일 세양선박 지분구성*〉. 최 회장은 1,597만여 주, S&TC가 400만 주를 매입했으고 총매입자금은 220억~230억 원에 달하고 있으며 더욱이 앞으로 최 회장이 세양선박주식을 더 확보할 가능성도 배제할 수 없기 때문에 세양선박의 입장에서는 경영권을 인수하려는 적대적 M&A 시도로 여겨지게 되었다. 쎄븐마운틴그룹은 적대적 M&A의 가능성에 대비하기 위해 시장에서 세양선박 주식을 추가로 사들이거나 세양선박이 발행한 2,000만 달러어치의 해외 전환사채(CB)를 조기에 회수하는 방안을 강구하는 등 적대적 기업인수, 합병에 대하여 적극적인 방어전략이 필요하게 되었다.

S&TC측은 지분 매입 배경을 "단순 투자 목적"이라고 밝혔다. 최 회장은 STX그룹의 지주회사인 (주)STX 주식을 매입했다가 다시 매각하는 등의 행보를 거듭해 온 경험이 있기 때문에 이 같은 주장이 전혀 설득력이 없지는 않다. 그러나 또한 최 회장은 모터사이클 제조업체인 효성기계의 지분 22.0%를 매입해 주요 주주인 HJC와 공동경영을 하고 있는 점을 미루어 볼 때, 세양선박의 주식을 추가로 매입하여 궁극적으로는 기업 인수, 합병(M&A)이나 경영 참여의 가능성을 배제하지 않을 수 없었다.

2005년 10월14일 현재 앞으로 일어날 수 있는 시나리오는 다음의 4가지로 요약될 수 있다. 첫째는 최 회장측이 세양선박 주식을 추가로 매입, 경영권을 확보하는 적대적 M&A이다. 두 번째는 공동 경영이다. 2대 주주로 부상한 만큼 최 회장측이 세양선박에 이사진 파견 등을 요구하면서 경영에 참여하는 것이며 실제로 효성기계 M&A와 관련하여 최 회장은 위와 같은 경험을 가지고 있다. 세 번째로 M&A설을 시장에 터트려 세양선박의 주가를 오르게 한 후 차익을 남기고 빠져나오는 "머니 게임" 시나리오가 있는데, 최 회장은 STX 주식을 매집한 후 M&A설이 나돌면서 주가가 상승하였을 때 지분을 매각하여 많은 시세차익을 남긴 전례가 있다. 마지막으로 최 회장측의 본연의 의도가 적대적 M&A에 있을 경우, 쎄븐마운틴그룹이 적대적 M&A 상황에 적극적인 방어전략을 펼쳐 성공하여 M&A를 무산시킬 수 있는 가능성도 있다.

쎄븐마운틴그룹측은 자신이 가지고 있는 세양선박의 의결권 지분은 모두 25.48%가 된다고 밝히고 자신이 많은 지분차이로 최대주주임을 부각시켰다. 이는 쎄븐마운틴해운이 가지고 있는

16.37%의 지분에 자금을 차입하면서 농협에 담보로 신탁한 주식 4.08% 지분, 450만 주를 포함하면 의결권 있는 지분이 20.45%로 늘어난다는 것이며 여기에 최대주주가 금융회사에 대여한 지분 5.03%를 포함할 경우 총의결권 지분은 25.48%에 달한다. 이는 최 회장측이 확보한 지분 18.14%보다 7.38%포인트나 많다는 이야기이다〈*Exhibit 10. 10월 16일 세양선박 지분구성*〉.

또한 10월 17일, 쎄븐마운틴그룹은 계열사 세양선박의 경영권 안정을 위해 제 3자 배정방식의 유상증자와 해외 전환사채(CB) 발행을 결의했다. 쎄븐마운틴그룹은 이사회를 열어 총발행주식 수의 7.84%에 해당하는 873만 3,62주의 유상 신주를 발행, 기관투자가인 유리자산 운용에 배정하는 제 3자 배정방식의 유상증자를 단행키로 했다고 공시했다. 이사회는 또 유럽에서 1,000만 달러 규모의 해외 CB를 발행키로 했으며 이것이 향후

Exhibit 10 10월 16일 세양선박 지분구성: 쎄븐마운틴해운의 신탁 및 차입 주식 포함

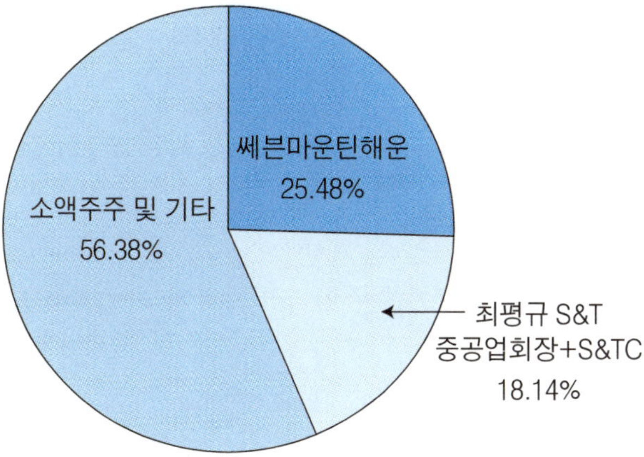

자료: 세양선박

주식으로 전환될 시에는 865만 413주에 해당하는 규모이다. 세양선박의 제 3자 배정 유상증자가 성공하면 최 회장측 지분율은 종전의 18.14%에서 16.66%로 줄어드는 반면 쎄븐마운틴그룹측은 3자 배정된 우호지분 7.84%를 포함, 총지분율이 31.33%로 종전의 25.48%보다 크게 높아질 것이다〈*Exhibit 11. 10월 17일 세양선박 지분예상*〉.

그러나 제 3자 배정 유상증자 방어전략은 두 가지 어려움에 직면해 있다. 첫째는 제 3자로 지목된 유리자산운용이 증자에 참여하지 않겠다는 입장을 밝히고 있다. 차문현 유리자산운용 사장은 "세양선박의 증자용 사모펀드 설정을 요청받았으나 경영권 방어 논란 등에 휘말리기 싫어 거절했다"며 이번 유상증자 참여 목적의 사모펀드 조성과 관련해 세양선박측과 직접 접촉한

Exhibit 11 **10월 17일 세양선박 지분 예상: 세양선박 제 3자 배정 유상증자 성공시**

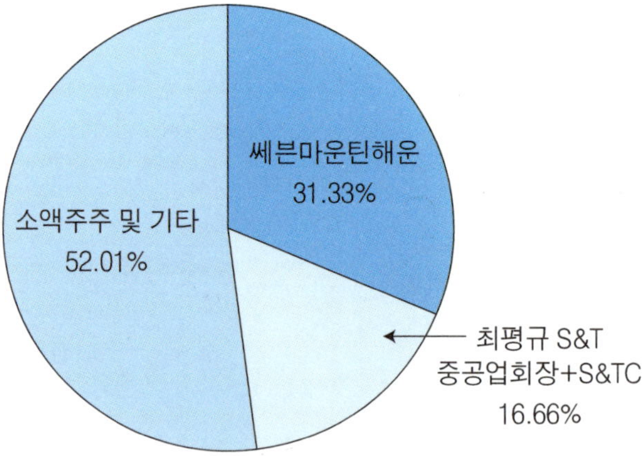

자료: 세양선박

사실이 없다며 쎄븐마운틴그룹의 "백기사" 역할을 강하게 부인했다. 둘째로는, 최 회장측이 쎄븐마운틴의 일방적인 유상증자나 해외CB 발행이 "기존 주주의 주식가치"를 희석시킨다는 비난이다. 이에 대해 금융감독원은 "현행 간접투자자산운용업법 시행규칙 29조에 따르면 사모펀드를 조성하는 과정에서 사모펀드 위탁자가 수탁 운용사에 특정 회사 주식취득을 요구할 수 없도록 돼 있다"며 이번 세양선박의 유상증자가 이 규칙의 위반했는지 조사할 것이라고 시사했다.

세양선박 보유 진도주식 증권사 대여 결정

세양선박은 17일밤 야간공시를 통해 진도주식 99만 주를 향후 1년간 교보증권에 대여키로 했다고 밝혔으며 대여금액은 이날의 종가 8,070원을 기준으로 79억 9,000만 원이다. 세양석박측은 대여목적에 대하여 "투자자산의 효율적인 운용을 위해서"라고 설명했으나 업계 일각에서는 최근 세양선박이 적대적 M&A 논란에 휩싸이자 경영권 방어를 위한 자금확보 차원에서 자회사 주식을 빌려 준 것이라고 해석하기도 한다. 즉 진도의 주식을 대여해 간 교보증권이 진도의 CB를 갖고 있는 해외투자자에게 넘겨 주식과 CB 간 차익거래를 유도함으로써 결과적으로 CB의 주식전환을 촉진시키고 자기자본을 확충할 수 있다는 설명이다. 실제 세양선박은 과거 다섯 차례에 걸쳐 주식대여와 CB 발행을 엮는 식으로 자금을 끌어들여 진도와 우방을 인수하는데 활용한 것으로 알려졌다.

상장사들이 해외 전환사채 발행과 대주를 묶어 자금을 조달하는 사례가 종종 일어나는데 해외 전환사채를 발행해 돈을 확

Exhibit 12 Structured CB 구조

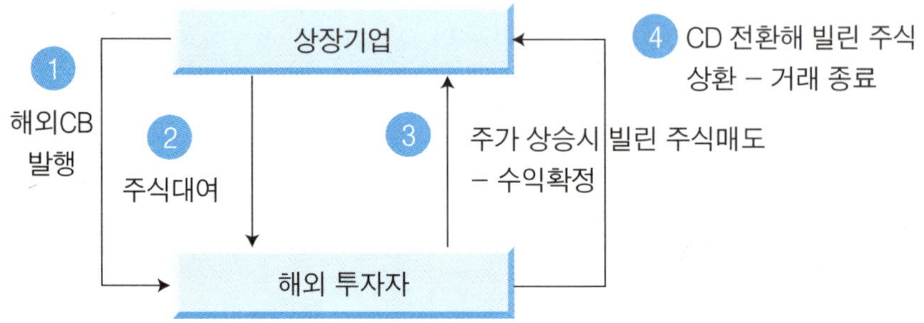

보한 다음 자사 주식을 전환사채 투자자에게 대여해 CB 전환을 적극 유도하여 자기자본을 확충하는 방식을 금융용어로 "Structured CB"라고 부른다〈*Exhibit 12. Structured CB 구조*〉. 세양선박은 지난 2002년 이후 다섯 차례에 걸쳐 Structured CB를 발행, 모두 7,400만 달러를 조달해 진도우방을 잇따라 인수하였는데 예를 들면 지난 해 12월 발행했던 해외 CB의 전환가격은 주당 1,026원으로 당시 해외 CB를 받아간 외국투자자는 세양선박 주식을 빌린 뒤 주가가 1,100~1,200원대로 오를 때 팔아 10~20% 정도의 수익을 먼저 확정했다. 외국인 투자자는 나중에 CB를 1,026원으로 전환해 세양선박에 되갚으면서 양쪽의 거래를 종료했다. 이렇듯 Structured CB는 자금이 필요한 기업 입장에서는 CB 발행 후 주식전환을 촉진해 자기자본을 확충하는 동시에 CB 만기시 자금상환 부담을 줄이며 안정적인 자금을 끌어들일 수 있으며, CB 투자자로서는 고위험과 추가 수익을 동시에 포기하는 대신 10~20%의 안정적인 수익을 낼 수 있다는 점에서 "윈윈" 구조를 갖기 때문에 많이 사용되는 방법이다.

업계에서는 세양선박이 경영권 방어를 위한 자금확보 차원에서 자회사 주식을 빌려 준 것으로 해석하고 있지만 진도주식 대여를 통해 얻게 되는 현금은 2%의 수수료에 해당하는 1억 5,900만 원이 전부이기 때문에 M&A 방어와는 무관하다는 입장을 표명하였다.

최 회장, 유상증자 및 CB발행 가처분 신청

세양선박 지분을 인수해 2대 주주 자리를 확보한 최평규 회장은 세양선박의 제 3자 배정 유상증자 및 해외 전환사채 발행 결정을 무효화시켜 달라는 가처분신청을 19일 법원에 제기했다. 최 회장측 관계자는 시간이 촉박한 까닭에 가처분신청이 받아들여지지 않을 경우 유상증자로 발행된 신주와 해외 CB 발행자체를 무효화시켜달라는 소송도 낼 방침이다. 그러나 재판부는 10월 21일 세양선박 증자금지 가처분 결정을 10월 28일 이후로 연기하겠다고 밝혔으며 제 3자 배정방식의 유상증자와 전환사채 발행이 긴박한 자금의 필요성에 따라 이뤄진 것인지를 중점적으로 판단할 것이며 최 회장의 주장처럼 세양선박이 경영권 방어를 위해 무리한 선택을 했는지에 대해서 검토하겠다고 밝혔다.

세양선박의 백기사는 대한화재

10월 18일, 유리자산운용이 부정한 세양선박의 제 3자 배정 유상증자에 대한화재해상보험이 참여키로 했다. 보통주 873만 주(7.84%)를 주당 1,145원에 대한화재해상에 배정하는 유상증자를 결의했으며 주금 납입일은 오늘 10월 21일, 신주 상장일은

10월 31일이다. 또 유상증자로 발행되는 신주는 모두 보호예수에 묶여 향후 1년간 장내에서 매각할 수 없게 되었다. 세양선박은 이번 유상증자를 통해 100억 원의 자금을 확보할 예정이다. 즉 세양선박이 사모펀드를 이용한 제 3자 배정방식이 법적인 논란 소지가 일자 제 3자인 대한화재를 대상으로 직접 유상증자하는 쪽으로 방향을 바꾼 것이다. 세양선박은 18일 저녁 공시를 통해 과거 발행했던 1,500만 달러 규모의 해외 CB 물량 중 400만 달러 정도가 주식으로 전환 청구되었다고 밝혔으며 이에 따라서 402만 주 정도의 주식이 새로 늘어나게 되었다.

세양선박 주가 초강세 후 급락

적대적 M&A 논란에 휘말린 세양선박의 주가는 적대적 M&A시도가 알려지기 전일인 10월 13일 종가는 1,143원이었다. 적대적 M&A시도 이후 주가는 수직상승했으며 19일은 가격제한폭까지 오른 채 마감되며 사흘째 상한가를 이어가고 있었다. 10월 19일 세양선박 주가는 235원이 오른 1,830원으로 마감했으며 지난 10월 14일 최평규 S&T중공업 회장이 전격적으로 18.14% 지분을 인수하면서 M&A 가능성이 불거진 이후 불과 3거래일 만에 51.2% 폭등했다. 그러나 10월 20일 종가 1,861원을 기록한 후 쎄븐마운틴의 세양선박 지분이 지속적으로 확대대면서 적대적 M&A재료가 시들해지자 세양선박의 주가는 다시 급락하는 경향을 보였다. 세양선박은 올초에 발행했던 해외 CB의 주식전환 및 해외 BW(신주인수권부사채)의 신주인수권 행사를 서두르는 방식으로 지분율을 높이고 있고 해외 CB 및 BW는 발행 당시 세양선박과 CB 및 BW 투자자 간 계약에 따라 주식전환 및

Exhibit 13 **세양선박 주가 및 거래량 변동 추이**

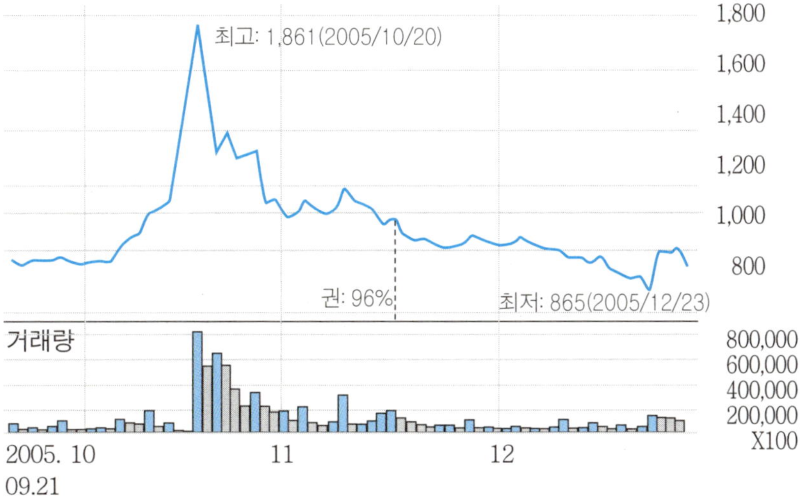

자료: Yahoo Finance

신주발행 상당부분을 세양선박이 되받아가는 구조로 돼 있기 때문에 최대주주 세양선박의 지분율은 더욱 높아질 전망이며 이에 따라서 시장의 적대적 M&A에 대응하는 방어전략 구사로 인하여 인수에 대한 가능성이 적어지고 유상증자 등으로 유통주식수가 늘어남에 따라 물량부담에 의해 주가는 M&A시도 이전 수준으로 돌아갔다*〈Exhibit 13. 세양선박 주가 및 거래량 변동 추이〉*.

또 다른 유상증자

세양선박은 10월 27일 이사회를 열어 기존 주주를 대상으로

2,850만 주(302억 원)의 유상증자를 다시 한 번 실시키로 했다. 이번 주주배정 유상증자의 목적은 시설자금 100억 원과 운영자금 202억 원을 조달하기 위한 것이라고 밝혔다. 그러나 세양선박이 주주배정 유상증자를 실시하기로 한 것은 제 3자 배정 유상증자 무효 가처분신청이 받아들여질 경우에 대비한 우호지분을 확보하는 등의 다양한 목적이 있을 것으로 예측되었다.

또한 10월 28일 최평규 회장측의 지분을 18.14%로 보존해 주겠다는 제안을 밝혔다. 즉 당초 최 회장측은 세양선박의 경영권에는 관심이 없고 자신들의 세양선박 지분율이 떨어질 것을 우려해 가처분신청을 낸 것이라는 성명을 발표하고 이에 따라 법적으로 가능한 모든 검토를 거쳐 신주발행이나 세양선박이 보유중인 구주를 주는 방법을 동원해서라도 최회장의 지분을 18.14% 그대로 보존해 줄 것을 제안했다. 그러나 최 회장측은 기존 주주를 대상으로 하는 주주배정 유상증자를 하겠다고 공시한 후 특정인에게만 지분배정하는 것은 법적으로 옳지 않다는 논리를 펴 지분율 유지 제안을 사실상 거절하였다. 이 사건의 배경에는 최 회장의 가처분 신청 철회를 위한 세양선박측의 의도가 숨어 있었으나 현실적으로 이루어지지 않았기 때문에 세양선박에게는 제 3자 배정방식의 유상증자 가처분 신청이 법원에 의해 받아들여질 수 있는 위험이 남아 있었기 때문이라고 보여진다.

법원 가처분신청 기각, 쎄븐마운틴측 주장 수용

11월 15일 최평규 회장의 세양선박 주식 매집으로 촉발된 M&A 분쟁에서 법원은 유상증자 및 해외전환사채 발행 무효 가처분신청을 기각함으로써 임병석 쎄븐마운틴 회장의 손을 들어 주었다. 결과적으로 법원이 위와 같이 세양선박의 손을 들어준 것을 끝으로 세양선박과 S&TC의 적대적 M&A 공방은 대단원의 막을 내렸으며 세양선박의 성공적인 M&A 방어전략으로 인하여 세양선박은 경영권을 유지할 수 있게 되었다. 이후 최평규 회장과 함께 세양선박의 주식을 매입한 S&TC는 11월 17일 보유중인 세양선박 보통주 403만 주 모두를 팔 것이라고 공시했다.

그러나 여전히 최평규 회장은 세양선박의 제 2주주로 남아있다. 이후 최 회장은 일반주주 배정 유상증자에 참여하였다. 이 유상증자는 주당 810원에 이루어졌으며, 지난 10월 제 3자 배정 유상증자로 인해 세양선박에 대한 최 회장측의 지분율이 18.14%에서 16.28%로 떨어졌으나 금번 유상증자에 참여하여 이 지분율을 유지하게 되었다. 지분율을 유지해 앞으로 2대주주로서의 권리를 요구하는 수순을 밟을 것이라는 관측이 시장에서는 우세하다. 현재의 지분율이라면 증권거래법상 세양선박의 회계장부 열람, 이사 해임, 주총소집 요구 등의 주주권리를 행사할 수 있기 때문이다. 따라서 세양선박은 최 회장이 경영에 미치게 될 영향에 대한 대응과 향후 지속적인 경영권 방어전략을 함께 강구해야 할 것으로 보인다.

4.3 적대적 M&A의 배경과 시사점

이번 최평규씨의 세양선박 대량지분확보는 M&A을 성장동력으로 사업을 확장해 온 두 M&A 강자인 S&T중공업 최평규 회장과 세양선박 대표이사 임병석씨가 M&A를 통해 다시 정면 대결하게 되었다는 점에서 세간의 많은 관심을 끌었고 M&A시도의 배경에 대해 많은 의문을 낳았다.

S&TC측은 최초 주식 매집 후 공시를 통해 '단순투자' 목적임을 밝혔다. 그러나 오랜 기간 동안 꾸준히 대량의 세양선박의 주식을 매집한 것에 대해 경영참가 등의 단순투자목적 이상의 의도가 있을 것이라고 추측되었다. 정확한 대량지분매집의 의도는 알기 어렵지만 경영권분쟁이 시작되었던 것은 다음과 같은 이유가 있었을 것으로 추정된다.

인수대상기업으로서의 세양선박의 매력

우선 세양선박이 영위하고 있는 해운업종의 최근 호황 등으로 인해 회사는 매출과 이익을 크게 늘려가고 있는 상황이었고 법정관리기업에서 벗어나 빠르게 정상화되었으며 당분간 해운업종의 호왕이 지속될 것으로 예측되는 등 세양선박이 인수대상기업 혹은 투자대상기업으로서의 매력도가 높았던 이유이다.

인수대상기업의로서의 매력도는 다양한 방법으로 측정할 수 있을 것이다. 잘 알려진 지표는 토빈 q이다. 토빈의 q는 기업의 시장가치를 기업실물자본의 대체원가로 나눈 값이다. 이것이 의미하는 것을 달리 말하면, '기업의 시장가치' 는 현재 시장에서 기업의 자산이나 부채를 거래할 때 가격을 의미한다. '실물자본 대체원가' 는 기업이 보유하고 있는 자산과 동등하거나 동일한 자산을 취득하는데 소요되는 금액을 의미한다. 쉽게 말하면 '동일한 회사를 지금 시점에서 설립하는데 소요되는 예상 금액' 을 뜻한다. 이것은 원래 투자를 결정하는 투자이론에서 사용되었다. 토빈 q가 1보다 크면 기업은 적은 비용을 들여 높은 가치를 만들 수 있기에 투자를 늘리지만 q비율이 1보다 작으면 투자를 멈춘다. 기업가치분석에서 토빈 q가 높다는 것은 그 기업의 가치가 시장에서 과대 평가되고 있다는 것을 뜻하며 토빈 q값이 낮다면 그 기업이 과소 평가되어 있다는 것을 의미한다. 따라서, 낮은 토빈 q값을 가지고 있는 회사는 M&A의 좋은 타깃이 될 수 있다.

또 다른 지표 중 하나는 주가순자산비율(Price Book-value Ration: PBR)이다. PBR은 주가를 주가순자산가치(BPS)로 나눈 비율로 주가와 1주당 순자산을 비교한 수치이다. 주가가 순자산에 비해 1주당 몇 배로 거래되고 있는지를 측정하는 지표이다. 주식시장에서 보통주 한 주에 해당하는 주당순자산가치를 정확히 반영한다면 PBR값은 1이 되어야 하지만, PBR값이 1보다 낮다면 주가가 순자산에 비해 낮은 상태이므로 역시 매력적인 투자대상으로 판단할 수 있다.

토빈 q값은 기업의 시장가치를 측정함에 있어 부채의 가치를 포함하고 있으며 자산의 대체비용은 재평가가 가능한 자산의 가치를 고려하기 때문에 토빈 q비율이 기업자산가치를 측정하는데 보다 정확한 방법이라 할 수 있겠으나, 기업의 시장가치와 자산의 대체원가를 측정하기 어렵다는 단점이 있다.

따라서, 쉽게 측정할 수 있는 PBR값을 통해 세양선박을 기업가치를 살펴볼 수 있다. 세양선박의 PBR값의 변화는 다음과 같다.

Exhibit 14 주가순자산비율(PBR) 추세

구 분	2001	2002	2003	2004	2005.09
주가순자산비율(PBR)	-0.12	0.71	1.52	1.03	0.88

* 각년말의 값, 2005년 9월은 월말의 값

2001년과 2002년은 세양선박이 경영난으로 인해 법정관리에 있었으며 2002년 쎄븐마운틴해운으로부터 인수를 당하게 되었으며 그 후 경영정상화 등으로 주가가 재평가 및 해운업의 호황 등으로 주가가 상승함으로써 PBR값이 1을 넘어서고 증가하다가 점차 감소하여 최평규 회장측으로부터 인수시도를 받게 되기 전 9월 말의 PBR은 1 이하로 감소하였음을 알 수 있다. 이러한 점은 세양선박의 주식저평가로 매력적인 인수대상으로 판단될 수 있다는 사실을 설명한다고 볼 수 있다.

그러나 인수시도 당시에 해운업의 업황이 악화되면서 운임이 낮아지고 2005년 2/4분기까지 양호한 경영실적을 올렸던 세양선박은 3/4분기에는 적자를 실현하게 된다. 인수시도를 위해 8월부터 주식매집이 있었고 대량지분매입이 10월 초 이루어졌기 때문에 3/4분기 실적이 발표된 11월 14일까지 이러한 영업상황의 악화에 대해 인수시도를 한 측에서는 이러한 점을 현금흐름이 악화된 시점을 타 인수시도를 한 것인지 아니면 영업상황의 악화에 대해 장기적으로는 긍정적인 판단을 하였기 때문에 인수시도를 지속한 것인지의 최근 경영실적 저하에 따른 세양선박의 인수대상으로서의 매력도에 대한 판단은 정확히 하기 어렵다.

세양선박의 지분구조

또한, 세양선박은 최근 진도, 우방 등 상장사를 비롯해 황해

훼리, 필그림해운, 한리버랜드, KC라인 등의 회사를 인수하면서 수직계열화 구도를 만드는 등 빠르게 성장하는 회사로서 금년 관계회사의 매출을 합치면 약 2조 원, 자산규모 1조 4천억 원을 바라보는 중견그룹으로 도약하고 있었기 때문에 자회사의 지주회사 역할을 하고 있던 세양선박을 인수한다면 세양선박의 관계회사 또한 한꺼번에 얻을 수 있는 이점이 있으며 향후 관계회사 매각 등의 수순을 밟는다면 높은 자본차익을 얻을 수 있는 구조를 갖추고 있다.

그리고 세양선박은 2005년 9월 30일 기준으로 자본금총액이 약 551억 원, 시가총액이 약 1,100억 원 정도였다. 최대주주였던 쎄븐마운틴해운의 지분율은 농협에 담보로 맡겨 놓은 주식을 포함하더라도 20.4% 정도로 최평규 회장측과 S&TC가 220억 정도의 자금으로도 18.1%에 이르는 지분을 매입하고 2대주주로 부상할 수 있었던 지분구조를 가지고 있었다. 이것은 지분매입으로 경영권취득에 성공할 수 있었다면 220억 원 정도를 투자하여 매출 2조 원, 자산규모 1조 4천억 원 정도의 기업집단의 경영권을 가질 수 있다는 것을 의미한다. 최근 S&T중공업 등을 인수하면서 사세를 확장해 온 최평규 회장에게 세양선박은 이러한 점에서 인수대상으로 적합하다고 판단할 수 있었을 것이다.

시사점

적대적 M&A에 대항하는 방법은 크게 세 가지로 분류할 수 있다. 공격자 측에서 M&A를 위한 매수자금이 많이 들어가게 하는 방법과 재무적인 전략 그리고 회사정관을 이용한 전략이 있다. 이 중 어느 방법이 최상의 것인지는 각 기업이 처한 상황과 경쟁상대에 따라 다를 것이다. 특히 중소기업처럼 방어자금의 제약이 있는 경우는 더욱 적대적 M&A에 취약할 수밖에 없다.

이번 세양선박에 대한 적대적 M&A시도와 방어사례는 이미 전술한 방법중 공격자 측에서 M&A를 위한 매수자금이 더욱 많이 들어가게 하는 방법을 주로 사용하였다. 그 이유를 분석해 보면 우선 시간적으로 공격자측에서 치밀한 계획에 의해 갑작스런 지분 매입을 하였기 때문에 상대적으로 시간이 소요되는 재무적인 전략, 즉 투자가가 주식을 팔지 않도록 자금을 차입해 고배율의 대규모 배당을 실시하는 방법이나 회사정관을 이용한 시차제 이사선출 방안이나 황금낙하산 등의 차선책보다는 보다 구체적인 전략을 사용한 것으로 추측된다.

적절한 시기에 유상증자 실시

기업지배구조와 관련해서는 경영권방어를 위해서 지분율을 일정수준으로 확보하거나, 여유자본을 확충하고 지분확보에 필요한 자금을 마련하는 것이 필요하다는 점이다. 적절한 시기에 유무상 증자를 한다면 지분확보에 필요한 자금을 마련할 수 있을 뿐만 아니라 증자과정에서 적대적 M&A를 의도하고 지분을 매집하는 세력이 지분율을 확인할 수 있는 장점이 있다. 최평규 회장측에서는 8월부터 2개월에 걸쳐 꾸준히 지분을 사들여 왔으나 이 과정이 비밀리에 신속하게 진행되어 세양선박측에서는 적대적 M&A시도를 전혀 눈치채지 못했었다.

'5% 룰'로 알려진 증권거래법 제200조의 2에 따르면 본인과 특별관계자의 소유분을 합하여 주권상장법인 또는 협회등록법인의 주식 등을 5% 이상 보유하게 된 자는 그 날부터 5일 이내에 그 보유상황을 금감위와 거래소 또는 협회에 보고하게 되어 있다. 최평규 회장과 S&TC이 총 18.1%의 지분을 확보할 때까지 세양선박측이 알지 못했다는 점은 인수 시도 세력이 은밀하고 치밀하게 계획을 세우고 인수시도를 할 경우 전혀 뜻하지 않게 경영권 분쟁에 휩싸이게 되므로 사전적인 경영권 방어전략이나 사후적인 방어전략을 위한 여유자금의 확보가 중요함을 시사한다.

필요시 활용 가능한 우호 주주세력 확보

그리고 세양선박은 대한화재보험회사를 통한 제 3자 배정 유상증자를 하여 적대적 M&A에 대한 '백기사'로 활용했다. 이러한 점은 평소 다양한 형태로 우호주주를 확보하고 상호협력하는 체계를 구성할 수 있다면 우호주주세력을 필요한 때에 백기사로 활용할 수 있는 장점이 있다는 것을 잘 보여 준다.

경영권방어에 대한 근본적인 대책은 경영효율을 높이고 기업가치를 증가시키는 것이라고 할 수 있다. 앞서 PBR의 추이를 통해 살펴보았듯이 주가의 하락은 낮은 가격에 기업 지분매수를 할 수 있도록 한다. 세양선박의 사례처럼 시장매집이 아닌 공개매수 전략도 주가가 높은 수준에 형성되어 있다면 M&A시도에 많은 비용이 들게 되므로 시도하기 어려워지게 되는 것이다.

CHAPTER 05

태원 엔터테인먼트: 우회상장을 통한 코스닥 진출

신 동 윤
조 정 호
김 세 호
연 순 호

태원 엔터테인먼트(Taewon Entertainment)는 연예 매니지먼트와 공연 및 음반기획, 외화 수입 및 배급 등 다양한 엔터테인먼트 분야에서 정상의 활동을 펼쳐온 경험을 기반으로 우수한 한국 영화를 제작 배급하고 있으며 미국의 〈미라맥스〉, 〈뉴라인 시네마〉사와의 독점 영화배급 체결로 다수의 우수한 작품을 수입, 의욕적으로 사업을 전개하고 있는 진취적인 엔터테인먼트사이다. 1995년 5월 (주)태원 엔터테인먼트로 창립되어 현재 정태원씨가 대표로 있다.

태원 엔터테인먼트의 주요 사업 영역은 크게 연예 매니지먼트와 공연 및 음반기획, 외화 수입 및 배급을 주로 영위하면서 국내 엔터테인먼트 업계를 선도하기 위해 사업의 다각화를 모색하고 있기도 하다*〈Exhibit 1. 주요 사업 연혁〉*.

Exhibit 1 주요 사업 연혁

- 한국영화 제작

1997년: 할렐루야 (신승수 감독, 박중훈, 이경영 주연)
1998년: 키스할까요? (김태균 감독, 최지우, 안재욱 주연)
1999년: 산전수전 (구입서 감독, 김규리 주연)
1999년: 인정사정 볼 것 없다 (이명세 감독, 박중훈, 안성기, 장동건, 최지우 주연)
청룡영화제 작품상, 남우조연상(장동건) 수상
2000년: 비천무 (김영준 감독, 신현준, 김희선 주연)
2001년: 흑수선 (배창호 감독, 이정재, 이미연, 정준호, 안서이 주연)
제 6회 부산국제영화제 개막작 선정
대종상영화제 촬영상, 조명상, 미술상 수상
2002년: 가문의 영광 (정흥순 감독, 정준호, 김정은, 유동근 주연)
2003년: 국화꽃향기 (이정옥 감독, 박해일, 장진영 주연)
나비 (김현성 감독, 김민종, 김정은 주연)
2004년: 누구나 비밀은 있다 (장현수 감독, 이병헌, 최지우, 추상미, 김효진 주연)
역전의 명수 (박홍식 감독, 정준호, 윤소이 주연)

2005년: 가문의 위기_가문의 영광2 (정용기 감독, 김수미, 신현준, 김원희, 탁재훈, 임형준 주연)
무영검 (김영준 감독, 이서진, 윤소이, 신현준, 이기용 주연)

• 단편영화 제작 지원
2000년: 나는 왜 권투심판이 되려하는가? (최익환 감독)
2000년: 이발소 이씨 (권중관 감독)
제 5회 부산국제영화제 와이드 앵글부문 초청

• 외화 수입
1995년: 프렌치키스, 마스크, 덤앤더머
1996년: 저수지의 개들, 킹핀
1997년: 언지프, 에브리원 세즈 아이 러브 유
1998년: 황혼에서 새벽까지, 도베르만
1999년: 스크림, 스크림2, 베리 배드 씽, 부기 나이트
2000년: 리플리, 메그놀리아, 스크림3, 사이더 하우스, 데스티네이션, 도그마, 프리퀀시, 더 셀, 무서운 영화, U-571
2001년: 말레나, 크림슨 리버, 레인디어 게임, 쵸콜렛, 15분, 웨딩 플레너, 엑소시즘, 드라큘라 2000, 스파이키드, 바운스, 천국의 아이들, 청혼, 무서운영화2, 반지의 제왕: 반지 원정대
2002년: 세렌디피티, 소림축구, Resident Evil, 인섬니아, 몬스터볼, 반지의 제왕: 두 개의 탑, 스몰 타임 크룩스
2003년: 디 아워스, 팜므 파탈, 케이트 & 레오폴드, Bulletproof Monk, 킬 빌, 반지의 제오아: 왕의 귀환
2004년: 스파이 키드, 무서운 영화3, 킬 빌2, 리딕, 레지던트 이블2, 블랙 아웃
2005년: 마스크2

• 매니지먼트 : 이승연, 고소영, 이재룡, 최지우, 김규리, 박지윤

• 이벤트공연 : 폴라 압둘, MC 해머, 마이클 잭슨, 바네사 메이, 보이즈 투 맨, 데이빗 헬프갓

자료: 회사 홈페이지(http://www.taewonent.co.kr/)

5.1 엔터테인먼트 산업의 흐름

엔터테인먼트 시장은 크게 5개 부문으로 나누어지고 영화 및 비디오, 애니메이션, 방송 미디어, 게임, 음반으로 구성된다. 엔터테인먼트 산업은 전세계에서 가장 빠르게 성장하는 산업 분야로 2007년까지 전세계 엔터테인먼트 시장규모는 1조 5,000억 달러가 될 것"이라고 예상된다. 특히 인터넷과 디지털 기술은 엔터테인먼트 산업지도 자체를 완전히 바꿔 놓았고 1인 미디어 시대라고 불릴 만큼 음악, 영화 등 개인이 엔터테인먼트 제품을 소비할 수 있는 통로는 무궁무진해졌다는 점에서 엔터테인먼트의 미래는 대단히 긍정적이라고 평가했다*〈Exhibit 2. 한국 영화시장 규모〉*. 포괄적인 문화산업에 대한 관심 고조로 투자 및 지원의 확대와 더불어 새로운 전기를 맞고 있으며 1995년부터 서서히 증가한 문화산업에 대한 관심이 정책적 노력으로 성과가 나타나고 있다. IMF 충격 이후 벤처열풍과 연계되어 시장 투자도 증대하면서 영화, 애니메이션, 게임업체를 중심으로 자본 및 프로젝트 파이낸싱(project financing)이 증대되었고 주식시장 상장 등을 통한 근대적인 경영방식이 표준화되면서 이러한 여건이 엔터테인먼트 산업을 실질적인 산업의 수준으로 격상시키는 데 크게 기여했다. 산업활동 자체에서도 긍정적인 효과들이 이어지고 있으며 영화와 게임 산업에서 가시적인 성과들이 두드러진다. 특히 한국영화는 최근 국내 영화시장 점유율, 해외 수출이라는 측면에서 유례 없는 선전을 지속하고 있다.

세계 시장 내에서 국내 엔터테인먼트의 위상을 살펴보면 글로벌 환경 속에서 국내 엔터테인먼트 산업은 아직 시작 단계에

Exhibit 2 **한국 영화시장 규모**

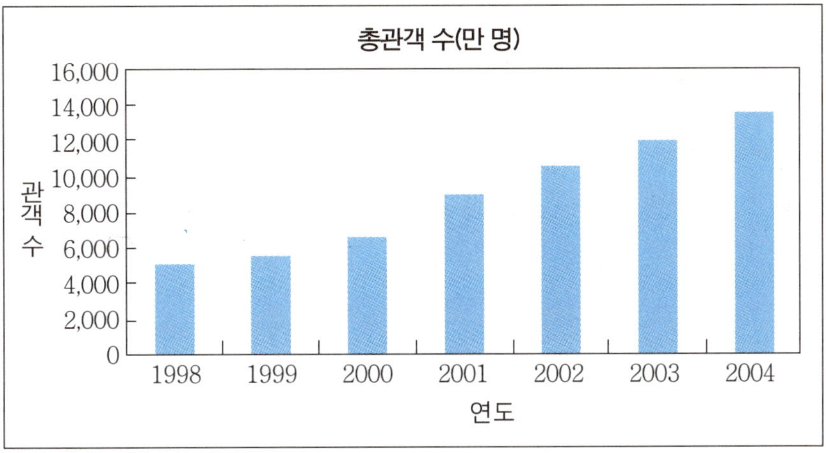

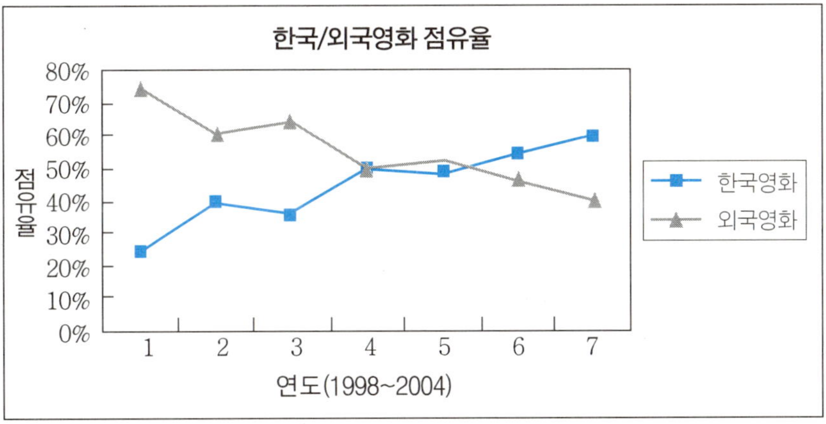

자료: 태원 엔터테인먼트

불과하지만 전반적인 경쟁력 면에서 보면 국내 시장의 한계, 경영자산 부족 등의 문제로 글로벌화의 소용돌이 속에서 국내 시

Exhibit 3 연도별 우리 영화 점유율 추이

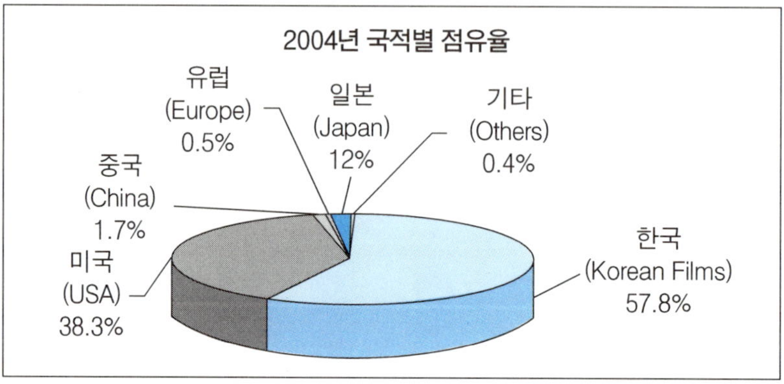

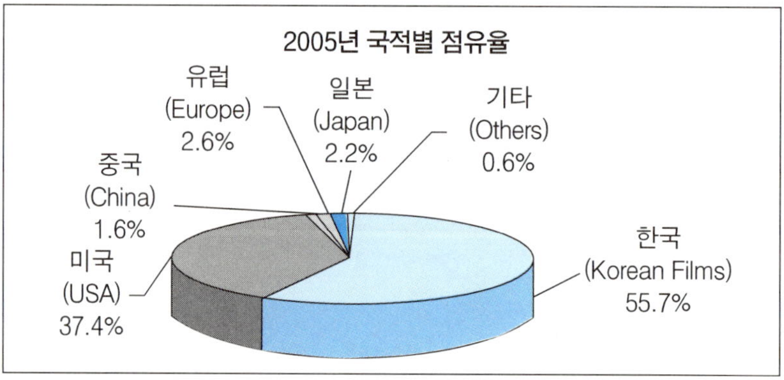

자료: 태원 엔터테인먼트

장만을 방어하기에도 벅찬 실정이다. 자본가 및 투자자의 참여도 경제 상황에 따라 급속히 냉각될 수 있는 여지가 상존하고 있어 불안정한 요소를 많이 내포하고 있으므로 한국 엔터테인먼트 산업은 최근 전반적인 상승세를 견지하고 있으나 시장 규모가 세계 시장의 0.83% 정도를 차지하는 수준에 불과하다〈*Exhibit*

3. 연도별 우리 영화 점유율 추이〉.

특히 한국의 영화산업은 1997년 이후 지속적인 성장세를 유지하고 있다. CJ CGV에 따르면 2005년도 한 해 동안 영화관을 찾은 관객숫자는 1억 4,150만 명(추정)으로 4년 연속 1억 명을 넘어섰다. 그러나 전년도에 비해 관객숫자가 4.7% 늘어나는데 그쳐 지난 5년 동안 평균 20%에 달하는 관객 수 증가추이를 보여온 것에는 크게 못 미쳤다. 상반기 관객동원 숫자가 전년대비 –7.4%로 떨어지면서, 파죽지세처럼 계속되던 관객상승세가 꺾이는 것이 아니냐는 위기가 팽배했다. 그러나 8월 이후 관객들이 크게 늘면서 이 같은 우려를 불식시켰다. 올해 관객동원 기록은 지난 1971년 이후 34년만에 최고의 기록을 세웠다.

올해 한국영화의 점유율은 1월 24.4%, 7월 27.8%로 많이 떨어졌으나, 8월 들어 70.4%로 극적 반전을 이뤄 냈다. 이후 9월에는 한국영화 점유율이 75.6%까지 뛰어오르면서 2005년 통산 한국영화 점유율은 59.1%를 기록, 3년연속 50%선을 넘어섰다. 할리우드의 도전에 맞서 관객의 절반 이상을 한국영화가 끌어들이는 명실상부한 '한국영화의 중흥기'를 이뤄 낸 셈이다.

엔터테인먼트 산업의 경쟁력

엔터테인먼트 산업의 경쟁력은 투입, 프로세스, 외부여건 부문으로 나누어 살펴볼 수 있다. 전체적인 평가는 투입 부문의 경쟁력의 경우는 보통, 프로세스는 저조, 외부여건은 유리한 편이다. 즉, 생산과 제작 관련 인프라는 대체로 잘 갖추고 있으나, 전문 인력의 부족으로 가치 사슬의 개발과 생산 부문인 콘텐츠 기획 및 제작 측면에서는 미흡하고, 독과점으로 인한 방송

산업 유통 기능의 미발달은 오프라인 유통 질서의 비효율성을 수반하고 있다. 하지만, 디지털 콘텐츠에 대한 관심 고조에 따라 국제시장 및 투자의 외부 여건은 크게 호전된 상태이다. 투자 부분을 세부적으로 평가하면, 정부와 일반 투자자의 투자 결과에 따라 향후 국내 엔터테인먼트 산업의 발전 속도가 결정될 것으로 전망된다. 즉, 전반적으로 이 산업에 대한 관심 고조로 현재 투자 분위기는 조성이 되었다고 평가되고 있으나, 주식시장의 분위기가 침체되어 엔터테인먼트 산업의 기업들이 상장을 하기 어렵고 또한 상장 후 자본이득을 기대하기 어렵게 되면 투자가 크게 위축될 가능성도 존재한다*〈Exhibit 4. 경쟁력 요소별 종합평가〉*.

한국 엔터테인먼트 산업의 경쟁력 강화 방안은 산업환경 변화와 글로벌 트렌드를 주도하는 것에서 출발하며, 온라인화/디

Exhibit 4 경쟁력 요소별 종합 평가

구성요소	고려항목	판단의 근거	평가
투입	인력	기획, 마케팅, 해외 유통 부문의 인력 전문성 취약	×
	설비	디지털 콘텐츠 제작, 서비스 관련 설비 대형 투자 착수 단계	△
프로세스	개발	창의적 아이디어 개발의 저변이 약한 편	××
	생산	비능률적 수직 통합 형태로 생산성 둔화	△
	마케팅	해외 마케팅력 약화로 수출입 역조 지속	××
외부	정책과 제도	콘텐츠 저작권 보호 관련 법제 미비, 디지털 콘텐츠 부분에선 일부 혼돈 야기	×
	국제시장	콘텐츠 상품 교류 증대	◎
	투자	영화 펀드 등 투자 지원 붐 조성	○

자료: SERI 엔터테인먼트산업 분석 보고서

Exhibit 5 한국의 엔터테인먼트 산업 전략

한국의 엔터테인먼트 산업 전략 기조

산업환경 변화와 글로벌 트렌드		전략 기본 방향
온라인화/디지털화	- 가상공간의 비중 증대 - 고객관리 마케팅 실행	- 서비스 액션의 고도화, 첨단화 - 고객관리 마케팅 실행
무국적화/독점화	- 세계시장 경쟁 격화 - 대형화, 복잡화 추세	- 제류, M&A로 기업 대형화 실현 - 자생력 확보로 국제경쟁력 확보
융합	- 콘텐츠 온/오프 통합 - 장르, 영역 간 통합	- 디지털 콘텐츠 아웃소싱 강화 - 전문가 협업 네트워크 구축

자료: SERI 엔터테인먼트산업 분석 보고서

지털화에 대응하기 위해서 국내 엔터테인먼트 산업은 콘텐츠 전달 시스템과 서비스 품질의 고도화 및 첨단화가 중요하다. 무국적화/독점화 트렌드에는 콘텐츠 복합화를 실현할 수 있도록 업무 제휴와 M&A(기업인수 및 합병)를 일상화하여 자생력을 강화하는 방안이 권장된다. 디지털 컨버전스(Digital Convergence)에 대해서는 실질적 내용 통합과 시너지 효과 창출을 위해 외부 전문가 네트워크와 협업을 통한 공동 사업 추진이 절실하다 *〈Exhibit 5. 한국의 엔터테인먼트 산업 전략〉*.

5.2 엔터테인먼트의 메이저들

IT기업들이 부분별한 코스닥 등록 후 거품해소 과정을 극복하고 서서히 가시적인 성과를 내고 있는 것처럼 엔터테인먼트 관련기업들도 문화산업에 대한 관심 증대, 주5일제 시행 등 사회환경의 변화로 무조건적으로 선호되던 기간을 보내고 정확한 가치평가로 재무적인 성과에 주력해야 하는 시기를 맞고 있다. 2000년 코스닥에 등록한 예당 엔터테인먼트를 비롯한 주요 경쟁기업들은 아직 안정적인 수익창출을 이루지 못하고 있는 것으로 보인다. 하지만 상반기 코스닥에 등록한 팬텀은 3분기 흑자전환을 발표하며 성공적인 우회상장으로 평가받고 있다.

예당 엔터테인먼트

예당은 1992년 10월 예당음향(주)로 시작하여, 2000년 5월 24일 상호를 예당 엔터테인먼트로 변경하였고, 2000년 12월에 코스닥 증권시장에 등록하였다. 1992년 설립 이후 현재까지 단일앨범 최다판매기록, 단일가수 최다판매기록 등 국내 음반 사업에서 최고의 흥행실적을 기록하고 있으며, 매년 국내음반 중 판매 1위를 기록하고 있는 '서태지'의 앨범은 예당의 대표적인 상품이다. 13년간 최고의 판매고를 기록하는 앨범을 꾸준히 제작하고 있는 예당은 2000년 4,500억 원 규모의 국내 음반시장이 2004년 1,000억 원대로 급감하면서 매출규모면에서는 50%가 넘는 감소를 기록하고 있지만, 국내 오프라인 음반시장에서 독보적인 1위를 지켜가고 있을 뿐만 아니라, 국내 음반시장의 침체

Exhibit 6 예당 엔터테인먼트 실적

요약 손익계산서

(단위: 백만 원, %)

항 목	2004년 06월			2004년 12월			2003년 06월		
	금액	구성비	증감률	금액	구성비	증감률	금액	구성비	증감률
매출액	49,584	200	54.03	49,584	200	54.03	16,257	100	-42.08
매출총이익	26,595	107.5	35.79	26,595	107.5	35.79	7,848	48.28	-50.41
영업이익	14,462	58.68	192.6	14,462	58.68	192.6	-3,363	-20.69	-165.74
영업외수익	1,010	4.04	174.86	1,010	4.04	174.86	296	1.82	-76.44
영업외비용	7,257	29.33	-72.31	7,257	29.33	-72.31	10,476	64.44	140.13
경상이익	8,215	33.38	107.59	8,215	33.38	107.59	-13,542	-83.3	-773.4
당기순이익	6,070	24.64	107.59	6,070	24.64	107.59	-13,537	-83.27	-987.79

주요 지표

(단위: %)

성장성	매출액증가율	54.03	수익성	손익분기점률	90.2
	순이익증가율	0		매출액총이익률	42.56
안정성	당좌비율	158.08	활동성	총자본회전율	0.52
	부채비율	70.5		매출채권회전율	2.92

2005년 주가변동 추이

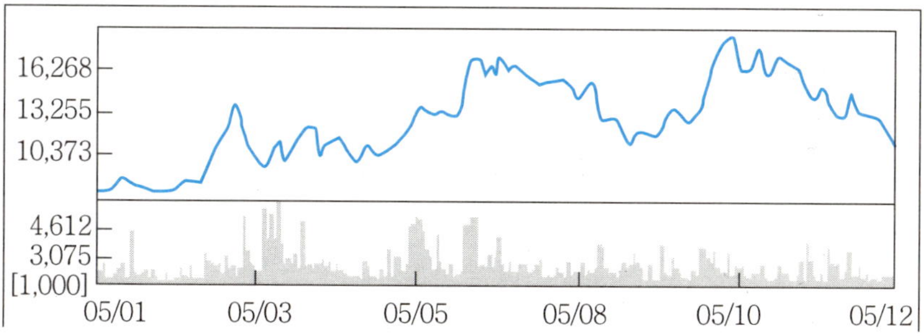

자료: 코스닥시장본부 홈페이지(www.km.krx.co.kr)

를 기회로 삼아 드라마제작, 방송, 온라인음악, 일본수출, 온라인 게임 등 엔터테인먼트 콘텐츠 관련 사업다각화를 추진하여 사업 영역의 확대 및 수익 극대화를 추구하고 있다. 특히 2005년에는 드라마 외 주제작 사업과 DMB 방송사업을 추가하여 콘텐츠 제작과 공급의 라인업을 더욱 강화하였다. 드라마 외 주제작의 경우 MBC 미니시리즈 '신입사원' 으로 이미 드라마 제작 능력을 검증받았으며, DMB사업의 경우 위성 DMB의 스타 DJ 채널을 현재 운영중에 있으며, 지상파 DMB는 연내 본방송 개시를 계획하고 있다.

현재 예당은 기존의 음악사업과 진일보된 온라인 사업, 방송사업, 게임사업 그리고 위성 DMB사업을 함께 어우르는 종합 엔터테인먼트사로 성장하기 위해, 각 사업들의 시너지 효과를 극대화하기 위한 노력을 하고 있다.

한편, 지난 2005년 3분기 실적을 보면 매출은 79억 원으로 지난 2분기 146억 원보다 45.9% 감소하였고 영업이익도 지난 2분기 46억 원의 3분의 1 수준인 15억 원에 그쳤다. 순이익은 지난 2분기 3억 7,400만 원에서 지난 3분기 2억 3,100만 원으로 감소했다*〈Exhibit 6. 예당 엔터테인먼트 실적〉*.

에스엠 엔터테인먼트

에스엠은 1995년 설립초기에 TV 프로그램 제작물을 공중파 방송 및 케이블 방송에 납품하는 외주 프로그램 제작과 함께 신인 발굴 및 음반기획을 병행하였으며, 1996년 에스엠에서 발굴, 기획, 프로듀싱한 남성 5인조 그룹 H.O.T.의 음반을 발표하였다. H.O.T.는 1집의 성공에 이어 2000년 10월 5집 음반까지

밀리언셀러를 기록하며 음반시장을 주도하였으며, 국내 음반산업 및 연예산업 전반에서 청소년의 대중문화를 이끄는 새로운 흐름을 개척하였다.

에스엠은 H.O.T. 음반의 성공과 함께 S.E.S., 신화, Fly-to-the Sky, BoA, 동방신기의 연속적인 성공, 지속적인 문화 콘텐츠와 신인 엔터테이너의 발굴, 캐스팅, 트레이닝, 프로듀싱까지의 독창적인 음반 제작 시스템, 선진화된 On-Line Marketing 시스템을 통하여 음반 기획, 제작, 유통을 망라하는 대형 종합음반사로서의 입지를 확고히 다지고 있으며, 특히 국내 음반시장의 주도적인 소비층인 청소년층에게 획득하고 있는 절대적인 인지도는 연예관련 신규사업과 스타마케팅 사업에 있어 중요한 요소를 차지하고 있다. 당사가 보유하고 있는 연예인의 초상권과 음원들은 음반관련 사업과 온라인/Mobile 사업들에 있어서 핵심적인 요소라 할 수 있다. 현재 음반의 유통은 (주)엠투엠코리아, 음반기획 및 프로듀싱은 라이크기획과 함께 업무를 진행하고 있으며, 온라인/Moblie 사업은 (주)판당고코리아에서 진행하고 있다.

2002년 4월에는 매니지먼트 전문회사인 (주)포엠이의 흡수합병을 완료함으로써 종합레코드사에서 토탈 엔터테인먼트 미디어 회사로 제 2의 도약을 하고 있으며, 국내의 본사와 2001년 1월 설립된 (주)에스엠 엔터테인먼트 재팬, 설립 예정인 에스엠 차이나 그리고 홍콩, 대만의 협력업체와의 제휴를 통해 아시아 최고의 엔터테인먼트 미디어 회사로 발전할 것이며, 향후 헐리웃으로 진출할 계획을 가지고 있다.

에스엠 엔터테인먼트의 2005년 3분기 매출은 41억 원으로 전분기보다 21.7% 감소하고 영업손익은 1억 원 흑자에서 2억 원

Exhibit 7 에스엠 엔터테인먼트 실적

요약 손익계산서

(단위: 백만 원, %)

항 목	2004년 12월			2003년 12월			2002년 12월		
	금액	구성비	증감률	금액	구성비	증감률	금액	구성비	증감률
매출액	19,973	100	5.53	18,927	100	-47.13	35,795	100	26.63
매출총이익	4,704	23.55	-22.83	6,096	32.21	-38.91	9,978	27.88	-1.92
영업이익	-588	-2.94	-147.97	1,225	6.47	-72.69	4,487	12.54	-8.3
영업외수익	1,015	5.08	55.12	654	3.46	108.8	313	0.88	91.01
영업외비용	9,771	48.92	74.95	5,585	29.51	-30.77	8,067	22.54	260.5
경상이익	-9,344	-46.78	-152.17	-3,705	-19.58	-13.43	-3,267	-9.13	-215.86
당기순이익	-9,044	-45.28	-224.53	-2,787	-14.72	-26.79	-2,198	-6.14	-204.13

주요 지표

(단위: %)

성장성	매출액증가율	5.53	수익성	손익분기점률	0
	순이익증가율	0		매출액총이익률	23.55
안정성	당좌비율	214.82	활동성	총자본회전율	0.71
	부채비율	49.58		매출채권회전율	8.65

2005년 주가변동 추이

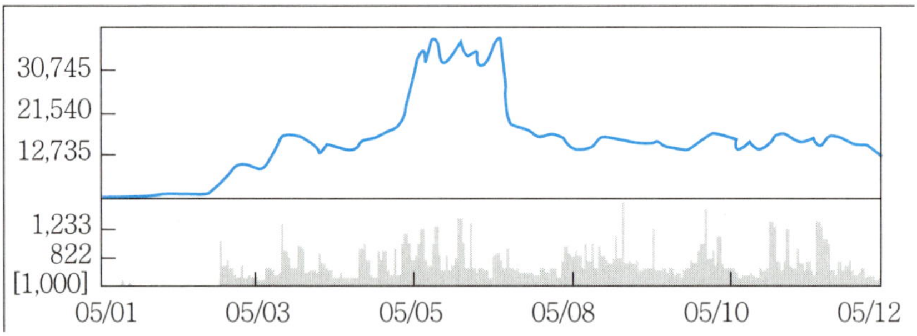

자료: 코스닥시장본부 홈페이지(www.km.krx.co.kr)

적자로 돌아섰다. 순손익 역시 2억 원에서 3억 원 적자로 악화됐다*〈Exhibit 7. 에스엠 엔터테인먼트 실적〉*.

포이보스

1993년 설립된 포이보스는 신해철, 015B, 넥스트, 윤종신, 전람회 등의 걸출한 뮤지션들과 핑클, 젝스키스, 비 등의 신세대 스타들을 등용시키며 국내 굴지의 음반 제작 유통사로서의 자리를 확고히 하여 왔다. 이후 2000년 코스닥 등록, 음악 전문 케이블 TV KMTV 인수, 음반 제작사 아이스타 뮤직 인수 등을 통하여 엔터테인먼트 사업자로서의 역량을 강화하여 오던 포이보스는 21세기에 들어오면서 음반 시장의 쇠퇴, 콘텐츠 유통 환경의 변화, 고자본의 경쟁자들 출현이라는 시장의 변화에 맞닥뜨리면서 기업 경쟁력 강화를 위한 구조 조정 및 수익모델 강화를 위한 사업 다각화를 추진하게 되었다. 이후 국내 최초로 상암에서 개최된 대형 뮤지컬 '투란도트', 160만 관객을 동원한 '내사랑 싸가지', 권상우, 김희선, 연정훈 주연으로 한류를 일으킨 드라마 '슬픈연가' 등을 통해 (주)포이보스는 종합 엔터테인먼트 기업으로 안정적이고 성공적인 진입을 이루었다.

포이보스는 2005년 현재 한류를 주도하는 기업으로서 국내 인기배우 및 가수를 보유한 전문 매니지먼트사 (주)GM기획, (주)아이스타 시네마, 케이블 음악방송인 KMTV를 보유한 (주)CJ 사운드, 온라인 포탈 및 전자 상거래 사업을 위한 (주)인포웹, 자금 운용능력을 보유한 엔터테인먼트 전문 창투사 (주)포이보스 창업투자를 계열, 관계사로 두고 영화/드라마 제작, 음반 제작, 디지털 콘텐츠 사업 분야의 핵심 사업을 영위하고 있다. 또한

Exhibit 8 포이보스 실적

요약 손익계산서

(단위: 백만 원, %)

항 목	2004년 12월			2003년 12월			2002년 06월		
	금액	구성비	증감률	금액	구성비	증감률	금액	구성비	증감률
매출액	7,335	100	-16.74	8,809	100	-46.93	16,600	100	-4.42
매출총이익	2,031	27.7	-57.16	1,581	17.95	-81.05	8,342	50.26	8.05
영업이익	-166	-2.26	3.99	-2,494	-28.31	-569.13	532	3.2	-74.86
영업외수익	3,533	48.17	270.91	952	10.81	77.16	538	3.24	414.59
영업외비용	3,234	44.09	-78.33	12,878	146.19	292.72	3,279	19.75	273.86
경상이익	133	1.81	100.94	-14,420	-163.69	-552.49	-2,210	-13.31	-264.69
당기순이익	133	1.81	100.89	-15,212	-172.68	-925.24	-1,484	-8.94	-246.24

주요 지표

(단위: %)

성장성	매출액증가율	-16.74	수익성	손익분기점률	0
	순이익증가율	0		매출액총이익률	27.7
안정성	당좌비율	72.21	활동성	총자본회전율	0.24
	부채비율	186.41		매출채권회전율	6.78

2005년 주가변동 추이

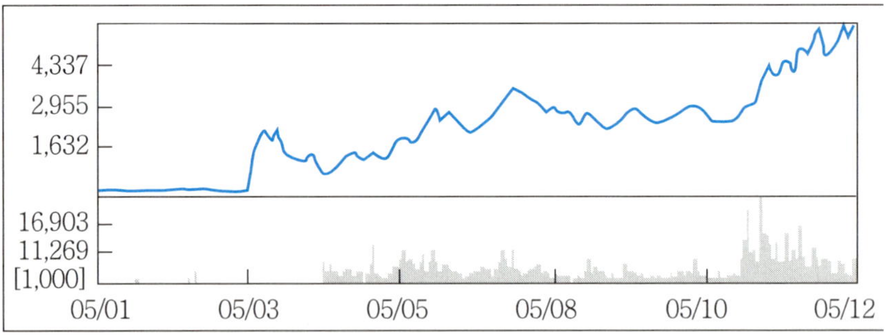

자료: 코스닥시장본부 홈페이지(www.km.krx.co.kr)

지상파 DMB 사업자인 YTN 컨소시엄 참여기업으로서 DMB 서비스 플랫폼까지 확보함으로써 미디어 사업으로의 진출 기반도 확보하고 있다. 포이보스는 21세기 성장의 원동력인 엔터테인먼트 산업의 핵인 콘텐츠를 확보하며, 유비쿼터스 환경에 대응하는 사업 인프라를 확충하는 전략으로 기업 경쟁력을 지속적으로 강화하고 있다.

포이보스의 2005년 3분기 실적은 지난 2분기보다 19% 감소한 35억 2,000만 원 매출에 영업이익은 2억 6,500만 원으로 증가했다. 그러나 순이익은 지난 2분기 15억 4,200만 원에서 6억 3,700만 원으로 감소, 아직 실적이 안정화된 모습은 보이지 못했다*〈Exhibit 8. 포이보스 실적〉*.

팬 텀

골프업체였던 팬텀은 음반기획사인 이가 엔터테인먼트와 비디오, DVD 유통 기업인 우성 엔터테인먼트, 국내 매니지먼트 선두업체인 플레이어 엔터테인먼트를 인수하면서 종합 엔터테인먼트사로 발돋움하였다.

우선, 팬텀의 이름으로 첫 출시한 IVY가 지난 주말 공중파 방송에서 데뷰하며 인기몰이에 나서고 있다. 뮤직비디오만 방영되는 상황에서 이미 오프라인 음반 판매량 1위를 거머쥔 바 있는 IVY는 공중파 방송의 가요 순위프로그램에 출연해 첫 선을 보였고, 안무나 가창력, 외모 모든 부문에서 최고의 점수를 받았다는게 업계의 평가다. 이 뿐만 아니라 연기자들의 활약상도 눈부시다. 올 최고의 흥행작으로 떠오르고 있는 영화 '웰컴 투 동막골'의 남자주연배우 정재영과 신하균이 팬텀의 연기자다.

신하균은 지난 주말 개봉한 '박수칠 때 떠나라'에서도 차승원과 호흡을 맞춰 연기력을 과시하고 있다. 하반기 화제작으로 꼽히는 블록버스터 '태풍'의 주인공인 이정재도 팬텀의 배우이고, 올 겨울 개봉한 국내 최초 여비행사 박경원의 삶을 다룬 '청연'의 여주인공 또한 팬텀의 배우인 장진영이어서 팬텀소속 배우들의 활약상은 계속 이어질 전망이다.

한류 최고의 시장인 일본에서도 팬텀의 몸값은 국내시장 이상이다. 한류의 메카가 된 일본 최대 방송사인 NHK는 현재 매주 토요일 미니시리즈 '올인'을 방영하고 있다. 일본 최고의 한류스타로 자리매김한 이병헌이 주연으로 출연한 드라마여서, '올인'의 방영과 함계 이병헌의 인기는 상상할 수 없을 정도로 치솟고 있다. 이병헌 역시 플레이어엔터테인먼트 인수로 팬텀의 소속이 돼 팬텀은 한류의 중심기업으로 일본에서 자리매김하고 있다.

종합 엔터테인먼트사로 변신한 팬텀에는 7월부터 엔터테인먼트 실적들이 반영되고 있다. 상반기까지는 기존 사업부인 골프공 사업과 골프의류 사업만으로 실적을 계상해 왔으나 이가, 우성, 플레이어 엔터테인먼트의 인수로 인한 엔터테인먼트 실적은 3분기부터 정확히 반영되고 있다.

팬텀은 증시 첫 실적 발표 무대인 지난 3분기 호성적을 냈다. 지난 2005년 3분기 매출은 250억 원으로 지난 2분기보다 318.5% 증가했고 영업이익은 40억 원 가까운 적자에서 82억 원 흑자로 돌아섰다*〈Exhibit 9. 팬텀 실적〉*.

Exhibit 9 팬텀 실적

요약 손익계산서

(단위: 백만 원, %)

항 목	2004년 06월			2004년 12월			2003년 06월		
	금액	구성비	증감률	금액	구성비	증감률	금액	구성비	증감률
매출액	33,763	100	10.64	30,517	100	−7.72	33,072	100	−4.05
매출총이익	9,090	26.92	−9.38	10,032	32.87	−26.43	13,635	41.23	23.08
영업이익	−3,744	−11.09	−26.54	−2,959	−9.7	−201.8	2,907	8.79	−32.61
영업외수익	419	1.24	−7.7	454	1.49	−15.9	540	1.63	−31.44
영업외비용	687	2.03	233.59	206	0.67	−86.11	1,483	4.48	−30.12
경상이익	−4,012	−11.88	−48	−2,711	−8.88	−238.07	1,963	5.94	−34.07
당기순이익	−4,012	−11.88	−48	−2,711	−8.88	−238.07	1,963	5.94	−34.07

주요 지표

(단위: %)

성장성	매출액증가율	−16.74	수익성	손익분기점률	0
	순이익증가율	0		매출액총이익률	27.7
안정성	당좌비율	72.21	활동성	총자본회전율	0.24
	부채비율	186.41		매출채권회전율	6.78

2005년 주가변동 추이

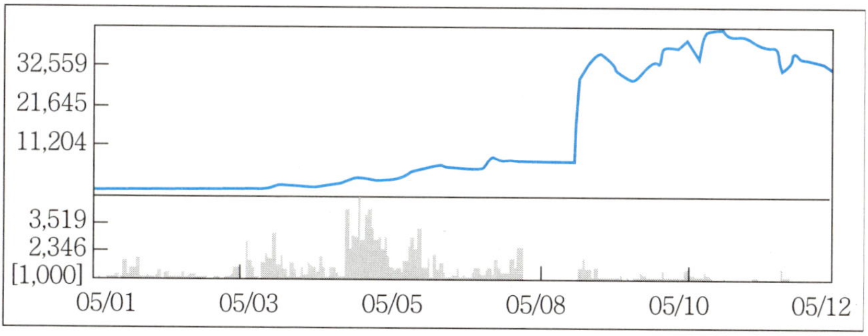

자료: 코스닥시장본부 홈페이지(www.km.krx.co.kr)

5.3 우회상장

코스닥시장에 우회상장 붐이 일고 있다. 05년 10월 기준으로 이미 59곳이 우회상장을 해 정상적으로 상장심사를 거쳐 기업을 공개한 회사 수(51곳)를 넘어섰다. 우회상장은 장외기업이 이미 상장돼 있는 기업을 인수 및 합병해 상장 심사나 절차를 밟지 않고 곧바로 상장하는 것을 말한다. 따라서, '뒷문 상장'(Back Door Listing)이라고도 불린다.

증권선물거래소에 따르면 장외기업이 상장하는 데까지 걸리는 시간은 최소 10개월이다. 또 부채비율 및 자기자본이익률(ROE) 등의 상장요건을 갖추는 것도 쉽지 않다. 한 벤처기업 임원은 "코스닥에 상장하려면 일반기업은 4년, 벤처기업은 2년 이상의 준비기간이 필요하다"고 말했다. 이에 반해 우회상장의 경우 몇 개월만에 상장기업이 될 수 있으며, 합병이나 주식교환 방식을 활용한다면 비용 부담도 크지 않다는 장점이 있다.

우회상장에 대한 정부 정책은 간접적으로 이를 지원하고 있다. 정부는 올해부터 상장기업에 대한 M&A 활성화를 위해 주식을 교환할 때 발생하는 양도차익에 대한 과세를 이익 실현 때까지로 연기할 수 있도록 했다. 또한 최근엔 중소기업의 M&A를 활성화를 위해 200억 원의 산업구조조정 펀드까지 만들겠다고 약속했다.

이러한 우회상장은 원래 취지대로 부실 기업을 튼튼한 장외기업이 사들인다면 증시에 긍정적이지만 부실 기업이 주가를 띄우기 위해 부실기업을 인수하는 경우도 있어 문제가 되고 있다. 우회상장이 머니 게임으로 변질돼 단기간에 수익을 챙겨 시장을

Exhibit 10 우회상장 과정 및 주요 업체

일반 상장 절차 복잡하지만

장외 기업 → 상장주간사 선정 → 예비심사 청구 → 유가증권신고서 제출 → 청약 → 상장 승인 → 매매 개시 → 코스닥 상장 기업

우회상장은 쉬워

장외 기업 → 코스닥 상장 기업 (주식 맞교환, 지분, 인수, 제 3자 유상증자 등으로 일반절차 없이 상장)

올해 우회상장한 주요 업체

피인수 업체	업종	인수 업체	업 종	비 고
국제정공	기계장비	라이프코드	제대혈은행 및 임상 시험대행	4월 14일 라이프코드로 변경 성장
블루코드	반도체	뮤직시티	음악콘텐츠	8월 16일 합병 결정
세안이이티	게임	솔트론	LCD장비	6월 4일 유비프리시젼으로 변경 상장
스펙트럼 DVD	DVD타이틀 제작 판매	태원엔터테인먼트	영화제작	5월 30일 지분매각
씨지아이	통신전송 장비	서세원프로덕션	영화제작	7월 26일 최대주주 변경
이모션	컴퓨터 서비스	프리스톤테일	게임	8월 2일 최대주주 변경
이오리스	모바일게임	넷브레인	통신네트워크	2월 4일 최대주주 변경
코닉테크	섬유의류	초록뱀M&G	드라마제작	7월 25일 최대주주 변경
팬텀	기타제조, 골프	이가엔엔터테인먼트 우성엔엔터테인먼트	음반기획, DVD유통	4월 18일 최대주주 변경
한국와콩 전자	공작 기계	현원	MP3플레이어	5월 20일 최대주주 변경

자료: 증권선물거래소, 금융감독원

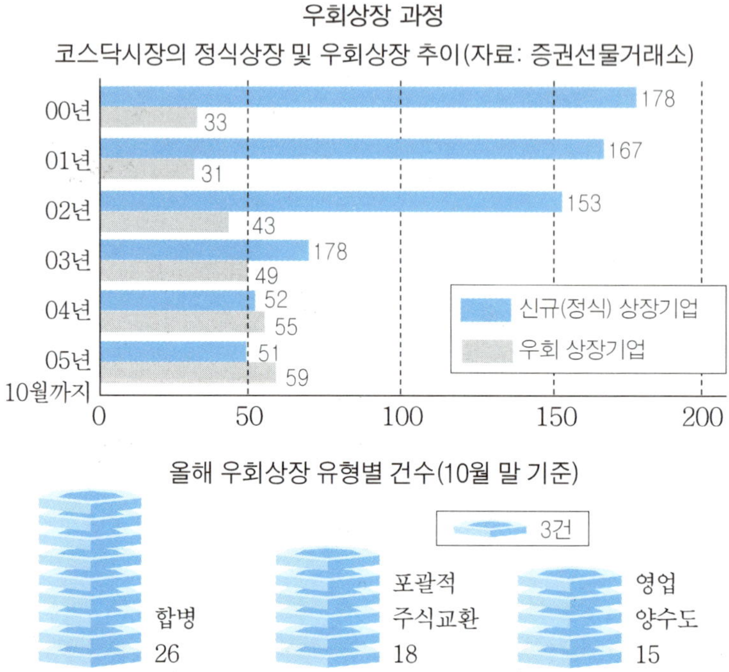

자료: 조선일보(2005.12.13)

뜨는 업체가 등장하는 등의 부작용이 우려된다는 것이다. 실제로 우회상장 대상 기업은 피인수를 전후해 감자(減資)를 실시하는 경우가 많다. 뿐만 아니라 기업 실적을 불문하고 주가가 급등락하는 것도 문제로 지적되고 있다 *〈Exhibit 10. 우회상장 과정 및 주요 업체〉*.

이와 같이 정식 심사를 거치지 않고 코스닥시장에 '뒷문'으로 들어오는 우회상장이 급증하고 그 피해가 잇따르자 이 같은 행위를 제한하는 규정이 마련됐다. 코스닥시장본부는 우회상장의 부작용을 최소화하기 위해 2005년 12월 12일부터 장외 기업이 우회상장하는 과정에서 기존 코스닥 기업의 최대주주가 바뀔 경우 새 최대주주는 2년간 주식을 매각하지 못하도록 했다. 또 회사의 부채 비율과 경상손실이 코스닥 전체 기업의 평균보다 1.5배 이상일 때에는 3년간 주식 매각을 금지하는 결정을 내렸다.

태원 엔터테인먼트는 엔터테인먼트 업계에서 성공하기 위해서는 투자자금을 대규모로 확보하는 것이 필요하였다. 당시에 몇몇 경쟁사가 소규모의 상장기업을 인수하는 방법으로 우회상장을 하여 자금조달에 성공적이었기 때문에 태원도 관련 사항을 검토하였고 대상 기업으로 스펙트럼DVD를 선택하게 되었다.

스펙트럼DVD

스펙트럼DVD는 1999년 국내 최초의 디지털영상 전문기업으로 설립되어 2001년 문화관광부/중소기업청으로부터 신기술개발 벤처기업으로 인증을 받고 우수벤처기업상을 수상하는 등 독자적인 디지털 영상기술을 개발하여 왔다. 2003년에는 수출 100만 달러를 당설하고 코스닥등록 예비심사를 통과하여 2004년 코스닥에 등록하게 된다*〈Exhibit 11. 스펙트럼DVD 연혁〉*.

자본금 30.2억 원, 종업원이 50여 명으로 DVD 및 VideoCD의 영상타이틀 제작, 영화/방송프로그램의 수입 및 제작/배급, 영상소프트웨어 개발 및 제작 등 디지털영상과 관련한 다양한 사업을 수행하고 있다*〈Exhibit 12. 스펙트럼DVD 개요〉*. 스펙트럼DVD의 최대 강점은 영화와 음악 등에 대한 판권을 풍부하게 보유하고 있다는 점이다. 약 1,400여 편에 달하는 판권을 보유하고 있으며 이미 출시된 제품과 출시될 제품이 각각 700여 편에 이르고 있다. 또한 스펙트럼DVD는 다른 DVD관련 업체들

Exhibit 11 스펙트럼DVD 연혁

1999	국내 최초의 디지털영상전문기업으로 회사설립 자체기술개발 벤처기업인증(중진공/중소기업청) 순수국내제작 DVD 타이틀 최초 출시
2000	실시간 디지털자막처리기술 개발 엘지전자와 DVD사업 공동제휴 계약
2001	자체 디지털제작부 설립 연합캐피탈 20억 원 전환사채 출자 신기술개발 벤처기업인증 (문광부/중소기업청) 제 26회 벤처기업상－우수벤처기업상 수상(과기부/한경/KTB) 신 소프트웨어 상품대상 수상(정통부)
2002	미국MGM사와 한국위성방송 공동출자계약 (MGM스펙트럼설립 및 스카이라이프 위성채널사업 시작) 태원 엔터테인먼트사와 제작 및 판매계약
2003	디지털제작연구소 공식인증(산업기술진흥협회) KBS와 뮤직DVD 공동사업계약 무역의 날 100만불 수출의 탑 수상 코스닥 등록 예비심사 승인(11/26)
2004	코스닥 상장 제 1회 전환사채 10억 만기상환('04.4) 태원 엔터테인먼트사와 부가 판권공급대행 계약체결('04.8) 제 2회 전환사채 10억 조기상환('04.8) 유로 공모 해외신주인수권부사채 400만불 발행('04.12)
2005	KDMB 콘소시엄과 지상파DMB 사업협력의향서 체결('05.1) 최대주주 변경 및 태원 엔터테인먼트와의 주식교환 결의('05.6) 대표이사 변경 (박영삼 → 정태원)('05.7) 태원 엔터테인먼트, 100% 자회사 편입('05.8)

주요 수상	주요 수상 제 26회 우수 벤쳐기업상 수상(2001. 12. 과기처) 2002년 대한민국 소트트웨어 대상 – 은상(2002. 11. 정통부) 2003년 대한민국 영상대상 – DVD부문 수상(2003. 12. 문광부) 2000년, 2001년, 2002년 'BEST DVD 제작시' 수상(소비자 단체) 2003년 벤쳐기업 대상 국무총리상 수상(2003. 10. 벤쳐협) 2004년 한국 영상산업 발전 공로상 수상(2004. 12. 문광부)

자료: 태원 엔터테인먼트

과 달리 DVD를 자체적으로 제작, 유통한다는 장점도 지녔다. 국내 유일의 DVD전용 디지털 음향스튜디오를 비롯한 자체 기술력을 지니고 있다. 자체 제작하는 제품의 마진은 상대적으로 높은 데, 이 제품의 매출 비중이 80%를 넘어서고 있다. 또

Exhibit 12 스펙트럼DVD 개요

회사명	주식회사 스펙트럼 디브이디
자본금	30.2억
종업원수	52명 (기술제작 25명)
대표이사	박영삼 → (주) 태원 엔터테인먼트 대표이사 정태원(2005년)
사업분야	영화 및 방송프로그램의 제작, 배급, 수출 및 수입업, 디브이디, 비디오씨디 영상타이틀 제작/배급/판매, 수출/수입업, 음원 퍼블리싱, 연예 매니지먼트
자회사	(주)MGM 스펙트럼 → (주) 태원 엔터테인먼트 추가 (2005년)
주요제품	DVD 타이틀, 디지털콘텐츠 제공, 디지털영상 S/W개발 등
보유판권	DVD 등 디지털 부대판권 1,300편(영화 600편, 뮤직 600편, 기획 100편)

자료: 태원 엔터테인먼트

MGM과의 합작으로 SkyLife의 두 개 채널과 케이블방송을 통해 관련 콘텐츠를 전송하는 MGM 스펙트럼을 설립하여 관련 콘텐츠의 유통망도 갖추고 있다.

하지만 2005년에 들어서면서 DVD타이틀 제작과 관련하여 신규업체가 진입하는 등 업체 간 경쟁이 심해져 DVD타이틀의 소비자 가격이 점차 하락하고 디지털콘텐츠의 합법 다운로드 시장형성이 가시화되면서 전망이 불투명해지고 있었다. 불법 복제 및 다운로드가 보편화된 상황에서 업계 및 정부의 대응체계가 갖춰지지 않았기 때문에 구매 매력도가 저하된 DVD타이틀 시장은 소수 매니아 위주의 셀스루 시장으로 재편되고 있었다.

스펙트럼DVD의 인수

태원 엔터테인먼트는 우회상장으로 자금조달을 원활히 하는 동시에 태원이 제작한 콘텐츠를 확대 재생산하기 위해서 스펙트럼DVD의 인수를 검토하게 된다. 자체 제작 영화 '가문의 영광' 과 수입영화 '반지의 제왕' 시리즈가 흥행에 성공해 자금이

Exhibit 13 스펙트럼DVD 인수과정

일 시	내 용	주 가
6월 1일	정태원 현 대표이사 스펙트럼 66만 5천 주 장외매입	4,295원
6월 1일	하지원씨 66만 5천 주 장외매입, 정태원씨와 특수관계인 신고	4,295원
6월 3일	정태원 하지원씨로 최대주주 변경	4,365원
7월 21일	임시주총(강영범 웰메이드엔터 부사장 등 이사선임 부결)	11,850원
8월 5일	하지원씨 투자목적 단순투자로 변경	9,590원
8월 8~11일	하지원씨, 보유지분 중 36만 4천 주 장내매도	8,300원~8,900원

자료: 태원 엔터테인먼트

Exhibit 14 스펙트럼DVD 주가변동

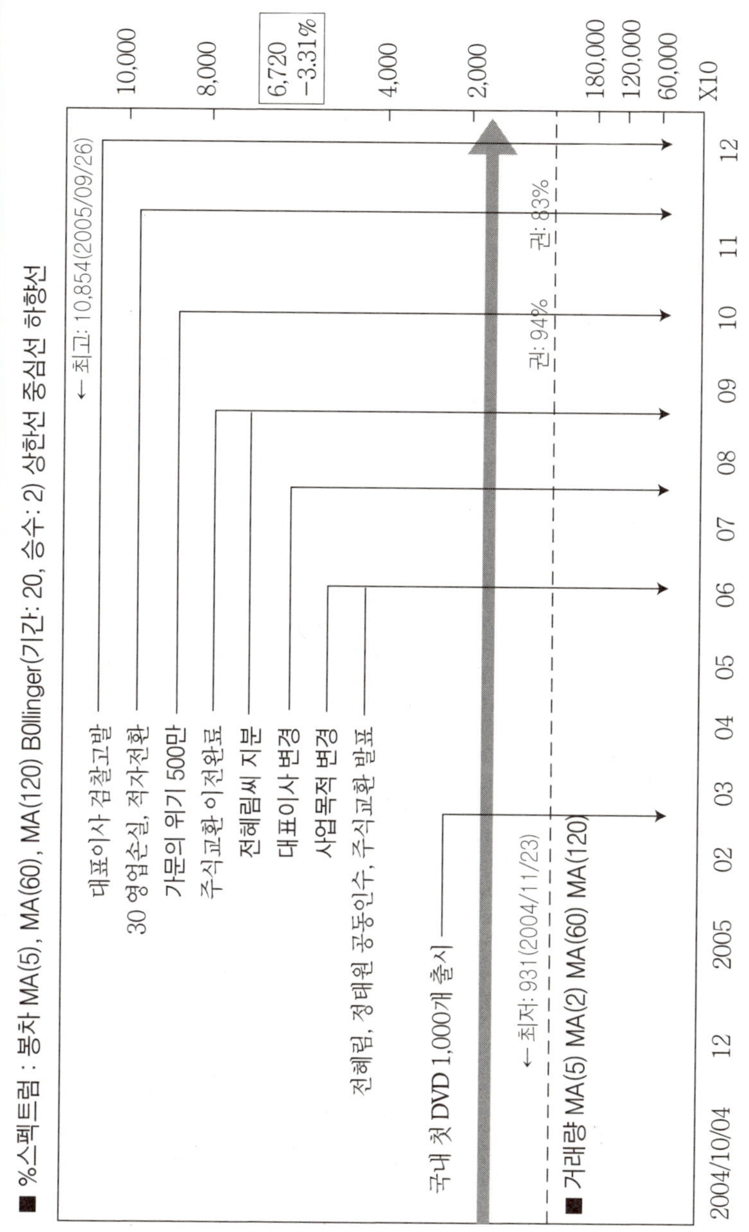

자료: 태원 엔터테인먼트

넉넉해졌으나 그 동안 제작비를 조달해 왔던 강우석 감독의 시네마서비스가 자금사정 악화로 CJ 엔터테인먼트로 편입되었기 때문에 안정적인 자금조달 창구가 추가로 필요하게 되었기 때문이다.

태원 엔터테인먼트의 스펙트럼DVD 인수는 2005년 5월 31일 전혜림씨와 정태원 태원 엔터테인먼트 대표이사가 전 박영삼 스펙트럼DVD 대표이사로부터 각각 11.68%와 11.67%를 인수하면서 시작되었다. 동년 6월 3일 스펙트럼DVD는 디지털 영상 콘텐츠 수입업, 연예 매니지먼트 등을 추가하면서 사업목적을 변경하였고 7월 21일 대표이사를 태원 엔터테인먼트 정태원 대표이사로 변경하게 된다. 이 과정에서 유명연예인인 하지원(전혜림)씨가 투명경영을 할 것이라는 사실이 언론에 유포되어 스펙트럼DVD의 주가가 2,800원대에서 13,000원대까지 상승하게 된다*〈Exhibit 13. 스펙트럼DVD 인수과정〉, 〈Exhibit 14. 스펙트럼DVD의 주가변동〉*. 7월 21일 하지원씨는 투자목적을 단순투자로 변경, 보유지분의 대부분을 매각하였고 스펙트럼DVD와 태원 엔터테인먼트는 태원 주식 1주당 스펙트럼DVD 11.57082주로 주식교환을 완료하여 정태원 대표이사는 스펙트럼DVD 주식의 29.17%를 보유, 최대주주가 되었다.

통합법인

2005년 8월 24일 태원 엔터테인먼트와 스펙트럼DVD의 주식교환을 완료하여 코스닥 우회상장이 사실상 마무리되었다. 이번 통합으로 스펙트럼DVD는 기존 (주)MGM 스펙트럼에 더하여 (주)태원 엔터테인먼트를 100% 자회사로 추가하게 되었다. 이렇

Exhibit 15 **통합 후 스펙트럼DVD의 사업영역**

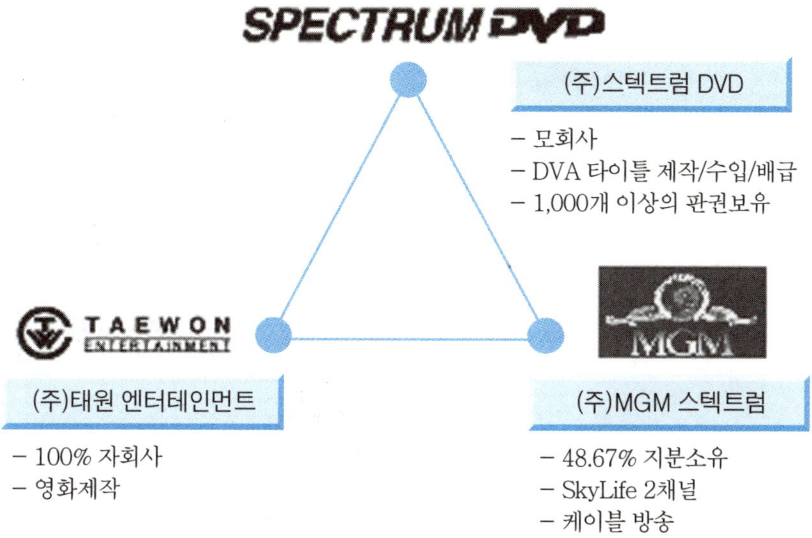

자료: 태원 엔터테인먼트

게 통합된 스펙트럼DVD는 기존 영화 등의 판권을 구입하여 DVD타이틀의 제작 및 배급을 담당하는 업무와 SkyLife 및 케이블방송으로 콘텐츠를 송신하는 업무에 더하여 직접 영화 등의 콘텐츠를 생성하는 것을 사업영역으로 포함시키게 되었다*〈Exhibit 15. 통합 후 스펙트럼DVD의 사업영역〉*.

5.4 통합을 마치고

스펙트럼DVD의 자회사로 편입된 태원 엔터테인먼트는 2005년 9월 영화 '가문의 영광'의 후속편인 '가문의 위기'를 개봉하고 나흘만에 127만의 관객을 동원하였고, 추석연휴 기간 내에 박스오피스 1위를 차지하였다. 10월에는 관객이 530만 명을 넘어 전편 '가문의 영광'의 520만 명과 한국 코미디 영화사상 최고 흥행을 기록한 영화 '조폭 마누라'의 525만 명을 뛰어넘는 성적을 보여 주었다. 이렇듯 외부적으로는 실적이 좋아보였으나 3분기 실적발표 이후로 스펙트럼DVD는 계속되는 문제점을 드러내게 된다.

벼랑끝에 선 한국 DVD산업

긴 한숨이 국내 DVD 시장의 현재를 설명하고 있다. 단순한 저성장을 넘어 극심한 정체로 이어지고 있는 현실이 말 그대로 총체적 난국 그 자체이기 때문이다. 국내 DVD 시장은 90년대 말부터 기지개를 켜기 시작했지만, 실질적으로는 할리우드 메이저가 국내에서도 DVD를 배급하기 시작한 2000년을 그 기점으로 삼을 수 있다. 2003년까지 시장규모면에서나 출시 편수 그리고 작품별 판매 수량면에서 매년 30% 이상 성장해 왔지만 2003년 하반기부터 DVD 시장 침체가 두드러졌다. 스펙트럼 DVD의 공수열 이사는 "어차피 증대할 것이 아니라면 기복이 심한 것보다 더 위험한게 장기 정체다. 개봉 영화는 작품에 따라 편차가 있으니까 예상이 가능하고 전략 수립도 용이하다면,

DVD 시장은 작품의 퀄리티나 마케팅과는 별개로 전반적으로 정체돼 있다보니 정말 답답할 노릇"이라고 말한다. 이를 영화 매출 전체로 확대해서 보면 그 침체는 두드러진다. 2001년부터 2003년까지 3년간 영화산업 매출구조를 살펴보면, 극장 매출이 차지하는 비중은 점점 증가하고 있는 것으로 나타났다. 2001년 74%, 2002년 75%, 그리고 2003년도에는 76%로 증가했고, 부가판권 매출의 비중은 감소하고 있어 전체 매출구조의 위험도를 높이고 있다. 특히 비디오 매출 비중이 급격히 줄어듦과 동시에 DVD 부문의 성장 역시 정체돼 있다. 70%를 웃도는 극장매출 비중과는 달리 DVD 부문 매출은 2002년 이후 1%대에 머물러 있다(김미현 저, 영화진흥위원회 연구보고서 '한국 영화산업 수익성 분석과 투자 활성화 방안'). 극장 매출은 오히려 감소하면서 비디오와 DVD를 합친 부가판권 시장이 최근 몇 년간 점진적으로 증대해 온 미국, 일본 등의 사례와 비교해 보면, 국내 DVD 시장의 장기 침체는 타국가와 비교해도 그 유례를 찾아보기 힘든 현상이다. 말하자면 매년 제로 성장을 거듭하고 있는 것이다. 미국의 경우 DVD와 비디오를 합친 부가판권 시장이 극장 매출의 2.6배이고 일본의 경우 4배라고 한다면, 한국의 경우 DVD, 비디오 매출과 극장 매출 비는 3:7 정도다. 거기다 한국 영화시장 자체가 미국의 30분의 1, 일본의 8분의 1 정도임을 감안하면 그 규모는 정말 미미한 수준이다.

스펙트럼DVD의 재무상황 및 향후전략

스펙트럼DVD는 DVD 타이틀 업계에서 국내 수위의 시장 지위를 유지하고 있으며 DVD 타이틀 수요 증가로 양호한 매출

성장세를 시현하고 있으나 판권 투자부담과 운전자본 증가로 인하여 부의 잉여현금흐름이 지속되고 있다. 판권 및 제작설비 투자자금을 네 차례의 유상증자를 통하여 충당하여 재무안정성을 유지하여 왔으나 향후 매출기여도가 높은 흥행작의 판권투자 및 제작설비 부담이 지속될 가능성이 높아 재무안정성 저하 가능성이 높은 상황이다. 또한 자체 제작설비 및 매출액 증가에 따른 고정비부담 감소 등으로 양호한 수준의 수익성을 시현하고 있으나 코스닥 등록을 계기로 판권 계약을 기존의 일괄계약방식에서 매출연동계약 방식으로 변경하면서 판매수수료가 증가하여 수익성은 다소 하락추세에 있다*〈Exhibit 16. 스펙트럼DVD 재무제표〉*.

이러한 원인 때문에 현재 스펙트럼DVD는 사업수행을 통한 원활한 양(+)의 현금흐름 창출이 되지 않고 외부의 인력 및 자금 수혈이 필요한 시점이다. 또한 매출, 판권, 재고자산 등의 수익/비용 요인이 급격히 나빠짐에 따라 향후 경영상태가 더 악화될 수 있는 상황이다. 이에 스펙트럼DVD는 조직재설계 및 인력조정과 함께 태원과 함께 부실자산 정리, 통합회사의 비전 및 전략수립, DVD사업 경영계획 수립 등의 핵심과제를 다음과 같이 추진하려 하고 있다.

첫째, 부실자산(판권, 재고 등) 매각 및 정리부문이다. 이는 기 출시되었으나 상각되지 않은 판권과 출시하더라도 적자가 불가피한 판권을 모두 비용 처리하여 재무상태를 재확인하는 것이다. 둘째, 통합회사의 중장기 비전 및 전략 수립부문이다. 이는 통합회사가 추구하는 비전(사업영역 중심), 전략방향, 추진전략을 도출하고 전략 수행에 적합한 조직모델을 설계하고 통합 조직을 출범하는 방안이다. 마지막으로 DVD사업의 경영계획 수립부문이다. 이는 DVD사업의 조기 회생에 초점을 맞춘 경영계획을

Exhibit 16 스펙트럼DVD 재무제표

(주)스펙트럼디브이디 (단위: 백만 원)

재무제표	2001(12)	2002(12)	2003(12)	2004(12)	2005(12)
매출액	10,376	14,217	15,772	16,498	3,094
매출원가	5,945	8,425	8,048	8,825	1,400
판매관리비	2,162	3,524	4,905	5,374	1,515
영업이익	2,269	2,268	2,819	2,299	179
EBITDA	2,368	2,491	3,341	2,750	282
이자수익	28	57	55	89	18
이자비용	86	236	272	150	90
경상이익	2,182	1,615	1,945	1,570	16
당기순이익	1,831	1,365	1,675	1,422	16
자산총계	9,821	12,209	14,136	22,390	20,899
부채총계	3,394	4,375	4,611	5,368	4,204
자본총계	6,427	7,834	9,525	17,022	16,695
(납입자본금)	1,977	1,977	1,977	2,850	2,850
총차입금	2,086	2,322	3,184	2,817	2,826
단기차입금					
유동성장기부채			2,584		
장기차입금			600		
사채	2,086	2,322		2,817	2,826
현금성자산	1,767	2,144	1,676	3,631	3,926
순차입금	319	178	1,508	−814	−1,100
운전자본	6,552	3,587	5,113	9,053	6,679
매출채권	2,515	1,923	2,385	5,100	2,460
재고자산	4,413	2,538	3,005	4,105	4,392
매입채무	376	874	277	152	173
총영업활동현금흐름(CF)	2,166	2,416	2,852	6,790	567
단기순이익	1,831	1,365	1,675	1,422	16
비현금유출비용가산	341	1,100	1,298	5,496	690
(감가상각비)	99	223	521	451	103

재무제표	2001(12)	2002(12)	2003(12)	2004(12)	2005(12)
비현금유입수익차감	5	4	121	128	138
운전자본투자	2,830	516	1,820	3,085	–715
매출채권증감	1,271	–541	502	2,765	–2,665
재고자산증감	2,066	1,467	556	1,283	344
매입채무증감	365	499	–598	–124	20
기타	–143	89	164	–1,088	1,626
순영업활동현금흐름(NCF)	–664	1,945	1,032	3,705	1,282
자본적지출	244	3,539	2,745	5,431	525
배당금					
잉여현금흐름(FCF)	–908	–1,594	–1,713	–1,726	757

자료: 태원 엔터테인먼트

수립하여 통합회사의 중장기 비전 및 전략 방향과 연계하고 향후 주력 콘텐츠, 투자규모, 사업모델(예: 아웃소싱 및 제작사업 추진 등), 인력계획 등의 상세 계획을 수립하는 것이다.

적자전환과 대표이사 검찰고발

코스닥 등록기업인 스펙트럼DVD는 2005년 3분기 실적발표에서 영업손실에 따른 전자전환을 보고하였다. 스펙트럼DVD 분기보고서에 따르면 스펙트럼DVD의 지난 3분기 매출은 16억 2,400만 원으로 지난 2분기 32억 9,200만 원의 절반 수준에 그쳤고 3분기 영업손익은 3억 1,600만 원 적자로 지난 2분기 2억 6,400만 원 흑자에서 적자로 전환하였다. 지난 2분기 900만 원으로 가까스로 흑자를 냈던 순손익 역시 6억 9,600만 원 적자로 전환하였다〈*Exhibit 16. 스펙트럼DVD 재무제표*〉. '가문의 위기'

500만 돌파를 기점으로 떨어지기 시작한 스펙트럼DVD의 주가는 분기보고서의 적자전환과 증권선물위원회의 정태원 대표의사에 대한 검찰고발과 관련된 소문으로 급락하기 시작하였다. 결국 12월 7일에 시세 조정금지 위반 및 미공개정보 이용금지 위반혐의로 정태원 대표이사와 전 박영삼 대표이사가 검찰 고발된 것이 확인되었다. 이는 정태원씨와 하지원씨가 스펙트럼DVD를 인수할 당시 유명연예인이라는 점을 악용하여 주가를 끌어올려서 부당한 이득을 취한 사실 때문이다. 하지원씨는 5,000원대에 매입한 주식을 8,000원대에 매도하여 10억 원 이상의 차익을 실현하였고 게다가 구입자금의 출처가 '자기의 사업소득 및 재산소득' 이라고 신고한 것과는 달리 하지원씨 소속사 지배주주인 변 모씨가 차입한 돈으로 밝혀졌다.

5.5 태원 엔터테인먼트의 향후전략

증권선물위원회가 변씨 등 3명이 배우 하지원씨가 경영참가를 위해 자기자금으로 스펙트럼DVD 주식을 취득하는 것처럼 허위 표시해 공시하고, 하씨가 향후 투명경영을 할 것이라고 언론에 유포해 주가를 상승시킨 뒤 보유주식을 처분해 부당이득을 취득한 혐의라고 밝힌 것에 대해 정씨가 대표로 있는 태원 엔터테인먼트 쪽은 "증권선물위원회가 밝힌 혐의와 정 대표는 무관하며 이는 검찰조사에서 밝혀질 것"이라면서 "이 사안이 태원의 이후 영화제작 일정에 별다른 영향을 끼치지 않을 것"이라고 밝혔다.

그러나 최근 DMB 휴대인터넷 등 새로운 매체가 등장하면서 고부가가치 콘텐츠 수요가 급증하고 있는 것은 기회로 작용함과 동시에 이동통신사와 대기업들이 거대자본을 무기로 경쟁에 본격 참여하고 있는 것은 위기로 작용함에 따라 태원 엔터테인먼트도 현재 스펙트럼DVD 업체와의 통합에 관한 향후 방향의 재정립을 선택해야 하는 상황이다. 기본적으로 대형화를 추구하고 능동적인 사업구조를 갖추는 동시에 거대 자본과의 경쟁에서 우위를 점하기 위한 생존전략이 필요하지만 엔터테인먼트 사업의 경우 진입장벽이 높고 실제 실적으로 이어지는 경우가 많지 않아 무분별한 투자와 신규사업 진출에 대한 과열조짐에 대한 우려의 시각도 적지 않기 때문이다. 이에 스펙트럼DVD에 대한 냉정한 재평가와 함께 스펙트럼DVD의 부실경영이 태원 엔터테인먼트 쪽에도 악영향을 미칠 수 있다는 것을 고려하며 자체적인 킬러 애플리케이션(killer application)이나 핵심역량의 구축에도 신경을 써야 할 것이다.

하지만 여전히 05년 12월 말 현재 코스닥시장에 상장된 910개 기업 중 14%에 달하는 127개사가 1년이 채 안 된 새내기들이며 이 새내기 코스닥 기업의 절반이 넘는 67개사가 우회상장으로 입성한 것을 보듯이 우회상장이라는 편법이 오히려 코스닥 입성의 '정통코스'가 된 현시점에서 엔터테인먼트 업체의 우회상장전략은 가장 매력적인 자금조달 방법이라는 것을 부인할 수는 없다.

CHAPTER 06

하나코비: 락앤락의 성공과 새로운 도전

김 유 미
조 번 형
조 재 훈

6.1 하나코비 사례 개요

"앞으로 하나코비는 중국기업의 추격과 선발 1위 기업과의 격차 속에서 샌드위치 신세가 되어 결국 2010년에 사라지게 될 수도 있습니다!!" MBA 졸업 후 최근 하나코비 경영기획실에 입사한 유혜성 대리의 첫 회의발표 순간이었다. 2005년 좋은 성과를 자축하며 약간 들뜬 분위기에 싸여 있던 회의실은 순간 침묵이 흘렀으나, 잠시 후 김창호 사장이 호탕하게 웃으며 크게 박수를 치기 시작하자 얼어붙어 있던 다른 임원들도 이에 고개를 끄덕이며 공감을 표시하기 시작했다. 긴장 속에 발표를 진행했던 유혜성 대리는 자리에 돌아와 앉으며 긴 안도의 한숨을 내쉬었다.

하나코비는 '락앤락' 이라는 단일 제품으로 국내 밀폐용기 시장을 평정하고, 전세계 55개국으로 수출함으로써 세계시장 점유율 3위를 기록하고 있는 중견 중소기업이다. 1985년 사업을 시작한 이래 지금까지 계속 고성장만을 지속하면서 마케팅 및 중소기업 수출 성공 사례로 매스컴의 관심을 받아왔으며, 언제나 성공이라는 찬사만이 따라다닌 회사였었다. 또한 세계 4대 무역 전시회라고 할 수 있는 시카고, 프랑크푸르트, 도쿄, 홍콩 전시회에서 "앞으로 10년을 주도할 신개념 밀폐용기"로 돌풍을 일으키고 있을 뿐 아니라 국내 홈쇼핑 및 유통업계에서 "Best of Best" 제품으로 최장기 기록을 가진 인기상품으로서 기술력과 품질을 인정받아 왔다. 하지만 언제나 그렇듯이 시장은 급속도로 변화하고 있고, 급변하는 상황에 빨리 대응하지 않으면 만년 일등 기업이라 하더라도 순식간에 무너져 버린 사례를 우리는 많이 봐오지 않았던가. 하나코비도 예외는 아니어서 내외부적으로 이러한 잠재 위협 요인들이 하나 둘씩 져가고 있었다. 이의 파급을 조기에 감지한 유혜성씨는 위험을 무릅쓰고, 회사 중역들이 모이는 월례회의에서 이러한 문제점들을 지적하고 나섰으며, 신입사원의 과하다싶을 정도로 패기넘치는 지적을 김창호 사장은 흔쾌히 받아들인 것이었다.

유혜성 대리가 제시한 문제점들은 다음과 같은 것이었다. 첫째, 값싼 복제품과 중국산 가짜 용기의 등장이다. 락앤락의 상표를 모방한 중국산 카피 제품과 저렴한 국산 밀폐용기들이 가격경쟁력을 앞세워 밀폐용기 시장을 잠식해 오고 있는 것이다. 국내 시장에만 10여 개, 국제적으로는 200여 개가 넘는 제품들이 쏟아져 나와 법적으로 대응하는 것이 거의 불가피한 상황에까지 이르렀다. 이러한 복제품들은 대부분 알려지지 않은 무명의 회사에서 제조한 것으로 락앤락에 비해 품질 수준은 현저하게 떨어지지만 상표를 유사하게 만들거나 디자인을 모방하여 교묘하게 소비자들을 현혹시키고 있었다. 이에 락앤락의 김준일 회장은 "카피 제품과 법적으로 싸우는 것은 소모전에 불과하다. 가짜 제품을 만드는 기업이 30걸음을 쫓아오면 40걸음을 달아나는 것이 현명하다"며 복제품의 나쁜 품질을 오히려 제품 마케팅을 하는데 역이용하여 활용하고 있었다. 하지만, 유혜성 대리는 이것은 임시방편적인 대응에 불과하며 디자인 등의 지적 재산권뿐 아니라 복제품이 쫓아올 수 없을 정도의 신기술을 개발하는 등 장기적인 시각에서 대응책을 마련해야 한다고 주장했다.

둘째, 다국적 대기업들의 견제가 드디어 시작되었다는 점이다. 락앤락이 출시되기 전 밀폐용기 시장을 점령하고 있던 타파웨어(Tupperware) 등은 지난 50여 년간 전세계 주부들로부터 많은 사랑을 받아온 제품들이었다. 그러나 락앤락이 국내에서 시장점유율 1위를 이루었을 뿐 아니라 해외에서까지 작은 성공들을 계속 이어나가기 시작하자 다국적 대기업들이 이를 견제하려는 움직임을 보이고 있다는 것이었다. 대표적 기업인 타파웨어뿐 아니라 제품의 차별성을 추구하고 있는 지퍼락, 더불어 신기술인 바이오 공법을 도입한 코멕스 등 후발 기업들의 도전까지도 헤쳐 나가야 할 큰 과제로 떠오르고 있다. 하지만, 하나코비는 전체 이익의 3.2%에 불과한 비용을 연구개발에 투자하는 등 지속적인 기술개발을 위한 투자가 많이 미흡한 상황이라는 지적이었다.

셋째, 긴 상품 교체주기의 문제이다. 락앤락은 충격이나 급냉, 급해동 등 급격한 온도 변화에도 견딜 수 있고, 식기세척기, 전자레인지 안에서도 흠집이 나지 않는 등 내구성이 높은 것이 최대 장점이라고 할 수 있다. 그러나 장기적으로 봤을 때 이러한 락앤락의 특징은 긴 사용주기로 인해 어느 한계 이상의 소비를 창출해 내지 못할 수도 있는 한계점을 지니고 있다. 일반 가정의 주방에서는 필요한 양의 밀폐용기 수와 종류가 한정되어 있고, 락앤락의 특징상 여간해서는 고장이나 불량이 나지 않아 추가구입이 드물기 때문이다. 또한 밀폐용기와 같이 소비자 저몰입 제품의 경우는 고객의 로열티가 낮기 때문에 이러한 한계점을 극복하고 지속적으로 매출을 확보하기 위한 전략을 미리 세우지 않으면 지금 충성스러운 고객이라 하더라도 여기서 이탈하는 것은 눈 깜짝할 새의 일이 될 수 있다는 지적이었다. 넷째, 2008년에 세계 밀폐용기 시장 1위를 목표로 하고 있는데, 지금의 회사 시스템과 지배구조로는 선진경영 체제를 갖춘 다국적 기업들과 1위를 놓고 경쟁하는 것이 불가능하다는 것이다.

사업규모만 비교해 봐도 타파웨어는 2004년 매출 12억 달러에 순이익 8,700만 달러인 반면, 하나코비는 2004년 매출 993억 원(9,600만 달러), 순이익 100억 원(9,700만 달러)에 불과한 영세기업이기 때문이다. 기존 하나코비의 5대 주주와 사장의 독점 경영체제로는 이를 타파하기 어려우며 기존의 체제와 시스템을 뛰어넘는 새로운 방안, 예를 들어 IPO를 통한 경영 투명성 확보 및 대규모 투자자본 유입 등 회사 전체의 시스템을 총체적으로 바꿀 획기적인 대책이 필요하다는 주장이었다.

회의가 끝난 후 김창호 사장은 유혜성 대리에게 향후 이러한 위협 요인들을 어떻게 대응해야 할지 고민해 보라고 별도의 지시를 내렸다. 이에 유대리는 회사의 성공 요인과 위협 요인 그리고 그 생성 배경 등을 하나씩 짚어 보면서 이의 대안을 찾아보기로 결심했다.

하나코비는 어떤 회사인가?

하나코비는 1985년 일본 국제화공과 기술 제휴를 통해 국진화공 주식회사라는 이름으로 설립되었으나, 이후 1994년 하나코비 주식회사로 상호를 변경하였다. 하나코비의 '하나'는 글자 그대로 '단결되어 나타나는 시너지 효과'를 의미하며, '코비'는 'Cooperated Business'의 줄임말로서 궁극적으로 작은 하나인 개인이 협력, 협동을 통해서 큰 하나가 된다는 의미를 가지고 있다. 즉, 회사와 협력업체가 서로 이해하고 협력하고, 회사가 고객의 시각에서 항상 생각하고 이해할 때 다시 큰 하나로 공유할 수 있다는 의미로서 고객을 평생 가치로 생각하는 기업을 추구하고 있다는 의지를 사명으로서 뒷받침하고 있는 것이다.

하나코비는 1992년 연구개발팀을 창설하고 소재, 디자인, 제품개발 그리고 품질개선을 위해 노력한 결과, 1998년 드디어 "락앤락"이라는 제품을 출시하게 되었다. 이후 2001년 6월 세계 1위 TV홈쇼핑인 미국 QVC에서 첫 방송 매진을 기록한 이래 국내외 유수한 홈쇼핑과 유통 채널에서 베스트 제품에 선정되어 왔으며, 일본, 미국 등지에 지사를 설립하고 판매망을 넓혀 전세계 55개국에 수출을 해 오고 있다. 2003년에는 미국 QVC에서 TSV(Today's Special Value)에 선정되어 1일 70,000세트를 판매하는 대기록을 세웠으며, 2004년에는 독일 QVC에서 TSV에 선정되어 1일 40,000세트를 판매하는 기록을 세웠다. 또한 락앤락이라는 단일 제품으로 40여 개의 국가에서 특허, 상표 등 100여 건의 인증을 획득하여 우수한 기술력을 인정받고 있다. 또한 국내 시장점유율 70%, 국내 인지도 99% 등 "밀폐용기 = 락앤락"이라는 굳건한 브랜드 이미지도 확립하였다. 그 결과 2003년 무역의날에 대통령 표창인 천만불 수출의 탑을 수상하였으며, 한해 뒤인 2004년 이천만불 수출의 탑, 2005년 삼천만불 수출의 탑을 수상하는 등 매년 놀랄만한 기록을 갱신하고 있다. 이러한 폭발적인 수요 증가를 충족시키기 위해 2004년 4월 중국 위해(Weihai)시에 대지 30,000평 규모의 현지 공장을 완공하였으며, 향후 국내, 미국과 유럽 등지에 현지 공장을 증설하여 오는 2008년까지 밀폐용기 분야에서 세계 1위(M/S 20%, 100개국 1억 달러 수출)에 올라 세계 최고의 밀폐용기 전문회사로 성장하겠다는 비전을 가지고 있다.

하나코비의 재무적 상황을 보면 2004년 12월 말 총자산이 522억 규모인 비상장기업이다. 2004년 매출 993억 원, 당기순이익 106억 원으로 2003년의 매출 1,098억 원, 당기순이익 172억 원 대

Exhibit 1 **하나코비의 요약 대차대조표(단위:백만 원)**

	2004년	2003년
자산		
유동자산	28,543	27,789
– 현금 및 현금등가물	7,333	
	6,145	
– 매출채권(Net)	15,370	15,942
– 재고자산	5,189	4,670
– 기타	651	1,032
고정자산	23,620	15,495
– 투자자산	15,884	7,736
– 유형자산	7,406	7,550
– 무형자산	370	208
자산총계	52,163	43,284
부채		
유동부채	15,007	18,921
– 매입채무	5,669	9,281
– 단기차입금	4,100	1,600
– 유동성장기부	125	125
– 미지급금	1,610	3,235
– 기타	3,503	4,680
고정부채	2,606	1,668
– 장기차입금	1,140	765
– 임대보증금	50	0
– 퇴직급여충당금	1,416	903
부채총계	17,613	20,589
자본		
자본금	3,500	2,000
– 보통주자본금	3,500	2,000
이익잉여금	31,050	20,695
– 이익준비금	220	200
– 연구및인력개발준비금	3,299	0
– 처분전이익잉여금	26,911	20,387
– 기타	620	108
자본총계	34,550	22,695
부채와자본총계	52,163	43,284

자료: 하나코비

Exhibit 2 하나코비의 요약 손익계산서(단위:백만 원)

과 목	2004년	2003년
매출액	99,286	109,832
매출원가	65,117	64,167
매출총이익	34,169	45,665
판매비와관리비	20,634	23,207
영업이익	13,535	22,458
영업외수익	3,213	467
– 이자수익	22	21
– 수입임대료	29	0
– 수입수수료	2,014	65
– 외환차익	122	145
– 유형자산처분이익	814	6
– 기타	212	230
영업외비용	1,866	675
– 이자비용	244	124
– 외환차손	1,013	119
– 외환환산손실	404	14
– 유형자산처분손실	117	190
– 기타	88	228
경상이익	14,882	22,250
특별이익	0	0
특별손실	0	0
법인세차감전순이익	14,882	22,250
법인세 등	4	5
당기순이익	10,555	17,169

자료: 하나코비

비 다소 둔화되었다. 하지만 이익잉여금은 2003년 207억 원에서 2004년 311억 원으로 증가하였는데, 이는 전기이월 잉여금이 많

Exhibit 3 **납입자본금 주주 현황**(단위: 개, 원)

주주명	소유주식 수	납입자본금	지분율
김창호	95,865	958,650,000	27.39%
최병한	87,500	875,000,000	25.00%
김준일	65,135	651,350,000	18.61%
이제영	52,500	525,000,000	15.00%
정상천	49,000	490,000,000	14.00%
합 계	350,000	3,500,000,000	100.00%

자료: 하나코비

았기 때문이기도 하지만, 2004년에 배당금 및 개발준비금 등 이익잉여금 처분을 거의 하지 않았던 영향도 컸다. 부채 및 자본 구조를 보면 자본금은 35억 원으로 전체의 7%를 차지하며, 이익잉여금은 311억 원으로 69%, 부채는 176억 원으로 34%를 차지하여 현재 상태로는 이익잉여금이 부채를 훨씬 초과하는 안정적인 자본구조를 가지고 있음을 알 수 있다. 2004년 납입자본금은 3,500만 원으로 김창호 사장 27%, 김준일 회장 19% 등 총 5명의 주주로 구성되어 있다*〈Exhibit 1. 하나코비의 요약 대차대조표, 2. 하나코비의 요약 손익계산서, 3. 납입자본금 주주현황〉*.

주요 경영지표를 보면 안정성 지표로서 유동비율은 점차 증가하여 2004년 190.2%에 달하고, 이익잉여금의 사내유보로 부채비율은 점차 감소하여 51.0% 수준으로 유지하고 있다. 영업이익 대비 이자보상배율(영업이익/이자비용)은 55.48배로 낮아졌는데, 이는 부채 감소에 따른 이자비용 하락과 이보다 훨씬 큰 규모의 영업이익 감소에 따른 영향이라고 할 수 있다. 수익성지표는 2003년 대비 많이 낮아졌는데, 이는 매출감소에 따른 이익 하락뿐 아니라 매출원가 상승 등 외부 환경적 영향이 있었다고 하

Exhibit 4 주요 경영지표

1. 안정성 지표

구 분	산 식	비 율	
		2004년	2003년
유동비율	유동자산/유동부채 × 100	190.2%	146.9%
부채비율	부채총계/자기자본 × 100	51.0%	90.7%
차입금의존도	차입금/총자산 × 100	10.3%	3.8%
영업이익대비이자보상배율	영업이익/이자비용	55.48배	181.40배

2. 수익성 지표

구 분	산 식	비 율	
		2004년	2003년
매출액영업이익률	영업이익/매출액 × 100	13.6%	20.4%
매출액순이익률	당기순이익/매출액 × 100	10.6%	15.6%
총자산순이익률	당기순이익/총자산 × 100	22.1%	57.0%
자기자본순이익률	당기순이익/자기자본 × 100	36.9%	128.0%
총자산대비영업현금흐름비율	영업활동현금흐름/총자산×100	12.5%	45.6%

3. 성장성 및 활동성 지표

구 분	산 식	비 율	
		2004년	2003년
매출액증가율	당기매출액/전기매출액 × 100 − 100	−9.6%	119.7%
영업이익증가율	당기영업이익/전기영업이익 × 100 − 100	10.6%	15.6%
당기순이익증가율	당기순이익/전기순이익 × 100 − 100	−38.5%	566.0%
총자산증가율	당기말총자산/전기말총자산 × 100 − 100	20.5%	155.9%
자산회전율	매출액/(기초총자산 + 기말총자산)/2	2.08회	3.65회

자료: 하나코비

겠다. 영업이익률은 2003년 최고를 기록한 이후 2004년 다소 감소한 13.6% 수준이며, 총자산순이익률도 2003년 57%에서 2004년 22%로 감소하였다. 자기자본순이익률도 자기자본의 증가로 인해 2003년 128%에서 2004년 36.7%로 급감하였다. 성장성 및 활동성 지표로서 매출액은 전년대비 9.6% 하락하였으며, 당기순이익은 −38.5%로 하락폭이 더욱 컸다. 반면 총자산증가율은 20.5%로 전년대비 소폭 증가하였으며, 자산회전율은 전기대비 다소 감소한 2.08회 수준으로 나타났다〈*Exhibit 4. 주요 경영자료*〉.

락앤락의 탄생 과정

하나코비의 전신인 국진화공은 욕실용품, 피크닉용품, 테이블웨어, 키친웨어, 밀폐용기 등 600여 종의 플라스틱 관련 용기를 생산, 판매하는 회사였다. 1993년부터 다양한 해외전시회 참가를 통해 수출판로를 개척하기 시작했다. 회사이름을 바꾼 것도 이 시기로 하나코비는 한글받침이 없고 단모음으로 구성돼 발음이 쉽고 영문표기(Hanacobi)도 간단했다. 하지만 95년이 되자 하나코비의 에너지는 서서히 바닥을 드러내고 있었다. 자잘한 상품만 600여 가지를 만들다 보니 매출이 연간 100억 원에서 더 이상 올라가지 않았으며 핵심적인 주력제품도 없는 상황이었다. 1993년부터 미국, 독일, 홍콩 등지에 열심히 수출을 했지만 매출은 연간 100만 달러도 안 됐다. 제품종류가 많다 보니 재고관리도 안 됐다. 잉크종류가 1,000가지가 넘었고 제품 스티커는 14,000가지에 달했다. 특히 1997년 중국에 가서 보니 자신들과 비슷한 상품을 만드는 회사가 100,000개가 넘는 것을 보고 현재 상태대로 사업을 해서는 도저히 승산이 없음을 직감했다. 1995

년 사장이 된 김창호 사장은 기존 제품을 대폭 포기하고, 위험은 크지만 한 상품에만 전문화하기 위해 새로운 미래성장 사업 추진에 나섰다. 당시 타파웨어는 한국에서만 연간 1,000억 원대의 매출을 올리고 있었다.

김창호 사장은 여닫는 불편함 등 타파웨어의 단점을 극복하면 국내외 시장에서 충분히 승산이 있을 것 같았지만, 다른 경영진은 달가워 하지 않았다. 그러나 김창호 사장의 계산은 간단했다. "국내에 보급된 냉장고가 2,000만 대라고 합니다. 각 냉장고의 평균용량을 200ℓ 정도만 잡아도 무려 40억 ℓ에 달합니다. 이를 20%만 차지해도 8억 ℓ 시장을 얻게 되는 것이지요. 1ℓ짜리 밀폐용기의 출고가를 1,000원만 잡아보세요. 8,000억 원입니다." 우여곡절 끝에 새로운 도전이 시작됐다. 그런데 문제는 도대체 어떤 상품을 최종 결정할 것인가였다. 우선 전제 조건을 세 가지로 정했다. 첫째, 전세계인이 보편적으로 사용하는 상품으로 정하자는 것이었다. 그래야 수요가 많기 때문이었다. 처음부터 세계 시장을 염두에 두었던 것이다. 둘째, 유행 상품처럼 일시적인 수요를 보지 말고, 과거부터 현재까지 그리고 미래에도 소비자들이 계속 필요로 하는 상품을 만들자는 것이었다. 지속적인 수요가 중요했다. 셋째, 하나코비 회사 사람들이 자체 기술력으로 직접 제조할 수 있는 제품이어야 했다. 자체 내에 핵심 능력이 없으면 노력을 해도 세계 최고의 제품을 만들 수 없다는 판단에서였다. 이런 세 가지 조건을 충족시키는 제품을 하나코비가 이미 만들고 있던 상품 중에서 고르다가 밀폐용기가 가장 적합할 것이라는 결과가 나왔다. 집중화 상품 선택을 하느라 고민하던 중에 김창호 사장이 1997년 어느날 집에서 물을 마시기 위해서 우연히 냉장고를 열었는데, 사장 부인이 식탁에 반찬을 많이 내놓는 사람이 아닌데도 불구하고 젓갈, 김치, 나물 등을 담은 밀폐용기가 자그마치 30여 개나 있었다. 그리고 밀폐용기의 크기도 각자 다르고, 모양도 달라 매우 어수선해서 통일된 밀폐용기가 있으면 냉장고 안을 훨씬 잘 정리할 수 있을 것이라는 생각이 들었던 것이었다.

신제품의 형태는 '4면 결착형'(4개의 뚜껑 잠금장치로 본체를 밀폐하는 방식)으로 했다. 실험결과 타파웨어같은 '실링형'(Sealing: 뚜껑과 본체의 마찰력으로 밀폐하는 방식)보다 밀폐력이나 편리성에서 훨씬 나았다. 하지만 문제는 실제 제작이었다. 하나코비가 참고할 것이라곤 타파웨어와 러버메이드 밖에 없었기 때문이다. 시행착오의 연속이었다. 뚜껑을 물샐 틈 없이 본체와 결착시키려면 4개 잠금장치의 힌지(Hinge: 경첩과 같이 꺾이는 부분)가 완벽해야 했지만 힌지 부분을 조금만 두껍게 해도 잠금장치가 꺾이지 않거나 부러졌고, 약간만 얇으면 찢어져 버렸다. 1998년 말, 3년간의 고생 끝에 락앤락의 실험제품이 완성됐다. 해답은 0.4㎜의 힌지 두께와 공기의 저항으로 탄성을 유지하는 '중공형 실리콘'에 있었다. 중공형 실리콘은 다른 제품에 비해 생산비가 7배나 비쌌지만, 고가 소재를 도입하여 외부의 산소와 습기가 용기 안에 들어오는 것을 막고, 또 용기 안의 냄새가 바깥으로 새어나가는 것을 막았을 뿐 아니라 용기 안의 수분을 유지시켜 음식이 신선하게 보관되도록 밀폐력을 높이고 여닫는 편리성도 훨씬 향상시킨 것이다. 그러나 타파웨어를 이기기 위해서는 기술뿐 아니라 디자인적 측면도 매우 중요하였다. 밀폐용기는 사용중에도 편리해야 하지만 사용하지 않을 경우에도 보관하기에 편리해야 하기 때문이다. 박스 안에 따로따로 담기는 타파웨어와 달리 냉장고에서 위로 계속 쌓아올릴 수 있도록 모듈

(Module)화를 했고, 보관할 때 부피를 줄이기 위해 큰 사이즈 안에 작은 사이즈가 쏙 들어갈 수 있도록 포갤 수 있는 디자인도 설계했다. 이는 나중에 해외수출 때 물류비용을 크게 줄이는 요인이 되기도 했다. 기본 구조는 심플하게 사각형으로 했는데, 왜냐하면 공간을 제일 효율적으로 활용하는 방법이었기 때문이었다. 이렇게 디자인을 하니 여러 크기의 용기를 다양한 방법으로 결합해 하나의 세트로 패키징하는 것이 가능해졌다. 1998년 실험 성공 이후로도 한참이 지난 2000년에야 완벽한 제품으로 시장에 출시가 가능해졌다. 그러나 락앤락을 시장에 내놓기는 했어도 할인점 입점은 쉽지 않았다. 잘 팔리는 타파웨어와 러버메이드가 차지하고 있는 진열대를 보도 듣도 못한 국산제품에 선뜻 내 주려는 곳은 없었기 때문이다. 가까스로 입점한 곳이 서울 반포의 킴스클럽 본점이었다. 그러나 대부분 주부들은 신개념의 제품이라 일단 호기심은 보였지만, 실제로 써 본 적도 없고 처음 들어 본 브랜드라 선불리 사려고 들지 않았다. 그리고 사각 밀폐방식에서 중요한 기능을 하는 힌지가 얇게 보였는지 여러 번 여닫다가 망가지지 않을까 우려도 하였다. 사실 300만 번이나 힌지를 여닫는 작동 테스트를 거쳐 내구성이 있는 안전한 방식임이 증명되었음에도 불구하고 소비자는 믿지 않았다. 만약 이미 브랜드가 잘 알려진 타파웨어가 이러한 신제품을 만들었다면 소비자들은 선뜻 사갔을지도 모른다. 백화점 점두에서 무료로 나누어 주기도 했지만, 그 고객층이 한정되었기 때문에 이러한 방법도 비용대비 효과가 별로 없었다. 월매출목표 3억원은 커녕 3,000만 원어치도 팔리지 않았다. 소비자들의 이러한 냉담한 반응 때문에 일단 국내 시장에서 초기출시시도는 실패로 돌아갔다.

하지만 하나코비는 포기하지 않았고, 오히려 외국에서 먼저 인정을 받은 후에 국내시장으로 다시 들어오는 우회 전략을 시도했다. 우선 홍콩, 프랑크푸르트, 시카고, 동경 등 외국의 주요 전시회에 많이 참가했다. 이런 전시회에 1년에 5회 이상 참가했고, 물론 락앤락 부스를 만들어 홍보를 했다. 그래서 주방용품 부문에서 일하는 사람들에게는 브랜드가 많이 알려지게 되었다. 2000년 4월 홍콩 주방용품 전시회는 락앤락 신화의 출발점이었다. 캐나다의 아틀랜틱 프로모션 회사의 한 직원이 하나코비 제품을 세계 최대 홈쇼핑 방송인 미국 QVC를 통해 팔자며 10만 달러의 계약금을 건네왔다. 그러나 그 해 8월 바이어는 돌연 계약취소를 알려왔다. 홍콩 전시회에서 락앤락이 인기를 얻은 뒤 30여 개 업체가 하나코비 제품을 베껴 싼값에 내놓는 통에 도저히 가격경쟁력을 가질 수 없다는 이유였다. 그러나 하나코비는 이미 미국 방송을 위해 30만 달러를 들여 인포머셜(홈쇼핑용 광고방송)까지 찍은 상황이었기 때문에 바이어에게 QVC 방송건만은 예정대로 진행하는 대신 방송으로 생기는 모든 손실은 하나코비에서 물어 주기로 하는 파격적인 제안을 했다. 2001년 6월 드디어 첫 방송이 나갔다. 대박이었다. 준비한 5,000세트가 순식간에 매진됐다. 이 사실이 한국에 전해지자 국내 홈쇼핑사들이 먼저 연락을 해 오기 시작했다. 당시 LG홈쇼핑에서는 방송 9회 연속 매진의 대기록이 세워지기도 했다.

하나코비는 사업에 어느 정도 자신감이 생기자 국내에서 락앤락 브랜드 인지도를 넓히기 위해 2002년 4월부터 TV 광고를 시작했다. 2001년 매출이 176억 원이었는데, 2002년에 30억 원 규모의 TV 광고를 했으니 상당한 규모의 광고투자를 한 셈이었다. TV 광고 효과에 힘입어 2002년에 매출이 500억 원으로 급

상승하였다. 눈에 보이는 제품 자체도 중요하지만 광고나 브랜드처럼 손에 잡히지 않고 보이지 않는 부분이 마케팅에 있어서 매우 중요하다는 것을 절감하게 된 계기가 되었다. 광고를 하지 않았던 1999년부터 2001년까지는 매출 성장이 매년 2배에 약간 못 미쳤지만, TV 광고를 실시했던 2002년에는 매출이 3배 수준으로 늘어났다. 더욱 힘을 얻은 하나코비는 소위 '거미줄 이론'이라고 부르는 방식을 이용하여 다양한 채널을 가동하기 시작했다. 즉 효과적인 유통 채널로 입증된 TV 홈쇼핑에서는 LG홈쇼핑에만 국한하지 않고, CJ-Mall, 우리홈쇼핑, 현대홈쇼핑, 농수산홈쇼핑으로 확대했다. 또 이마트, 홈플러스, 까르푸, 롯데마트 같은 대형할인점도 파고들었고, 요식업체나 요식업 중앙회같은 곳에 가서도 특수영업을 전개했다. 그리고 LG전자와는 전략적 제휴를 맺어 LG의 김치냉장고 전용 용기를 개발하기도 하였다. 또 전자상거래 붐을 타고 다음, 프리챌, 직영 웹사이트를 통해서도 판매를 개시하였다. 그리고 외국에서는 맨처음 진출한 미국 외에도 유럽, 일본, 남미, 호주, 러시아 등으로 수출 국가를 늘려나갔다. 그야말로 거미줄처럼 가능한 모든 채널을 통해 판매를 늘려나갔다.

6.2 락앤락의 성공 요인

제품 측면

현재 시중에 판매되고 있는 식품 보관용기는 수도 없이 많으며, 그 용기를 제조회사만 하더라도 세계적으로 100,000여 곳이 넘는다고 한다. 이러한 상황에서 락앤락이 성공할 수 있었던 가장 중요한 요인은 4면 결착방식을 적용하여 밀폐력을 획기적으로 개선한 기술력에 있다고 하겠다. 락앤락이 소개되기 이전

Exhibit 5 밀폐용기의 종류

1. 밀착형

A

바깥쪽측면 밀착

뚜껑과 몸체 바깥쪽과의 밀착성에 의해 밀폐가 됩니다.

B

안쪽측면 밀착

뚜껑과 몸체 안쪽과의 밀착성에 의해 밀폐가 됩니다.

2. 결착형

C

2면 결착

2면 결착이기 때문에 결착되지 않은 다른 면과의 불균형으로 밀폐력이 떨어집니다.

D

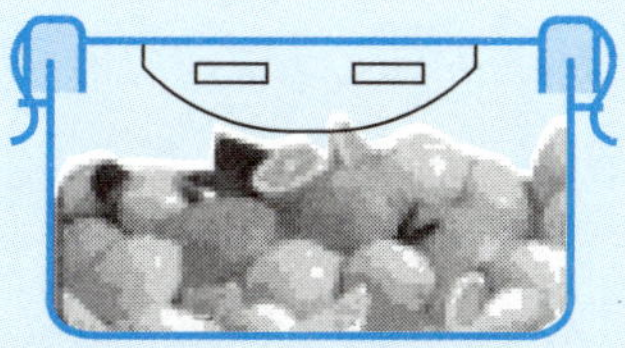

4면 결착(Lock & Lock 방식)

실리콘이라는 탄력성 있는 소재를 이용한 4면이 밀폐되는 4면 결착방식을 사용할 때 4면을 균일한 압력으로 눌러 주어 완벽한 밀폐력을 보장할 수 있습니다.

자료: 하나코비

에 시장을 주도하고 있던 밀착형〈*Exhibit 5. 밀폐용기의 종류*〉은 1940년대 미국에서 개발된 공법으로, 밀폐용기 제작공법에 있어서 50여 년 동안 기술의 진보가 거의 없었다는 사실을 대변하고 있었다. 이러한 상황에서 락앤락의 기술력은 밀폐용기 시장에서 센세이션을 불러일으키기에 충분했다.

(1) 밀폐성

락앤락 밀폐력의 원천기술은 뚜껑과 용기 사이에 속이 비어 있는 중공형 실리콘과 4면 결착식 잠금 장치〈*Exhibit 6. 밀폐성 강화 공법*〉에 있다고 할 수 있다. 자동차 문의 밀폐성에 착안한 공형 실리콘으로부터 발전된 형태인 중공형 실리콘은 기존 제품들의 대부분이 사용하고 있던 통 실리콘에 비해 복원력이 뛰어나 용기의 모서리 부분과의 결착력을 획기적으로 향상시킬 수 있었으며, 여기에다 밀착식 및 2면 결착식에서 벗어난 4면 결착식 잠금 장치를 개발함으로써 락앤락만의 차별화된 밀폐력을 유지할 수 있었다.

이러한 락앤락의 밀폐성은 국내 및 국외 공인시험기관의 인증〈*Exhibit 7. 국내외 공인기관 밀폐성 실험결과*〉을 거침으로써 소비자들의 신뢰를 한층 강화할 수 있는 계기를 마련해 주었다.

(2) 내구성

락앤락의 내구성은 결착부분의 날개가 굽혀지는 부분인 힌지의 최적 두께를 찾아 냄으로써 현실화될 수 있었다. 밀폐력과 편의성을 동시에 만족시키기 위한 각고의 노력끝에 0.4㎜의 힌지의 두께를 찾아 내었으며, 한국생활환경 시험연구원에서 3백만 번의 작동 테스트에 합격하기에 이르렀다. 이는 하루에 10번

Exhibit 6 밀폐성 강화 공법

■ 락앤락 실리콘과 일반 실리콘의 비교

일반 실리콘

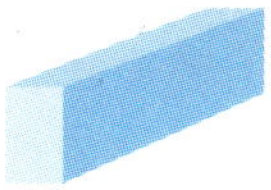

안이 다 채워진 일반 실리콘은
결착감이 나쁘며 압축복원력이
약해 밀폐력이 떨어진다.

락앤락실리콘

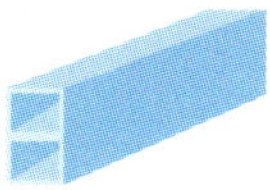

중공형 실리콘은 압축범위와
복원력이 뛰어나 결착감이
좋으면서도 밀폐력을 강하게 한다.

■ 락앤락 밀폐용기

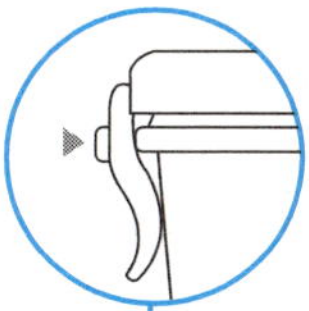

뚜껑의 날개부분과 몸체의
돌출부위가 마치 깍지를 낀듯
서로를 통과하고 있습니다.
생활 속의 온도변화와 힘의
변화에도 변함 없는 밀폐를
지킬 수 있는 비결!!
바로 락앤락 스타일로
만들었기 때문입니다.

100% 완전밀폐

힘의 방향이 옆에서 안쪽으로
향하므로 떨어뜨려도 열리지 않습니다.
모서리로 떨어뜨려도 힘의 방향이
동일하여 열리지 않습니다.

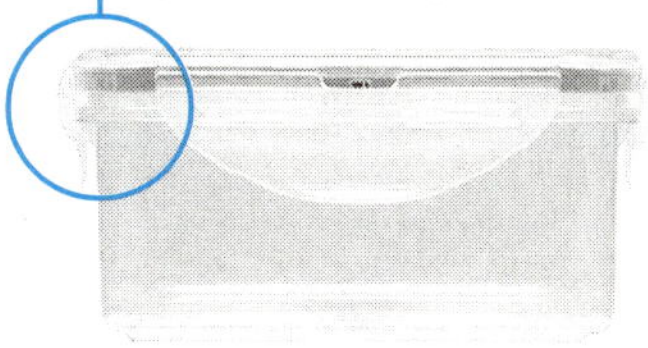

■ 일반 밀폐용기

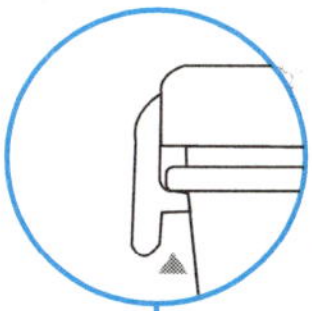

손을 살짝 잡고 있는듯한
모습 그러나 온도나 힘의
변화에서 지킬 수 없는
밀폐력…
안타깝지만, 락앤락 스타일이
아니기 때문입니다.
용기와 뚜껑 날개의 힘을
주는 방향이 락앤락과는
전혀 다릅니다.

힘의 방향이 아래쪽에서 위로 향하기
때문에 떨어뜨리면 쉽게 열립니다.

Tip: 이 부분을 손바닥으로
살짝 눌러보세요!! 쉽게 열리는 것을
확인할 수 있습니다.

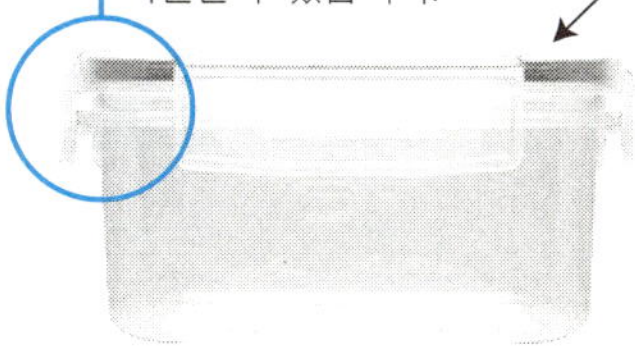

자료: 하나코비

개폐하였을 경우 821년 동안 지속해서 사용할 수 있다는 결과로써, 락앤락의 내구성을 공식적으로 입증할 수 있는 근거를 마련

Exhibit 7 국내외 공인기관 밀폐성 실험결과

1. 국내 (한국생활환경시험연구원, 2002)

시험항목	단 위	시험결과			시험방법
		진공용기	락앤락	Seal용기	
투습도 –시험조건 38±2°C, 100% RH	g/m 2 · 24hrs	29.8	0.01	58.9	ASTM E 96에 준함
누수시험	–	누수됨	누수없음	누수됨	KS M 3511에 준함

시험항목	시험결과				시험방법
	A)	B)	C)	D)	
누수시험(g)	누수없음	누수없음	누수됨(45.5)	누수됨(10.8)	KS M 3511–97에 준함

A) 락앤락 4.5L용기 B) 락앤락 5.5L용기 C) 국내유사품 4.6L용기 D) 국내유사품 5.2L

시험항목	시험결과		시험방법
	A)	V)	
투습도	0.1	19.2	ASTM E 96에 준함

2. 해외 (북미지역 공인검사기관)

용기의 크기	'락앤락' 용기	'R' 브랜드
300ml	누수없음	5~10분 사이에 누수
470ml	누수없음	1~5분 사이에 누수
1.9L	누수없음	1분 내에 누수
2.6L	누수없음	1분 내에 누수
9.0L	누수없음	즉시 누수됨

자료: 하나코비

해 주었다. 또한 전자레인지 및 식기세척기 사용이 가능하여 타 제품과의 차별성을 확고히 하였다.

(3) 원료의 위생성

락앤락은 인체에 무해한 원료를 사용함으로써, 제품의 안정성을 최대한 높이도록 노력하였다. 국내에서 품질보증 Q마크와 위생보증 HS마크를 획득하였고, 미국 FDA 위생검사 및 독일 SGS 식품안전검사에 통과함으로써 선진국으로부터도 락앤락의 위생성을 인정받기에 이르렀다.

(4) 다기능성

락앤락은 1ℓ에서 20ℓ까지 다양한 사이즈의 제품라인으로 구성되어 있어 음식물 이외에도 필기구, 공구, 소품 등 용도에 따라 다양하게 선택하여 사용할 수 있다. 최근에는 원통형 밀폐용기 및 아이스 큐브 등을 출시함으로써 소비자의 선택의 폭을 더욱 확대하고 있다.

마케팅 측면

락앤락의 중요한 성공 요인은 제품의 우수성 외에 다음과 같은 락앤락만의 독특한 마케팅 전략을 둘 수 있다.

(1) 선택과 집중

하나코비는 1995년 당시 주방, 욕실 및 도시락용기 등 600여가지 생활용품을 생산하고 있었으나, 1997년 이후 생산 제품군을 락앤락으로 일원화 하고 연구개발 및 마케팅을 하나로 통합하는 전략을 추진하였다. 이로써 회사 역량의 분산을 억제하고 락앤락이라는 새로운 브랜드에 집중할 수 있는 기반을 마련할 수 있었다.

(2) 자체브랜드

타파웨어가 국내시장을 거의 장악하고 있던 상황에서, 하나코비는 OEM방식을 포기하고 자체브랜드를 고수했다. 이는 락앤락이라는 제품의 우수성에 대한 강한 자신감의 표출이었다. 자체브랜드화를 통해 회사는 자율적인 가격책정 및 마진율 개선을 통해 수익성을 높이는 결과를 가져올 수 있었다.

(3) 해외시장의 적극적인 공략

1998년 국내에 최초로 락앤락을 출시된 이후 브랜드 인지도가 전혀 없는 상황에서 제품의 우수성만으로는 성공을 보장할 수 없었으며, 결국 국내에서는 기대한 수준의 반응을 불러일으키지 못했다. 하나코비는 바로 해외시장으로 눈을 돌렸고, 우여곡절 끝에 제품의 우수성을 인정받아 해외에서 먼저 성공신화를 일궈 냈다. 이러한 해외에서의 성공은 락앤락이 외국제품이라는 오해를 불러일으켰고 외국제품을 선호하는 국내 소비자들에게 어필하면서 국내에서도 락앤락의 성공이 이어질 수 있는 계기가 마련되었다. 적극적인 해외시장 공략으로 현재 미국에 지사를 두고 있고 중국에 지사 및 공장을 가동중이며, 유럽 및 중동 등의 글로벌 네트워크를 통해 세계 55여 개국에 진출해 있는 상황이다.

(4) 홈쇼핑의 활용

중소기업이라는 핸디캡을 안고 락앤락 브랜드를 소비자에게 널리 알릴 수 있는 방법은 극히 제한적이었으며, 결국 하나코비가 택했던 수단이 바로 홈쇼핑이었다. 2002년 미국 최대의 홈쇼핑 업체인 QVC에서 대성공을 거둔 이후, 국내에서는 LG홈쇼핑을 통해 브랜드 인지도를 높이고 타 홈쇼핑 및 할인점으로 판매망을 점차 확대해 나갈 수 있었다.

(5) 파트너십 마케팅

락앤락의 공격적인 마케팅은 타기업과의 적극적인 파트너십을 통해 더욱 빛을 발할 수 있었다. 신세계백화점, 금강제화, 신한증권, 샘표, 태평양 등의 기업판촉행사에 제품을 후원하여 소비자가 제품을 접해볼 수 있는 기회를 제공하였고, 2002년 월드컵 기간 동안에는 TGI Fridays와 제휴하여 남은 음식을 락앤락에 싸가는 이벤트를 기획하였다. 2003년에는 23년간 전통 차를 만들어 온 중견업체인 담터와 업무제휴를 맺었다. 담터에서는 다른 업체와 마찬가지로 락앤락을 사은품으로 제공하려고 했으나 제품용기를 아예 락앤락으로 바꾸자는 내부의견을 수렴하여 호두아몬드와 검은콩 차에 적용한 결과 높은 호응을 얻어내자 모든 차 제품의 용기를 락앤락으로 대체하게 되었다. 이로써 하나코비는 포화상태에 이른 밀폐용기 시장에서 새로운 돌파구를 찾아 낸 셈이 되었다.

(6) 고객 커뮤니티 지원

하나코비는 락앤락 서포터스라는 온라인 고객 커뮤니티를 지원함으로써, 비교적 약한 고객 로열티를 특징으로 하는 밀폐용기의 한계를 극복하고자 했다. 락앤락 서포터스는 주 고객인 여성고객 대상으로 커뮤니티를 만들어 회원들 간의 친목도모 및 의견을 적극적으로 수렴할 뿐 아니라 각종 봉사활동, 바자회, 주부아카데미, 요리교실 등 다양한 온/오프라인 행사를 열어 자생적인 커뮤니티 활성화를 지원하고 있다〈*Exhibit 8. 락앤락 서포*

Exhibit 8 락앤락 서포터스 커뮤니티

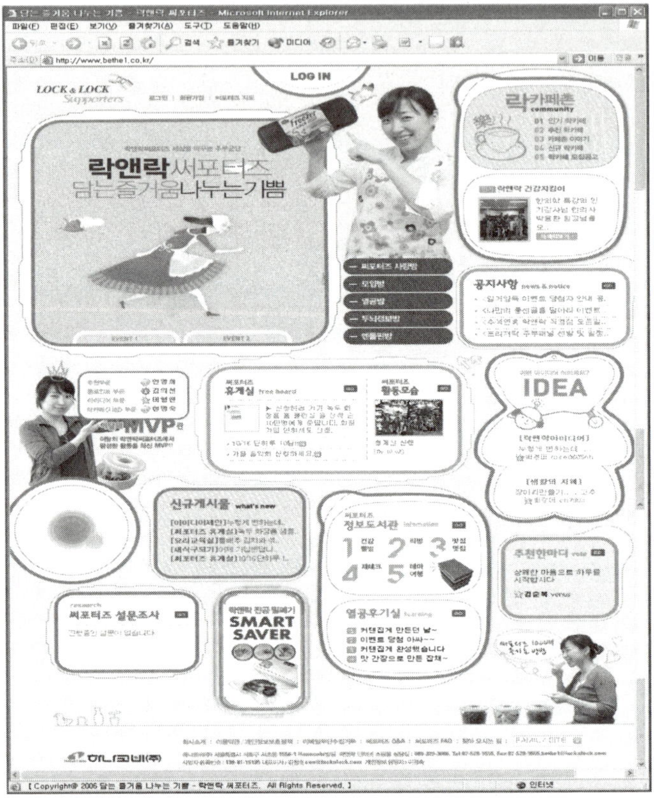

자료: 하나코비

터스 커뮤니티〉. 참가자격은 락앤락 제품 자체에 관심이 있거나, 환경문제와 봉사활동 및 김치문화에 관심을 두고 있는 모든 주부 및 예비주부이며, 연간 활동점수가 높은 회원을 대상으로 락앤락 쇼핑몰에서의 할인혜택, 해외 생산공장 견학, 신제품 및 샘플 시연, 판촉용 사은품 우선제공, 생일케익 배송 등의 특전

을 부여한다. 또한, 실제 사용자인 주부들의 경험에서 나오는 신선한 아이디어를 자유롭게 등록하도록 하고 그 중에서 이달의 아이디어 TOP5를 선정하여 발표하는 등의 활동으로 제품개발에 직접적인 영향력을 행사하고 있다.

6.3 격화되는 시장 경쟁

내수시장 침체

2002년 이후 국내 소비자들의 폭발적인 호응에 힘입어 락앤락 매출 중 내수시장 점유율은 2005년 기준으로 73%에 이를 것으로 예상된다. 국제경기의 회복에도 불구하고 내수시장의 침체가 지속되는 한 락앤락의 미래는 그리 밝다고 할 수 없다. 실제 우리 나라의 경제성장률은 2004년 4.6%를 기록하였으며, 이러한 경기침체가 쉽게 회복되기는 어려울 것이라는 전문가들의 견해가 지배적이다. 매년 9% 이상의 경제성장률을 보이고 있는 중국과는 대조적인 상황이다. 하나코비의 감사보고서에 따르면 매출은 2003년 1,098억 원이라는 최대실적을 보인 이래 2004년에는 10% 감소한 993억 원을 기록하고 있으며, 당기순이익 또한 감소 추세를 보이고 있다.

글로벌기업 및 후발 업체와의 경쟁

락앤락은 국내시장 점유율 70%로 부동의 1위를 유지하고는 있으나 최근 글로벌기업 및 후발 업체들의 선전으로 향후 경쟁이 더욱 심화될 것으로 예상되고 있다. 락앤락이 출시되기 전 밀폐용기 시장의 대부분을 점유하고 있던 미국의 타파웨어는 매출 12억 달러 규모의 다국적 기업으로 50년 이상의 전통을 가지고 있는 세계 최대의 밀폐용기 회사이다. 타파웨어는 최근 삼성전자 김치냉장고에 김치통을 제공하는 계약을 체결하는 등 락앤락에게 넘겨 준 국내 밀폐용기 시장의 패권에 다시 도전하려는 움직임을 보이고 있다. 러버메이드는 신제품 '테이커롱'을 최근 출시했으며, 지퍼락으로 유명한 한국존슨도 사각 미니 용기를 출시하고 대대적인 광고를 통해 M/S 확대를 꾀하고 있다. 후발업체임에도 CEM Bio 공법을 플라스틱 소재에 도입한 바이오킵스라는 상품으로 호평을 받은 바 있는 코멕스는 최근 만도위니아 딤채 김치냉장고와 신제품 김치용기 개발 및 공급계약을 맺음으로써 하나코비의 입지를 위협하고 있다. 여기에다 값싼 복제품과 중국산 가짜 제품이 등장하면서 밀폐용기 시장에서의 경쟁은 더욱 심화되고 있는 상황이다.

6.4 세계 1위를 위한 제언

모두가 퇴근한 늦은 밤 유혜성 대리는 내일 아침 중역회의에서 발표할 자료들을 꼼꼼히 챙기고 있었다. 일주일 전 임원회의에서 회사의 문제점을 제기한 이후 수집하고 분석했던 자료를 토대로 하나코비가 감당해야 할 잠재적 위협요인에 대한 대응방안을 고민끝에 완성하였고, 그것을 바로 내일 임원들 앞에서 발표하기로 예정되어 있었던 것이다. 입사 후 사장의 별도지시를 받은 프로젝트는 이번이 처음이었기 때문에, 그는 매우 조심스럽게 보고서의 결론 부분을 다시 한 번 읽어 내려갔다. 하나코비가 세계 1위가 되기 위해서는,

첫째, 적극적인 연구개발 투자를 통해 기술적으로 확실히 차별화된 제품을 만들고, 동시에 제품의 가치를 높이기 위한 마케팅 활동을 더욱 가속화해야 한다. 2004년의 경우 순이익의 3%라는 비중을 연구개발에 투자하고 있기는 하나, 지속적인 차별화된 제품을 시장에 내놓기 위해서는 연구개발 비중을 최소한 5%는 확보해야 한다고 생각된다. 이를 기반으로 고객 니즈(needs)에 잘 부합한다는 기존 락앤락의 강점을 더욱 살리기 위해 고객별 영역(segment)를 나누어 각각의 라이프스타일에 따라 차별화된 가치를 제공할 수 있는 기술과 상품 개발에 힘을 쏟아야 할 것이다. 또한, 마케팅 측면에서는 TV나 할인점 등 어디에서든지 쉽게 구할 수 있는 이미지에서 벗어나 고급스럽고, 세련된 이미지로 변신해야 할 시점이라고 여겨진다. 초기에는 중소기업으로서 어려움을 겪는 유통 문제를 해결하기 위해 TV 홈쇼핑을 주요 타겟으로 삼았으며, 소위 거미줄처럼 가능한 모든 유통을 활용하기 위한 전략이 효과적이라고 할 수 있었다. 하지만, 이제는 기존에 쌓아올린 대표적인 밀폐용기로서의 이미지에서 한 차원 더 높여서 비싸더라도 꼭 사고 싶은 "밀폐용기의 명품"을 지향해야 한다고 생각된다. 그러기 위해서 지금이 바로 기존 TV 홈쇼핑 중심의 판매를 지양하고, 가능한 모든 유통을 활용하는, 소위 거미줄 이론을 해체해야 할 시점이 될 것이다. 대신 고급 백화점을 통한 유통, 고급 가전제품과의 연계 등을 강력히 추진함으로써 고급스러운 이미지를 구현해야 할 것

이다.

둘째, 해외시장의 효과적인 공략을 위해서 해외 현지법인을 확대 개편해야 한다. 초기 해외시장을 중심으로 락앤락의 성공을 주도했던 것과는 달리 현재는 폭발적인 내수성장에 힘입어 전체 매출 중 해외 수출 비중이 불과 27% 밖에 되지 않는 상황이므로, 내수시장이 크게 위축될 경우 하나코비의 매출은 큰 타격을 받을 수밖에 없다. 즉, 회사의 리스크 분산이 제대로 이루어져 있지 않다는 것이다. 현재 해외지사는 미국 및 중국 지사 단 둘 뿐이며, 기타 지역은 해당국가의 에이전트를 통해 영업활동이 이뤄지는 상황이다. 에이전트를 통한 영업은 초기비용을 절감할 수 있는 반면, 회사의 조직 장악력에는 큰 도움을 주지 못하게 되므로 회사가 원하는 마케팅 및 영업 전략을 기민하게 수행하는 데 한계가 있을 수밖에 없다. 따라서, 장기적인 관점에서 볼 때, 최소한 대륙별 현지법인 설립은 반드시 필요하다고 하겠으며, 단지 영업조직뿐 아니라 현지공장 투자를 통한 원가절감으로 수익성을 더욱 극대화시켜야 할 것이다.

마지막으로, 효과적인 투자를 위해 대규모 자본 유치가 반드시 필요하다. 밀폐용기 산업의 세계 1위 기업인 타파웨어는 전세계 130개국에 진출하여 매년 12억 달러의 매출과 8,700만 달러의 당기순이익을 기록하고 있어, 규모면에서 하나코비의 10배에 이른다. 이러한 열세를 극복하기 위해서는 R&D, 공장, 영업망 등에 대규모의 투자가 이루어져야 할 것이며, 현재 보유하고 있는 이익잉여금 311억 원으로는 크게 부족한 수준이다. 부족한 자본 조달의 방법으로는 회사채발행 또는 IPO를 고려할 수 있겠으나, 현재 기업의 지배구조나 향후 기업의 선진화 측면에서는 IPO가 더욱 좋은 대안으로 보인다. 현재 회사의 주주는 김준일 회장 및 김창호 사장 등 총 5명으로 구성되어 있어, 소유와 경영이 전혀 분리되어 있지 않은 상황이다. IPO를 통해 기업이 공개된다면 정보의 노출 및 경영통제권의 약화를 불러일으킬 수도 있지만 회사의 중요한 결정에 다수의 이해관계자가 관여할 수 있어 더욱 신중하고 합리적인 운영을 도모할 수 있게 될 것이다.

이상과 같은 세 가지 제안을 통해 하나코비는 심화되는 경쟁을 극복할 수 있을 뿐 아니라 기존의 영세 중소기업의 틀을 벗어나 2010년 세계 1위 기업으로서 발돋움하는 발판을 확고히 만들 수 있을 것이다.

CHAPTER 07

한국도자기: '무차입 경영'의 신화는 계속될 것인가?

김 도 연
문 보 경
안 현 미

7.1 한국도자기 사례 개요

많은 사람들은 삼성, LG, SK와 같은 재벌기업 또는 대기업들이 한국 경제에서 상당한 부분을 차지하고 있으며, 한국의 경제 성장에 있어 중추적인 역할을 담당하고 있다고 생각한다. 우리는 국가 경제의 밑바탕을 이루고 있으며, 대기업의 손이 미치지 못하는 부분까지 묵묵히 감당해 내고 있는 수많은 중소기업들이 실제로 한국 경제의 완충(buffer) 역할을 충실히 해 내고 있음을 알아야 한다. 경제 전문가들은 한국의 중소기업들이 재벌 대기업들의 규모에 가려 날개를 펴지 못하고 있는 현실을 낙관적으로 바라보지 않고 있다.

1993년 외환 위기가 닥쳐왔을 때, 대기업에서는 구조조정이라는 이름과 함께 대규모의 실직자를 만들어 냈고, 덩치만 크고 실속이 없었던 기업들은 수익구조를 개선하면서 그 부담을 고용자나 소비자들에게 전가하기도 했다. 경제위기 때문에 자금난에 허덕이면서 문을 닫은 중소기업들도 많은 것이 현실이다. 그러나 위기에 처했을 때 비로소 옥석이 가려지는 법, 내실 있고 경쟁력 있는 중소기업들은 대기업에서 발생한 실직자들을 흡수했다. 그리고 거대한 규모와 전통적인 조직 구조로 인해 의사 결정 과정이 비효율적일 수 있는 대기업과는 달리, 중소기업은 독립적이고 신속한 대응을 통해 대기업들이 담당할 수 없는 부분을 충실히 수행하고 있다. 중소기업은 대기업 중심의 딱딱한 산업구조에 탄력성과 다양성을 제공하여 국가가 효율적인 산업구조를 형성하는 데 중요한 역할을 하고 있는 것이다.

한편, 중소기업이 내생적으로 가지고 있는 문제점들에 대해서도 지적하지 않을 수 없다. 재정이 안정적이지 못하기 때문에 투자유치에 어려움을 겪는 것은 물론이고, 우수한 인력들이 대기업에만 집중되는 탓에 많은 중소기업들이 인력난에 허덕이고 있다. 또한 대기업과의 관계에서 '을'의 입장에 있는 경우가 많기 때문에 불공정한 계약에 시달리기도 한다.

그러나 어려움 속에서도 꾸준한 성장을 거듭한 성공한 중소기업 사례가 최근에 많이 보고되고 있다. 대기업 중심의 산업구조를 가지고 있으며 내생적으로 문제점을 가지고 있는 어려움 속에서도, 세계적인 기술력과 뛰어난 경영전략을 가지고 세계시장 속에서 당당히 대한민국의 이름을 빛내고 있는 우수한 중소기업을 소개하고 그 기업들이 성공할 수 있었던 비결을 연구하는 작업은 여러 중소기업들에게 모범을 제시해 줄 수 있을 것이다. 또한 중소기업에 대해 잘 알지 못하는 많은 사람들에게 중소기업을 소개하고 중소기업이 얼마나 중요한 역할을 담당하고 있는지 알려 줄 수 있다면 연구가 의미 있을 것이라 생각된다.

현재 우리나라에 얼마나 많은 기업들이 존재하고 있을까? 아주 작은 기업에서부터 대기업에 이르기까지 그 수를 다 합치면 약 300만 개에 이른다. 그 중 중소기업은 전체 기업 수의 약 99.8%를 차지하고 있다. 즉, 한국 경제에는 약 300만 개 정도의 중소기업이 있다고 할 수 있다. 대한민국의 인구를 4,800만 명 정도로 어림잡으면, 인구 16명당 하나의 기업이 존재한다는 대략적인 통계가 나온다. 중소기업에 종사하고 있는 인구는 1,039만 명으로써 전체 고용인구의 86.7%를 차지하고 있다. 또한 국가 총생산액의 50.8%인 319조 원을 중소기업에서 생산하고 있고, 전체 수출액의 42.1%인 683억 달러를 중소기업이 담당하고 있다.[1] 99.8의 구성비율에 비하면 낮은 수치들이지만, 우리가 잘 알지 못하는 중소기업들이 전체 국가 경제에서 상당한 부분을 담당하고 있음을 알 수 있다.

많은 기업들은 실패를 맛보고 쓰러지기도 하고, 한편으로는 많은 기업들이 새롭게 탄생하여 경쟁에 뛰어들기도 한다. 그 중에는 경쟁에서 꿋꿋이 살아남은 기업들도 있고, 엄청난 성공을 거둔 기업들도 있다.

한국도자기는 어떤 기업인가?

〈*Exhibit 1*〉은 한국도자기의 연혁을 보여 준다. 한국도자기는 1943년 故 김종호 회장에 의해서 설립된 이후, 故 김종호 회장에 이어 김동수 회장 그리고 지금의 김영신 대표이사에 이르기까지 3대에 걸쳐 60여 년간 도자기 생산에만 전념한 기업이다. 청주에서 영세한 업체로 시작한 한국도자기는 한국전쟁을 거치면서 1960년대 초반에 재정적 위기에 봉착하게 되었다. 회사는 빚더미 위에 올라앉게 되었고, 빚 때문에 투자는 고사하고 이자를 갚는 데에만 급급했던 시절이 있었다. 한국도자기의 '무차입 경영'은 이와 같은 경험으로부터 비롯된 것이다.

1960년대 말에는 영국의 도자기 회사 로열덜튼과 '황실 장미' 세트 전사지 공급 계약을 맺고 고급화된 도자기 상품을 생산하여 호텔과 일반 가정에 공급하면서 큰 성공을 거두게 된다. 이와 같은 성공은 한국도자기를 국내 1위 도자기 기업의 위치에 올려놓았고, 한국도자기는 모든 빚을 다 청산하고 세계 시장에

---

1) 중소기업은행, 중소기업의 경제 · 사회적 역할과 중요성(2005)

Exhibit 1 한국도자기 연혁

1943. 12	한국도자기 설립(청주시 우암동)
1976. 12	제 1공장 준공(청주산업단지 1공단)
1979. 09	제 2공장 준공(청주산업단지 2공단)
1980. 10	인쇄사업부 제 1공장 준공
1982. 07	본차이나 제 1공장 준공
1983. 01	미국 LA지사 설립
1984. 05	슈퍼스트롱 제 2공장 준공
1985. 04	사내 실내체육관 준공
1991. 02	로제화장품 설립
1991. 08	인도네시아 P.T 한국세라믹인도네시아 제 1공장 준공
1993. 03	사내 유아원 성종 어린이집 준공
1994. 02	중앙연구소(R&D Center) 준공
1994. 04	인도네시아 P.T 한국세라믹인도네시아 제 2공장 준공
1994. 06	인도네시아 P.T 한국세라믹인도네시아 제 3공장 준공
1995. 03	부설 디자인스쿨 프로아트 설립
1996. 10	중국 강소로제유한공사 준공
1998. 12	부설 아동가족상담센터 설립
1999. 04	한국도자기, 한국특수도자기, 한도통상 3개사 합병
2000. 06	한국도자기 사옥 준공(서울 신설동 소재)

자료: 한국도자기

진출하여 10만 달러의 수출고를 올리게 된다. 1973년에는 300장의 사채카드를 모두 정리하고 어음이 아닌 현금으로 모든 결재를 처리하였다. 우리나라의 자체 기술로 고급 도자기를 개발하여 청와대에 납품해 달라는 육영수 여사의 제안으로 한국도자기는 지금까지 청와대에 식기를 납품하고 있기도 하다. 같은 해인 1973년에는 영국과 일본과 같은 선진국에서 고도의 기술로 제작하고 있던 '본차이나'의 개발에 착수하였고, 2년간 영국을 오가는 끊임없는 연구 개발 노력 끝에 우리나라의 독자적인 기술로 '본차이나'를 생산할 수 있게 되었다. 1982년에는 '본차이나'를 전문적으로 생산하는 '본차이나' 제 1공장을 설립하였다. 1984년에는 미국산업박람회에서 열린 '세계 도자기쇼'에서 1위의 계약고를 기록하기도 했다. 또한 해외시장 진출을 위해 LA와 뉴욕에 미주지사를 설립하고, 독일 프랑크프루트에도 전시관을 설립했다. 1988년에는 20억 원을 투입해 일반 도자기보다 2~3배 정도의 강도를 지닌 '수퍼스트롱'을 세계 최초로 개발하여 도자기의 본고장인 영국과 독일에 수출하기도 했다. 1986년에는 국내 최초로 '디자인센터'를 설립하여 50여 명의 전문 디자이너들이 새로운 디자인을 고안하고 실제로 생산하는 시스템을 갖추었다. 2003년에는 2년간의 개발끝에 명품 도자기 '프라우나'를 출시하여, 독일 프랑크프루트 소비재 박람회에서 백 년이 넘는 역사를 지닌 영국과 독일의 도자기들과 어깨를 나란히 하며 명품관에 전시되었다. 2004년에는 3년간의 개발 기간을 거쳐서 항균성이 뛰어난 '은나노 그린차이나'를 출시하여 한국소비과학센터에서 위생기준을 통과한 제품에 한해서만 부여하는 'SF마크'를 획득하며 2004년 하반기 히트상품으로 선정되기도 하였다.

한국도자기의 생산 규모는 세계 최고수준이다. 충북 청주의 7개, 인도네시아의 3개 공장에서 매달 약 300만 개의 도자기를 생산해 내고 있다. 김동수 회장은 "바윗돌처럼 거대한 기업보다는 다이아몬드처럼 단단하고 빛나는 기업"을 키우겠다는 경영이념을 가지고 한국도자기를 세계 5대 도자기 메이커로 성장시켰다. 또한 그는 '무차입, 무노조, 무해고'라는 3無의 경영을 실천하고 있다. 김 회장은 2004년 중소기업은행에서 처음으로 건립된 중소기업인 '명예의 전당'에 자화전자의 김상면 대표이사,

인탑스의 김재경 대표이사, 홍진 HJC의 홍완기 회장과 더불어 헌정 대상자로 선정되기도 하였다. 2005년에는 산업자원부와 환경재단, 한겨레 신문사에서 수여하는 '올해의 기업인상'을 수상하기도 했다. 1997년 외환위기 당시에는 "무차입 경영"과 노사간의 두터운 신뢰를 바탕으로 꾸준한 영업신장을 이뤄 내기도 했다. 한국도자기는 로제화장품과 수안보 파크호텔, 종합 주방기구 브랜드 '리빙한국'을 통해 도자기 시장 밖으로도 영역을 넓혀 가고 있다.

한국도자기의 60년 라이벌, 행남자기

〈*Exhibit 2*〉는 행남자기의 연혁을 보여 준다. 행남자기는 한국도자기와 더불어 한국의 도자기 시장을 양분하고 있는 기업이다. 행남자기는 한국도자기보다 1년 빠른 1942년에 전남 목포에 설립되어, 故 김창훈 회장, 김준형 현 명예 회장에 이어 지금의 김용준 회장까지 3대에 걸쳐서 도자기 생산에 전념하고 있는 기업이다. 1963년에는 한국 최초로 홍콩에 도자기를 수출하였으며, 1970년대 초에는 한국도자기와 마찬가지로 '본차이나' 제조 기술을 개발하여 세계 시장의 문을 두드렸다. 2002년에는 본차이나 계열의 고급 브랜드 '모디'를 개발하여 중국의 값싼 모방 도자기 제품들과의 차별화를 선언하고 새로운 시장을 공략하고 있다. 명품화를 내세운 '모디' 시리즈는 영국과 일본에서 200억원의 판매고를 올리며 외화획득에도 앞장서고 있다. 2005년에는 '경복궁아래 7첩 반상기'로 서울 디자인대상 최우수상을 수상하기도 하였다. 또한 같은 해에 인도네시아에 합작 회사 '행남 세자테라인도네시아'를 설립하여 매달 100만 개가 넘는 도자기를

Exhibit 2 행남자기 연혁

1942. 05	행남사 설립(전 산정공장) 자기류 생산 개시
1953. 09	커피잔세트 국내 최초 개발생산
1957. 05	본차이나 자체 제조기술 개발
1963. 05	국내 최초 도자기 수출(홍콩)
1973. 05	행남특수도기 주식회사 설립(현 상동공장)
1974. 09	스톤웨어 국내 최초개발 미주지역 본격적인 수출
1976. 01	아이보리차이나 개발
1978. 12	석현공장 준공
1980. 01	(주)행남사 설립(행남사와 행남특수도기(주)합병)
1981. 03	스노우 본차이나 개발
1984. 05	본차이나 공장 개발
1985. 04	국내 최고 도자기 프랜트 및 기술용역 수출(베네주엘라)
1985. 08	제 5공장 준공(울트라파인 생산)
1986. 05	행천자기(주) 설립(전남 함평)
1986. 12	공예공장 준공(경기도 광주) 프랑스 베어나도사와 상표 도입 및 기술제휴
1987. 02	행남특수인쇄(주) 설립
1987. 06	행남광물정제(주) 설립
1989. 11	인도네시아 현지 합작 투자법인 설립
1994. 07	(주)행남사를 (주)행남자기로 상호변경
1997. 10	(주)행남통상 설립
1998. 03	ELEGANT BONE CHINA 생산
2002. 02	모디공장 준공
2003. 05	(주)행남 식품공장 설립
2005. 05	(주)행남자기 서울사업본부 서초사옥 입주

자료: 행남자기

생산하고 있다. 그리고 '포유 시리즈', '에세이 홈 세트'를 출시하여 월매출 500세트를 기록하며 한국경제신문과 매일경제신문에서 선정하는 히트상품으로 이름을 올렸다.

행남자기는 현재 (주)행남광물정제, (주)행천자기, (주)행남특수인쇄, (주)모디, (주)행남세자테라인도네시아, (주)행남통상, (주)크레이텍 등 7개의 계열사를 보유하고 있으며, 카시오 전자사전의 유통 및 마케팅을 담당하는 행남통상을 제외하면 나머지 6개의 계열사들은 모두 도자기와 직접적인 관련을 가지는 기업들이다. 최근에는 베이커리 매장 '크리스피 앤 크리스피'를 설립하고 베이커리 산업에 뛰어들었다.

7.2 한국도자기 vs. 행남자기

62년의 역사를 자랑하는 한국도자기는 대한민국 도자기 시장의 약 30%를 차지하고 있다. 이는 경쟁사인 행남자기와 비슷한 수준의 시장점유율로써, 실제로 대한민국 도자기 시장을 한국도자기와 행남자기가 양분하고 있다는 것을 보여 준다. 이와 같이 두 기업은 동종업계의 경쟁기업으로써 비슷한 시장 규모를 지니고 있으면서도, 매우 상이한 재무적 구조와 재정운영방법을 유지하고 있다. 따라서 한국도자기에 대한 재무적인 분석을 하기 위해서는 경쟁기업인 행남자기와의 재무적 배경에 대한 비교가 불가피하다.

안정성을 최우선으로 하는 한국도자기

2004년에 한국도자기는 약 822억 원대의 자산규모와 약 429억 원대의 매출규모를 기록했다. 적지 않은 규모의 기업이지만,

한국도자기는 현재 비상장기업에 속해 있다. 또한 지분의 100%를 김동수 회장과 일가 친척 및 특수관계인이 보유하고 있는 전형적인 전통적 지배구조의 기업이다. 또한 한국도자기는 빚이 없는 기업으로 유명하다. 실제로 한국도자기는 엄청나게 낮은 부채비율과 높은 유동비율을 유지하고 있는데, 이는 강력한 리더십을 가진 김동수 회장의 '무차입 경영' 이념이 진하게 반영된 것이다. 거의 모든 상장기업들은 한국도자기만큼의 낮은 부채비율을 유지하기 어렵다. 지나치게 낮은 부채비율은 재정 운영의 효율성을 많이 떨어뜨려 기업의 성장을 더디게 할 수 있기 때문이다. 따라서 주주들은 적정수준의 부채비율을 경영진에 요구하게 된다. 김 회장이 100%의 지분 비율을 유지하면서 상장을 고려하지 않고 있는 것은 자신만의 경영 철학을 무리 없이 기업에 적용하기 위함이라고도 할 수 있다. 2002년 이후 한국도자기는 꾸준한 실적 하락세를 보이고 있다. 매출액과 영업이익, 순이익이 모두 꾸준하게 하락하고 있다. 실적 하락세에도 불구하고 배당금은 지속적으로 상승하고 있다. 기업의 실적이 급격히 하락하기 시작했던 2003년에만 주당 배당금을 한 번 하락시켰을 뿐, 그 외에는 지속적으로 배당금을 증가시켜 왔다.

효율적 경영을 바탕으로 한국도자기를 추격하는 행남자기

2004년에 행남자기는 약 656억 원대의 자산규모와 약 437억 원대의 매출규모를 기록했다. 2000년 이전까지만 해도 행남자기의 매출규모는 한국도자기에 비해 약 100억 원 정도 뒤쳐졌으나, 지속적인 성장을 바탕으로 한국도자기를 바짝 추격하여 현재는 엇비슷한 규모의 매출을 유지하게 되었다. 한국도자기가 비상장기업인데 반해, 행남자기는 1993년에 코스닥에 등록된 상장기업이다. 또한 김용주 회장과 특수관계인이 보유하고 있는 지분은 약 70%에 달한다. 이는 평균적인 상장기업의 지배구조와 비교했을 때, 행남자기가 대단히 집중된 지배구조를 형성하고 있음을 보여 준다. 한국도자기가 '무차입 경영'을 실현하고 있는데 비해 행남자기는 적정 수준의 부채비율과 유동비율을 유지하고 있다. 이는 행남자기가 안정성뿐만 아니라 효율성의 측면도 고려하는 재정 운영을 하고 있음을 나타낸다. 한국도자기와 마찬가지로 행남자기 역시 2002년 이후 꾸준한 실적 하락세를 보이고 있다. 이는 경기침체가 수반하는 도자기 시장의 총체적인 침체와도 관련이 있겠지만, 그보다는 무역개방과 더불어 한국에 진출하고 있는 수입제품들과의 경쟁이 두 기업에게 어려움으로 작용하고 있음을 보여 준다. 행남자기의 배당정책은 다소 불규칙적이다. 2000년에서 2002년까지 3년에 걸쳐서 배당을 지급했지만, 실적이 악화되자 2003년부터는 배당을 중지했다. 또한 차등배당정책을 시행하여 대주주에게는 낮은 배당금을, 일반주주에게는 높은 배당금을 지급하였다.

7.3 '무차입 경영'의 실현

한국도자기의 부채비율은 2004년에 18.94%를 기록했다. 어떻게 820억 원대의 자산규모를 가진 큰 기업이 이렇게 낮은 부채비율을 유지할 수 있었을까? 이것은 한국도자기가 비상장기업이며, 김동수 회장을 비롯한 특수관계인이 100%의 지분을 소유하

Exhibit 3 한국도자기의 지분소유구조

성 명	관 계	소유 주식 수 (주)	지분 비율(%)
김동수	동일인	582,550	30.8%
김은수	형제	454,318	24.0%
김성수	형제	301,682	16.0%
기타 특수관계인		551,450	29.2%
계		1,890,000	100%

자료: 한국도자기

고 있는 집중적인 지배구조를 유지하고 있는 것에 기인한다.

*〈Exhibit 3. 한국도자기의 지분 소유구조〉*은 한국도자기의 지배구조를 보여 준다. 김동수 회장과 3형제가 70.8%의 지분을 보유하고 있고, 나머지 29.2%의 지분도 김 회장의 일가 친척을 비롯한 특수관계인이 보유하고 있다. 이는 어떠한 경우에도 기업의 소유주가 경영권을 양보하지 않겠다는 강한 의지를 보여 준다. 김 회장은 인터뷰에서 다음과 같이 얘기했다. "오너 경영자는 회사에 대한 애정이 깊습니다. 그러나 그가 유능할 때는 회사에 도움이 되지만, 무능한 경우에는 회사를 망치게 됩니다."[2)]한국도자기가 기업의 규모나 안정성 측면에서 상장 요건을 충분히 충족하는 데도 불구하고 아직까지 비상장기업으로 남아 있는 것은 이와 같은 김 회장의 회사에 대한 깊은 애정과도 무관하지 않다. 지분의 100%를 소유함으로써 기업의 경영권에 대한 위협은 물론, 기업 경영에 대한 주주들의 작은 간섭에 대해서도 완전히 자유로울 수 있는 것이다.

한국도자기의 '무차입 경영'의 실현이 집중된 지배구조와

2) 한국경영자총협회, 월간 경영계(2000)

무관하지 않다는 것은 경쟁사인 행남자기의 경우를 살펴봄으로써 확인할 수 있다. 행남자기의 지배구조는 〈*Exhibit 4. 행남자기의 지분 소유 구조*〉를 통해 알 수 있다. 김용주 회장을 비롯한 특수관계인은 65.88%의 지분을 보유하고 있고, 0.95%의 지분을

Exhibit 4 행남자기의 지분소유구조

성 명	관 계	소유 주식 수 (주)	지분 비율(%)
김용주	동일인	656,129	10.86
김준형	부	200,000	3.31
김재임	모	435,207	7.20
김홍주	형제	555,527	9.20
김태형	형제	555,527	9.20
김태성	형제	635,207	10.52
유정자	처	237,832	3.94
김유석	자	196,165	3.25
김현석	자	196,165	3.25
김 헌	숙부	45,000	0.75
최석구	매제	56,192	0.93
최경덕	매제	27,577	0.46
김 문	자매	22,615	0.37
김정석	조카	39,840	0.66
김창석	조카	39,840	0.66
김수진	조카	39,840	0.66
김수현	조카	39,840	0.66
광물정제	계열사	57,500	0.95
행남자기	자기주식	317,460	5.26
계		4,353,463	72.09

자료: 행남자기

계열사가 보유하고 있으며, 행남자기의 자기주식은 5.26%이다. 행남자기 역시 매우 집중적인 지배구조를 지니고 있지만, 30%에 달하는 일반주주의 작은 목소리는 기업의 경영에 어느 정도의 영향력을 미칠 수 있는 것이다. 두 기업 모두 집중된 지배구조를 바탕으로 최대주주가 회사의 경영을 책임지고 있는 오너경영을 한다는 점에서는 비슷하다. 그러나 30%의 일반주주의 눈치를 봐야 하는 경영자와 100%의 지분을 소유하고 있는 경영자가 낼 수 있는 목소리는 그 크기가 다를 수밖에 없다.

코스닥 상장법인인 행남자기는 2004년에 89.61%의 부채비율을 기록했다. 이는 2004년 코스닥 상장법인의 평균부채비율이 88.61%였던 점을 감안하면 행남자기의 부채비율 수준이 평균적인 수준을 유지하고 있음을 알 수 있다. 부채비율의 수준을 정하는 것과 같은 의사결정은 경영인의 의견이나 경영철학도 많이 반영될 수 있지만 주주들의 목소리도 무시할 수는 없다. 많은 주주들은 평균을 따라가지 않는 기업을 대체로 좋아하지 않는다. 행남자기와 같은 상장기업은 부채비율의 수준을 한국도자기만큼 낮추고 싶어도 그렇게 하기가 어렵다는 것이다. 만약 한국도자기가 분산적인 지배구조를 갖추고 있는 상장기업이었다면 이와 같이 대단히 낮은 수준의 부채비율을 유지하기는 어려웠을 것이다.

한국도자기의 2004년 자료를 살펴보면, 무려 약 822억 원에 달하는 자산규모 중에서 부채가 차지하고 있는 것은 겨우 약 131억 원 밖에 되지 않는다. *〈Exhibit 5. 한국도자기의 지배구조〉*를 보면 1999년 이후 20% 안팎의 부채비율을 꾸준히 유지하고 있다. 유동비율 역시 꾸준히 증가하여 2004년에는 무려 368%에 달한다.

Exhibit 5 한국도자기의 재무구조

	1999년	2000년	2001년	2002년	2003년	2004년
총자산(백만 원)	75,304	81,271	82,494	85,964	5,352	82,178
유동자산(백만 원)	15,317	14,176	16,530	21,376	20,623	22,155
고정자산(백만 원)	59,986	67,095	65,964	64,588	64,730	60,022
총부채(백만 원)	11,051	11,759	11,771	14,543	14,346	13,087
유동부채(백만 원)	7,066	6,883	6,101	8,257	7,020	6,019
고정부채(백만 원)	3,985	4,876	5,670	6,285	7,326	7,069
총자본(백만 원)	64,252	69,512	70,723	71,422	71,006	69,090
부채비율(%)	17.20	16.92	16.64	20.36	20.20	18.94
유동비율(%)	216.78	205.96	270.92	258.88	293.76	368.12

자료: 한국도자기

이렇게 한국도자기가 빚 없는 경영을 추구하는 것은 김동수 회장의 경험이 있었기 때문이다. 1959년에 총무과장으로 처음 경영에 참여한 이후 그는 매일 빚 독촉에 시달렸고, 가장 어려웠던 1965년에는 매출의 40% 가량이 이자로 지불되었다고 한다. 그 이후에 김 회장은 '절대 빚지고는 사업하지 않겠다' 고 다짐했다고 한다.[3] 100%의 지분을 소유한 강력한 지배력을 바탕으로 김 회장은 '무차입 경영' 이라는 소신을 굽히지 않을 수 있었다. 이와 같은 안정성 위주의 내실경영은 위기 상황에서 빛을 발할 수 있었다. 외환위기 당시에 많은 기업들이 채무불이행으로 인해 부도를 내고 쓰러졌으나 한국도자기는 특유의 재무적 안정성을 바탕으로 지속적인 영업신장을 이루어 낼 수 있었다.

그러나 안정성을 최우선의 가치로 하는 '무차입 경영' 은 검의 양날과 같은 한계를 가질 수밖에 없다. 그것은 바로 효율성

3) 한국경영자총협회, 월간 경영계(2000)

의 측면이다. 즉, 기업은 적정한 수준의 부채비율을 유지함으로써 안정성과 효율성의 균형을 추구해야 하는데, 한국도자기는 안정성에 너무 치중한 나머지 효율성의 측면에서는 타기업들에 비해 떨어질 수밖에 없는 것이다. 기업이 부채를 사용하는 것은 단순히 자산의 규모를 확장하고 투자를 활성화하기 위한 것만은 아니다. 부채를 사용하게 되면 그로 인해 지불하게 되는 이자비용만큼 세금을 공제받을 수 있기 때문에 적정한 부채비율을 유지하는 것이 재정의 운영에 있어 효율적일 수 있는 것이다.

한국은행이 발표한 '2005년 3/4분기 기업경영분석 결과'에 따르면 증권거래소 상장법인과 코스닥 및 금융감독위원회 등록법인 등 1,560개사의 평균부채비율이 98.1%인 것으로 나타났다. 또한 제조업체의 평균부채비율은 123%로써 미국의 155%, 일본의 145%보다 낮은 것으로 드러났다. 외환위기 이전에는 300%를 웃도는 부채비율을 기록하는 기업들이 많았고, 외환위기가 닥치게 되자 안정성이 떨어지는 많은 기업들이 도산하게 되었다. 또한 많은 기업들이 뼈를 깎는 노력을 통해서 꾸준히 부채비율을 낮추는데 힘썼고, 그 결과 기업들의 평균부채비율은 오히려 선진국보다도 낮은 수준에까지 이르렀다. 많은 전문가들은 외환위기 이전과 같은 비정상적으로 높은 부채비율도 문제가 되지만, 현재와 같이 너무 낮은 부채비율에 대해서도 부정적인 견해를 보인다. 부채비율이 낮아진 것은 겉으로 보면 기업들의 재무구조가 건전해졌다고 평가할 수도 있지만, 속을 들여다 보면 기업들의 성장엔진이 꺼져가고 있음을 의미하기 때문이다. 즉, 부채비율이 너무 낮게 되면 기업의 성장은 더딜 수밖에 없다는 평가다.

이와 같이 전문가들은 100% 안팎의 부채비율을 지나치게 낮다고 평가하고 있다. 〈*Exhibit 6*〉은 행남자기의 재무구조를 보여 준다. 행남자기의 2004년 자산규모는 약 656억 원으로써, 한국도자기보다는 다소 작은 규모를 보유하고 있다. 두 기업의 자산규모는 큰 차이를 보이지 않지만, 자산을 형성하는 부채와 자본의 구조에 대해서는 두 기업이 상당한 차이를 드러낸다. 한국도자기의 부채비율이 20% 안팎이었던 것에 반해 행남자기는 100% 안팎의 부채비율을 유지하고 있다. 행남자기는 선진국에 비해 낮다고 평가되는 한국 기업들의 평균부채비율의 수준을 유지하고 있고, 한국도자기는 그것에도 훨씬 못 미치는 낮은 부채비율을 유지하고 있는 것이다. 이는 한국도자기가 재무적 안정성을 얼마나 중요시 하는지를 단적으로 보여 주는 예이다.

2000년 이전까지 약 100억 원의 차이를 보이던 두 기업의 매출규모가 이후에 행남자기의 추격으로 인해 비슷한 수준을 유지하게 되었다. 만약에 한국도자기가 현재 보유하고 있는 자본

Exhibit 6 행남자기의 재무구조

	1999년	2000년	2001년	2002년	2003년	2004년
총자산(백만 원)	70,927	74,469	73,153	76,165	66,448	65,644
유동자산(백만 원)	26,651	32,066	32,594	34,506	33,312	36,593
고정자산(백만 원)	44,276	42,403	40,559	41,659	33,136	29,051
총부채(백만 원)	36,743	37,993	36,433	39,325	32,032	31,023
유동부채(백만 원)	25,697	27,774	31,107	35,098	28,900	29,102
고정부채(백만 원)	11,046	10,219	5,325	4,226	3,131	1,921
총자본(백만 원)	34,184	36,476	36,721	36,840	34,416	34,621
부채비율(%)	107.49	104.16	99.22	106.74	93.07	89.61
유동비율(%)	103.71	115.45	104.78	98.31	115.27	125.74

자료: 행남자기

금을 유지한 상태에서 부채비율을 행남자기와 비슷한 90%의 수준까지 끌어올린다면 자산규모는 1300억 원대에 달하게 될 것이다. 이는 행남자기의 두 배에 해당하는 규모이다. 이를 바탕으로 투자를 전폭적으로 늘린다면, 2001년 이후 비슷한 수준을 유지해 왔던 두 기업의 매출규모는 또 다시 엄청난 차이를 기록할 수도 있을 것이다. 이는 한국도자기가 약간의 안정성을 포기한다면, 그로 인해 반대급부로 주어지는 엄청난 효율성을 바탕으로 행남자기의 거센 추격을 따돌릴 수 있다는 구상이다. 물론 부채를 사용하게 되면 기업의 재무적 안정성은 하락할 수밖에 없다. 그러나 기업이 갑작스럽게 엄청난 외부적 충격을 받지 않는 한, 90%의 부채비율은 안정성에 크게 영향을 줄 수 있는 높은 수준이 아니다.

〈*Exhibit 7*〉은 한국도자기와 행남자기의 실적 추이를 보여준다. 2000년 이전까지 약 100억 원의 차이를 보이던 두 기업의 매출액은 2001년부터 비슷한 수준을 유지하고 있다. 수익구조를 살펴보면 한국도자기가 행남자기보다 많은 이익을 창출하고 있음을 알 수 있다. 그러나 한국도자기가 1999년 이후 지속적인 실적 하락세를 보이고 있다는 것은 4개의 그래프가 잘 설명해 주고 있다. 2000년에 약 77억 원대의 당기순이익을 창출했던 한국도자기는 2004년에는 고작 약 6억 원대의 당기순이익을 내는 데 그쳤다. 영업이익도 많이 하락하여 2000년에 100억 원대를 상회했던 영업이익이 2004년에는 약 5억 원대의 영업손실이 되었다. 이와 같은 장기적 실적 악화에 빠져 있는 한국도자기는 어떻게 이러한 손실을 메우고 투자를 이끌어 낼 수 있을까? 배당정책의 변화가 이런 문제를 해결해 줄 수 있을까?

앞서 언급했듯이 한국도자기는 동일인과 특수관계인이 100%

Exhibit 7 한국도자기와 행남자기의 실적 추이 비교

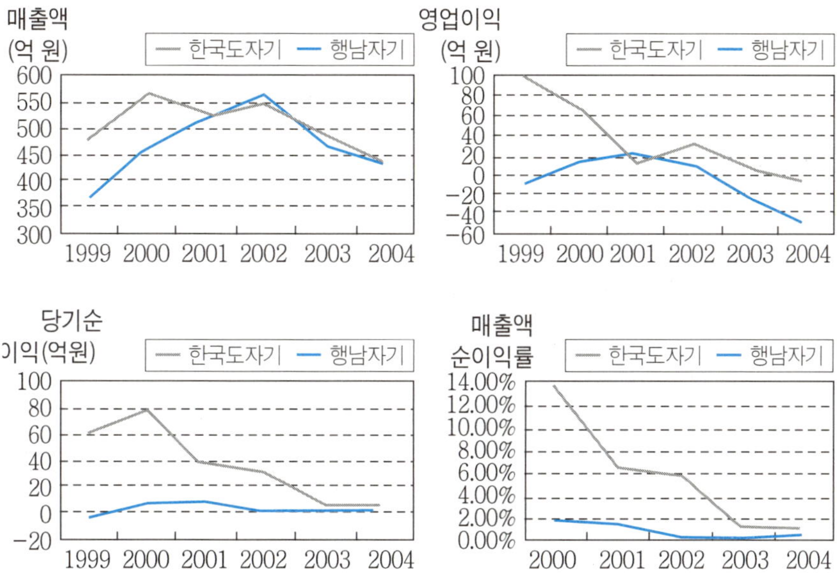

자료: 한국도자기, 행남자기

의 지분을 보유한 지배력을 바탕으로 최대주주가 직접 기업을 경영하는 기업이다. 이와 같은 형태의 기업에서는 배당이 무슨 의미를 가질까? 소유주가 100%의 지분을 가지고 있기 때문에 기업이 지급하는 모든 배당금은 소유주에게 돌아가게 된다. 또한 소유주가 경영에 직접 참여하기 때문에 배당 지급과 관련된 의사결정에도 소유주의 영향이 가장 클 수밖에 없다. 다시 말해, 본인에게 지급될 배당금의 규모를 소유주가 원하는대로 결정할 수 있다고 해도 과언이 아니다.

일반적으로 상장기업들은 배당정책에 있어 조심스러운 의사

결정을 내린다. 꾸준히 지급되던 배당금이 갑자기 하락하거나 중지된다면, 그 자체가 기업이 재정적인 어려움을 겪고 있다는 신호로 시장 내에서 해석될 여지가 있기 때문이다. 따라서 기업들은 실적이 좋더라도 높은 배당금을 지급하는 데 조심스럽게 된다. 만약 미래에 실적이 악화되더라도 꾸준한 배당금을 지급해야 하는 부담을 갖고 있기 때문이다. 그러나 100%의 지분을 소유주가 보유하고 있는 기업은 일반주주들의 눈치를 볼 이유가 없기 때문에 경영진이 배당정책을 결정하는데 있어서 상대적으로 자유로울 수 있다. 따라서 이와 같은 기업은 배당금의 규모가 영업실적에 따라 좌우되는 경우가 많다. 즉, 기업의 실적이 좋아져서 현금흐름이 나아지게 되면 배당도 같이 상승시켜 소유주가 그로 인한 이익을 얻을 수 있고, 반대로 기업이 위기에 봉착하게 되면 배당을 낮춰 소유주가 기업이 당하는 고통을 같이 감내할 수 있는 것이다.

행남자기의 배당정책을 살펴보자. 〈*Exhibit 8*〉은 행남자기의 실적과 배당구조를 보여 준다. 한국도자기가 배당금 전체를 소유주에게 지급하는 것과는 달리, 행남자기는 30%의 일반주주들에게 배당금을 지급해야 하는 기업이다. 즉, 배당정책을 결정하는 데 있어서 일반주주들의 눈치를 보지 않을 수 없다는 것이다. 행남자기는 매출액 규모에 비해 순이익이 높지 않은 기업이다. 1999년에는 당기순손실이 발생했고, 2000년에 약 8억 원 규모의 당기순이익이 발생하자 배당을 지급하기 시작하였다. 행남자기는 대주주에게는 주당 25원을 배당하고, 30%에 해당하는 일반주주들에게는 주당 150원을 배당하는 차등배당정책을 시행하였다. 이는 소유주에게 지급되는 배당을 최소화함으로써 투자자금을 마련하고, 또한 일반주주들에게 상대적으로 높은 배당을

Exhibit 8 행남자기의 실적과 배당

	1999년	2000년	2001년	2002년	2003년	2004년
매출액(백만 원)	36,438	46,609	51,531	56,203	46,777	43,700
영업이익(백만 원)	−1,276	1,156	2,247	693	−2,436	−4,875
당기순이익(백만 원)	−505	781	819	227	127	202
주당순이익(원)	−92	129	136	38	22	35
배당금(백만원)	*	385	382	370	*	*
주당배당금(원)	*	150	150	150	*	*
매출액순이익률(%)	−1.39	1.68	1.59	0.40	0.27	0.46
ROA(%)	−0.71	1.05	1.12	0.30	0.19	0.31
ROE(%)	−1.48	2.14	2.23	0.62	0.37	0.58

자료: 행남자기

지급함으로써 주주들에게도 이익에 대한 보상을 돌려 줄 수 있다는 점에서 매우 적절한 정책이었다고 할 수 있다. 행남자기는 2002년부터 실적이 하락하게 되자 2003년부터는 배당을 중지하였다.

〈*Exhibit 9*〉는 한국도자기의 실적과 배당구조를 보여 준다. 당기순이익은 2000년부터 계속 하락하고 있는데, 배당금은 2003년을 제외하고는 계속 상승하고 있음을 알 수 있다. 심지어 2003년에는 당기순이익의 두 배에 해당하는 금액을 배당으로 지급했고, 2004년에는 배당금의 규모가 당기순이익의 여섯 배에 달했다. 기업이 어려움을 겪고 있을 때 배당을 감소시킴으로써 투자를 할 수 있는 여지를 만들어 내어야 하는데, 이렇게 많은 배당금을 지급하게 되면 투자는 당연히 저해될 수밖에 없다. 과거에 경제위기가 닥쳤을 때, 한국도자기도 구조조정의 물결을 피해 갈 수는 없었다. 당시에 김동수 회장은 150억 원에 달하는

Exhibit 9 **한국도자기의 실적과 배당**

	1999년	2000년	2001년	2002년	2003년	2004년
매출액(백만 원)	47,648	56,468	52,444	54,616	48,788	42,923
영업이익(백만 원)	9,876	6,457	1,267	2,970	501	-478
당기순이익(백만 원)	6,075	7,752	3,577	3,247	691	592
주당순이익(원)	3,214	4,101	1,892	1,718	366	313
배당금(백만 원)	1,229	1,890	2,363	2,835	1,418	3,497
주당배당금(원)	650	1,000	1,250	1,500	750	1,850
매출액순이익률(%)	12.75	13.7	36.82	5.95	1.42	1.38
ROA(%)	8.07	9.54	4.34	3.78	0.81	0.72
ROE(%)	9.46	11.15	5.06	4.55	0.97	0.86

자료: 한국도자기

사재를 털어 회사에 헌납함으로써 단 한 명의 직원도 해고하지 않으면서 경영을 튼튼히 했고, 이는 많은 기업 경영인에게 귀감이 되는 사례로 알려져 있다. 계속되는 실적 악화로 인해 한국도자기는 또 한 번 위기에 봉착한 것으로 보인다. 이번에는 사재를 헌납하기 이전에 배당을 낮추고 투자를 활성화함으로써 위기를 탈출해 보는 것은 어떨까?

7.4 '무차입 경영'의 신화는 계속될 것인가?

한국도자기의 '무차입 경영'은 커다란 성공을 거두었다. 그것은 김동수 회장의 회사에 대한 남다른 애정과 열정, 꾸준한 기술개발이 없었다면 불가능했을 것이다. 또한 국가 전체에 경제위기가 닥쳤을 때에 한국도자기가 살아남을 수 있었던 원동력은 '무차입 경영'에 있었다고 해도 과언이 아니다. 무분별하게 부채를 차용해 기업의 규모를 키웠던 기업들이 부실이라는 딱지와 함께 쓰러져갔지만, 거친 폭풍 속에서도 재정적 내실을 중요시했던 한국도자기는 꾸준하게 영업신장을 이뤄 낼 수 있었던 것이다. 이와 같은 내실 경영을 통해 한국도자기는 지금까지 성장해 왔고, 822억 원대의 자산규모와 더불어 이익잉여금만으로 사옥을 마련한 국내 1위의 도자기 제조 기업이 되었다.

그러나 이제 국가 간의 무역장벽은 점점 낮아지고 있고, 한국도자기도 글로벌 경쟁에서 자유로울 수만은 없다. 또한 국내 시장에서도 행남자기의 추격은 만만히 볼 수 없는 단계에 이르렀다. 확고한 1위를 지켜내기 위해 그리고 더 크게 성장하기 위해 한국도자기는 어떤 노력을 기울여야 할까?

앞서 언급했지만, 한국도자기는 이제 822억 원대의 자산규모를 보유한 기업으로 성장했다. 그러나 기업의 규모에 비해 너무나도 전통적인 지배구조를 고집하고 있다고 할 수 있다. 과도하게 집중된 지배구조는 그로 인한 비효율성을 낳는다. 한국도자기의 경우, 동일인과 특수관계인이 100%의 지분을 모두 보유하고 있음으로 인한 비효율성은 재무구조나 배당정책을 보더라도 알 수 있다. 지배구조를 개선하기 위해서는 코스닥이나 증권거래소에 주식을 상장하거나, 혹은 임직원들에게 주식을 지급하는 방법이 있다. 주식을 상장하게 되면 일반주주들이 기업의 주식을 일정 비율만큼 보유할 수 있게 되고, 이는 소유주의 경영권 약화, 의사 결정에 대한 간섭에도 영향을 미칠 수 있다. 또한 인수 · 합병의 대상이 될 수도 있어, 경영권이 통째로 위협받는 경우가 생길 수도 있다. 즉, 시장에 주식을 상장하는 것은 한국도자기의 경영진이 원하지 않는 방법일 수 있다는 것이다. 그러나 임직원들에게 주식을 지급함으로써 지배구조를 분산시키는 것은 경영진도 만족할 수 있는 좋은 방법이 될 수도 있다. 소량이나마 기업의 지분을 보유하게 된다면 직원들의 작업 의욕은 상승하게 된다. 소유주가 회사에 대한 애착을 가지고 열심히 경영에 참여하며, 어떻게든 회사를 발전시키려 하는 것은 자신이 회사를 소유하고 있기 때문이다. 직원들에게 주식을 분배하는 것은 단순히 지배구조 분산의 역할만 하는 것이 아니라, 직원들의 애사심을 높이고 열심히 근로할 수 있는 동기를 제공하는 역할도 하는 것이다.

또한 한국도자기가 지금까지는 부채를 쓰지 않는 '무차입 경영'으로 성공신화를 이룩했지만, 이제는 재무구조를 개선하는 것도 고려해 볼만한 시점이 다가왔다. 빚이 없는 기업은 튼튼하고 안전한 반면에 효율성이 떨어질 수밖에 없다. 한국도자기가 지금까지 앞만보고 내달리는 성장을 하는 동안에는 부채를 쓰지 않아도 꾸준히 이익을 창출할 수 있었고, 도자기 시장점유율 1위를 굳건히 지켜낼 수도 있었다. 그러나 현재는 몇 년간 계속되는 실적 하락세에 시달리고 있으며, 행남자기의 추격과 더불어 시장점유율 1위의 위치도 위협을 받고 있는 실정이다. 현재 한국도자기가 유지하고 있는 20%대의 부채비율은 지나치게 낮은 것으로 평가된다. 적어도 산업 평균의 부채비율을 초과하지 않는 수준에서는 기업의 재무적 안정성에 손상을 입지는 않을 것이다. 투자에 소홀한 기업은 절대로 성장할 수 없다. 영업실적이 너무 좋아서 굳이 빚을 쓰지 않더라도 충분한 투자를 할 수 있다면 문제가 없겠지만, 현재와 같이 실적이 좋지 않은 상황에서는 원활한 투자를 이끌어 내기 위해서 부채를 어느 정도

늘리는 것이 기업에게 최적의 선택이 될 수 있다.

마지막으로 배당정책의 개선이 고려되어야 한다. 한국도자기와 같이 일반주주가 없는 기업은 배당을 지속적으로 유지하거나 상승시킬 필요가 없다. 즉, 실적에 맞추어서 배당을 지급해도 괜찮다는 것이다. 따라서 기업의 실적이 좋으면 배당을 많이 지급해도 되지만, 기업의 실적이 좋지 않을 때에는 배당을 낮출 필요가 있다. 2004년에 한국도자기는 313원의 주당순이익을 가지고 1,850원의 주당배당금을 지급하였다. 이런 상황에서 기업이 어떻게 투자 자금을 마련할 수 있겠는가? 기업이 어려움을 겪고 있을 때 소유주가 사재를 헌납하는 것도 감동적인 이야기가 될 수 있겠지만, 배당금을 낮춰 소유주가 기업의 재정적인 고통을 덜어 주는 것도 역시 감동적이지 않을까?

CHAPTER 08

홍진 HJC: 세계인의 머리에 우리의 헬멧을

김 철 승
박 성 흠
지 상 호

2004년 8월 홍진 HJC 홍진기 회장은 기업은행에서 세계 일류나 국내 최고기업으로 일군 CEO, 신용평가등급이 우수한 기업의 CEO, 사회적으로 두터운 신망을 받고 있는 인물 중에서 선정하는 중소기업 명예의 전당에 헌액되었다. 2005년까지 이 명예의 전당에 헌액된 중소기업인은 한국도자기 김동수 회장을 비롯하여 모두 7명에 불과하다. 이는 HJC가 그 동안 일궈 낸 실적들이 다른 중소기업에 비하여 월등함을 말해 주는 가장 단적인 예라고 할 수 있을 것이다.

이러한 HJC의 성공은 성공적인 해외진출전략, 지속적인 기술개발, CEO의 한결같은 경영철학 및 노사화합을 바탕으로 달성한 결과로써, 중소기업임에도 불구하고 일본 등의 선진 업체들과 당당히 경쟁을 하고 있으며 세계 시장점유율을 기준으로 몇 년 동안 1위를 유지하고 있다. 하지만 원가의 상승, 매출채권의 증가 등 비교적 작은 문제에서부터 시장 내에서의 입지선정의 문제, 재고량의 급증, 낮은 소비자 만족도 및 최근 기술혁신의 정체 등 향후 성장에 있어 중대한 문제들도 가지고 있다. 더불어 향후 10년, 20년이 넘게 기업을 지속하기 위한 기틀이 아직 완전히 갖추어지지 않았다는 점 역시 문제점으로 작용할 수 있다. 따라서 앞으로 HJC의 지속 가능한 성장을 위하여 필요한 것들이 무엇인지를 살펴보도록 하겠다.

8.1 (주)HJC 개요

HJC의 역사

1971년 홍진기업으로 설립된 HJC는 원래 헬멧 내장제(봉제품) 납품이 주력 상품이었으나 1974년 "서울 헬멧"을 인수하면서 헬멧시장에 뛰어들었으며, 상표를 "크라운"으로 개명하였다. 헬멧 사업을 시작한 지 6년만인 1980년 국내시장 점유율 1위를 달성하였으며, 이를 기반으로 1980년대 북미시장을 시작으로 해외 진출에 나서게 된다. 1982년 미국시장에 OEM 방식이 아닌 독자 브랜드로 진출하여 초창기 큰 어려움을 겪기도 하였으나

Exhibit 1 HJC 역사

1971	홍진기업 설립
1974	서울헬멧 인수, 상표 "크라운"으로 개명
1984	미국 DOT 규격 획득
1987	법인전환 (주) 홍진 크라운
	미국 법인 설립
	미국 SNELL 규격 획득
1993	분당 · 신갈지구 사원아파트 건립 입주(25세대)
1997	중국 공장 설립
1999	소사장제도 운영
	홍진 어린이집 개원
2000	물류센터 자동화 설비 도입
2001	유럽법인 설립(프랑스)
2002	홍진연구소 준공
2004	중국 공장 증축(7,500평)
2005	상호변경((주)홍진HJC)

자료: HJC

1984년 DOT규격, 1987년 SNELL규격을 획득하는 등 품질향상에 주력한 결과 1986년 해외시장에 도전장을 던진지 6년만에 북미시장 점유율 1위에 등극하였다. 이후 1990년대에는 NF(1990), ECE(1991) 등의 유럽 인증규격을 획득하였으며 1997년 중국 현지에 단순조립을 위한 현지법인을 설립하여 세계시장 진출을 위한 기반을 마련하였다. 2000년대에 접어들면서 HJC는 새로운 도약을 위한 준비작업으로 2000년 물류센터 자동화 설비를 완공하였으며, 2002년에는 홍진연구소를 준공하여 연구개발과 품질향상의 기반을 마련하였다. 뿐만 아니라 2001년 프랑스에 유럽법인을 설립하여 유럽시장 공략의 거점을 마련하였다*〈Exhibit 1. HJC 역사〉*.

조직구조 및 조직문화

HJC의 연구개발 조직은 개발본부장을 정점으로 디자인개발팀, 구조개발팀, OEM개발팀으로 구성되어 있으며 구조개발팀에서 헬멧 제조기술의 핵심이라고 할 수 있는 소재개발, 기능설계, 봉재개발 등을 담당하고 있다*〈Exhibit 2. HJC 개별조직도〉*. 2004년 현재 개발인원은 총 38명이며 CEO인 홍완기 회장이 개발과정 자체에 상당한 관심과 지원을 주고 있으며 매출액을 기준으로 7~10% 정도의 금액을 연구 개발에 투자하고 있다. 현재 HJC의 상품개발 프로세스는 구조, 상품, 디자인 등에 대한 전반적인 기획, 구조 설계, 기술 평가의 순차적인 단계로 진행되고, 제품의 변경이 짧은 시간에 이루어지지 않는 산업의 특성으로 인하여 여러 단계의 기획과정과 검토과정이 따르며, 뿐만 아니라 동시 개발을 통해 많은 개선의 가능성이 보이는 상품개

Exhibit 2 HJC 개별조직도

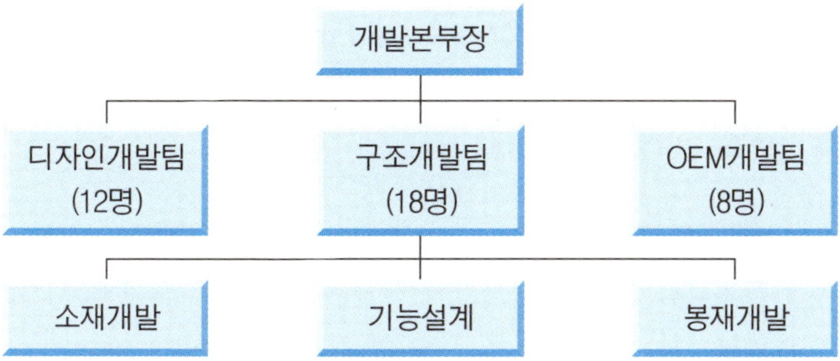

자료: HJC

발 절차라고 할 수 있겠다.

더불어 HJC의 경우 연구개발만이 아니라 기업 전체의 문화가 종업원에 대한 참여와 보상이 강조되는 조직이다. 이러한 HJC의 독특한 문화는 小사장제 또는 인센티브 정책을 통해서도 쉽게 알 수 있다. 小사장제는 한때 홍진 HJC 직원이었다가 독립한 사람들(小사장)이 만든 업체에 노동집약적이고 부가가치가 적은 봉제, 페인팅과 같은 부분을 외주로 주는 것으로, 이를 통해 품질과 생산성이 더욱 향상됨과 함께 납품업체와는 좋은 관계를 유지할 수 있었다.

홍완기 회장은 회사에 수익이 발생하면 그 수익을 연구개발이나 사원복지에 사용하는 것이 바람직하다는 생각을 가지고 있으며, 실제로 대기업 못지 않은 복지수준을 제공하고 있다. 그 예로 1993년에는 사원아파트를 지었고, 1999년부터는 맞벌이 사원들을 위해 '홍진 어린이집'을 운영하고 있으며, 또한 주택구입 자금, 자녀들 학자금을 지원하고, 사내식당, 체력단련장, 통근버스 운행, 차량보조금 지원 등 다양한 복지제도가 운영되고 있다. 또한 회사 이익의 10%를 PS(Profit Sharing)로 직원들에게 돌려 주기 때문에 직원들이 회사에 신뢰를 갖고 있으며 성과에 대한 의욕도 높은 편이다.

CEO의 경영철학

창립자인 홍완기 회장은 충남 논산시의 중농(中農) 집안 7형제 중 장남으로, 전형적인 자수성가 기업인이다. 우유 배달과 막노동으로 학비를 벌며 한양대 공업경영학과(현 산업공학과)를 다니다 돈을 벌기 위해 학업을 중단하고 1970년 봉제공장을 차려 오토바이를 타는 사람이 입는 가죽 바지를 만들기 시작했는데 이 공장이 그가 이듬해 설립한 헬멧 내장재 업체인 홍진기업의 모태다.

홍진 HJC의 캐치프레이즈는 "우리 힘으로 세계 제일"로, 홍 회장의 세계 1위를 향한 의지가 강하게 내포되어 있다고 하겠다. 한 인터뷰에서 홍 회장은 다음과 같이 언급하였다.

> "우리 선수가 일본 선수와 권투나 축구할 때 꼭 이기라고 응원하지 않느냐, 그런데 왜 운동만 일본에 이겨야 하느냐, 우리도 품질에서 일본을 눌러 보자, 일본을 이기면 세계 1위다.... 제가 얼마나 1등 제품을 부르짖었는지 직원들이 거의 최면상태가 됐나 봐요. 1982년 지금의 용인공장으로 이전했을 때 표어를 공모했는데 '내 손으로 세계 제일' '피땀 흘려 세계 제일' 등 70% 이상에 '세계 제일'이란 말이 들어갔어요. 그래서 그 때부터 지금까지 우리 회사의 캐치프레이즈는 '우리 힘으로 세계 제일'입니다."

홍 회장은 세계 제일의 위치를 차지하고 유지하기 위해서는 끊임없는 연구개발, 기술혁신이 필수적이라고 생각한다. 어린 시절부터 무언가를 만들고 그 원리를 깨닫기를 좋아해 왔던 홍 회장은, 현재에도 매일 새벽 5시에 일어나 큰 모눈종이를 꺼내 놓고 자신의 아이디어를 만들어 내고 있으며, 또한 오후에는 반드시 연구소에 가서 시간을 보내는 등 지금도 스스로 연구개발에 참여하는 것에 대해 큰 열정을 가지고 있다. 홍 회장은 기업도 언젠가 망할 수 있다는 위기 의식을 항상 가지고 있으며, 제품출시시 스스로 판단해서 가격이나 품질이 불합리하다고 판단하면 절대 시장에 내놓지 않는다고 한다. 또한 한 번 투자하기로 결정하면 신속하게 집행하고, 실패에서도 배운다는 마음가짐으로 투자에 대해 망설이지 않는다.

홍진HJC는 현재 노조가 없지만 큰 노사 간 갈등을 겪지 않았는데, 모든 갈등은 인간관계에서 비롯되고 경영자가 먼저 모범을 보여야 한다는 생각을 가진 홍 회장의 태도가 노사화합을 이끌어 내는 데에 큰 역할을 했음을 짐작할 수 있다. 그는 직원들에게 비전을 제시하고 그 비전을 이루기 위해 함께 노력하는 것이 노사공존의 해법이라고 강조한다.

재무현황

HJC는 2004년 말 기준으로 총자산이 902억 원, 고정부채 31억 원, 유동부채 122억 원을 보유하고 있으며, 2004년의 매출액은 1,289억 원, 당기순이익은 105억 원으로 상당히 건실한 재무구조를 가진 중소기업으로 평가할 수 있다. 1999년 이후 지속적으로 매출액의 신장을 기록하고 있으나 2001년을 기점으로 당기순이익이 점차 감소하는 경향을 보이고 있다. 이는 매출액 대비 원가의 비중을 통해서도 그 원인을 어느 정도 파악할 수 있는데, 2001년의 경우 매출액 대비 매출원가의 비중이 68.9%였으나 2003년과 2004년의 경우 각각 79.3%, 77.0%로 상당 수준 증가하였다. 자산은 지속적으로 증가하고 있으며 부채의 규모는 일정 수준을 유지하고 있으나 재고자산의 규모가 지속적으로 늘어나고 있어 이에 대한 관리가 요구된다. HJC는 앞서 설명한 바와 같이 자산 대비 부채의 비율이 매우 적어서 유동성의 문제는 예상되지 않으며 다만 수익성/활동성 지표를 감안할 때 매출의 증가와 같은 양적인 성장에 비해 질적인 성장이 더딘 것으로 파악된다. 그리고 당기순이익은 다소 감소하고 있으나 주주에 대한 배당은 2002년부터 일정하게 실시하고 있다. 다음에 살펴보겠지만 홍완기 회장의 일가가 주식의 90% 이상을 소유하고 있기 때문에 지속적인 배당이 갖는 경제적/경영적 측면에서의 의미는 그리 크다고 보기는 어렵다〈*Exhibit 3. HJC 재무현황*〉.

8.2 (주)HJC 성공요인

과감한 R&D 투자

앞서 HJC의 조직구조에 살펴본 바와 같이 HJC는 전체 매출의 약 7%를 연구개발에 투자하고 있으며, 2004년 현재 전체 직원 310명 중 연구개발관련 인력이 39명으로 전체 직원의 약 13%를 차지하고 있을 만큼 연구개발에 많은 투자를 하고 있다.

Exhibit 3 HJC 재무현황

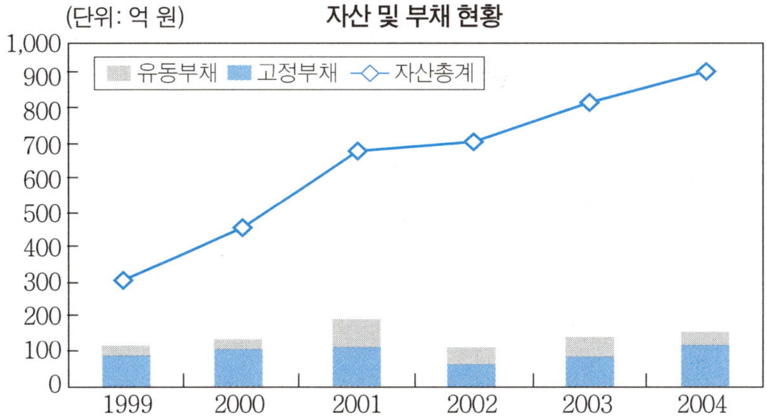

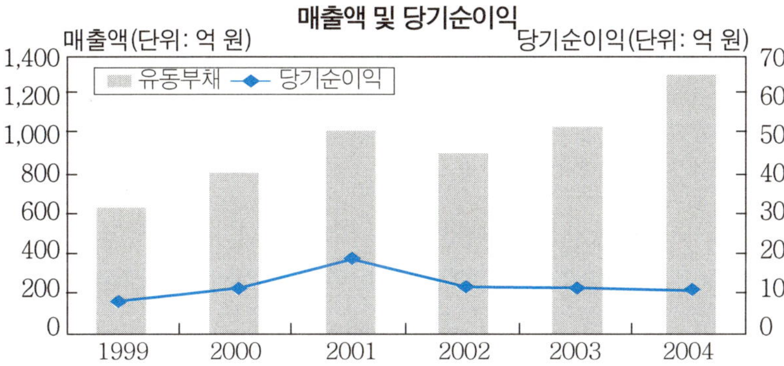

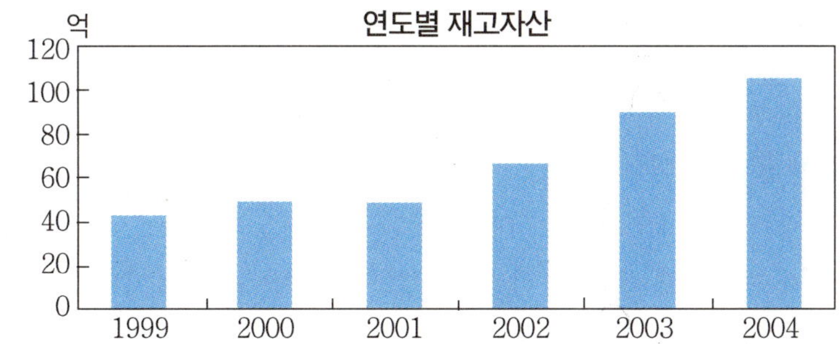

자료: HJC

Exhibit 4 안전규격 획득 현황

	DOT규격	SNELL규격	전사지 개발	플라스틱 쉘	SY-MAX
획득년도	1984	1987	1989	1990	1999
기술획득	자체개발	자체개발	자체개발	자체개발	자체개발
기술유형	소재기술	소재기술	외관 디자인	소재기술	기능설계
시 장	기본 시장 요구사항	기본 시장 요구사항	기본 시장 요구사항	저가의 SNELL 규격 제품	Open type과 Full Face의 장점 취합
내부자원	시험항목 이해부족	DOT를 통한 기본지식습득	경험 없음	다른 분야의 기술수준발전	기계엔지니어 기구 지식
해결법	Kevlar 도입 DOT 심사관 지식습득	충격완화제 적정밀도조합	Trial & error 통한 잉크조합	ABS+PC 두 재료 혼합	새로운 메커니즘 설계
효 과	미국시장 판매가능	동등규격 안전수준	동일경쟁선상	가격경쟁우위	제품기능 경쟁우위

자료: HJC

그 결과 자체 브랜드와 관련하여 특허 26건, 실용신안 31건, 의장 45건, 상표 76건 등을 보유하고 있으며, 뿐만 아니라 SNELL, ECE, JIS 등 세계의 유명 안전규격을 거의 획득하여 품질 면에서 세계 어떤 경쟁업체에도 뒤지지 않은 기술력을 보유하고 있다〈*Exhibit 4. 안전규격 획득 현황*〉.

성공적인 해외진출 전략

HJC는 전체 영업이익 중에 내수는 10% 이내이며 수출이 90% 이상을 차지하는 것에서 알 수 있듯이 절대적으로 해외수출에 의존하는 기업이다. 이처럼 HJC가 수출을 통하여 전체 수익의 대부분을 얻을 수 있었던 요인 중 가장 중요한 것은 해외시장진출을 도모했던 초창기부터 OEM이 아닌 독자 브랜드를 활용하여 해외시장을 개척하였다는 점이다. 이러한 독자 브랜드 전략은 해외시장개척 초창기에 많은 어려움을 회사에 가져다 주었지만 지금은 더 많은 이익을 창출해 내는 가장 중요한 기반으로서의 역할을 하고 있다. HJC가 미국 시장에 진입하기 이전에 일본의 SHOEI와 ARAI사는 이미 미국시장에 탄탄한 기반을 마련한 상황이었기 때문에 HJC는 낮은 가격에 고품질로 승부하는 방법 외에는 특별한 전략이 있을 수 없었다. 그래서 HJC는 품질면에서 세계제일이 되겠다는 장기적 전략하에 좋은 이미지를 구축하고, 고가와 저가제품의 틈새시장을 고품질 중가전략으로 공략함으로써 성공을 거둘 수 있었다. 그리고 HJC는 여러 유통업체를 통한 유통업체끼리의 제살깎아먹기식 경쟁으로 발생할 수 있는 유통시장의 혼란을 막고 대륙별(미국제외) 유통담당자를 한 곳만 선정하여 유통업체의 수익성을 확보해 주어 유통업체가 영업에 적극적일 수 있게 동기를 갖게끔 하는 방식으로 해외유통망을 확보하였다. 특히, 미국시장에서는 도매상들의 역할이 매우 중요하다는 점을 간파하고, 시장을 3등분(서부, 중부, 동부)한 뒤, 각 지역에서 유망하다고 판단되는 하나의 도매상만 선택하여 제품을 독점 공급하는 방식으로 영업을 수행하였다. 마지막으로 직판망을 구축하기에는 자금력이 부족했던 HJC는 '판매대리인' 제도를 활용하였는데, 제조 · 수출업체를 대신해 도 · 소매상에 제품을 파는 판매대리인들은 독자적으로 활동하며 실적에 따라 5~10%의 수수료를 받았다. 이러한 방식은 제조업체가 수입상을 거쳐 유통업체, 도 · 소매상에 물품을 공급하는 전통적인 유통과정에서 수입상과 중간유통과정을 건너뛰기 때문에 20~30%의 원가절감효과를 가질 수 있었다. 시간이 지나면서 HJC 헬멧이 품질의 우수성과 모델의 패션성으로 인해 소비자들에게 호응을 받기 시작하자 많은 바이어들이 접근해 왔지만 장기적인 안목으로 기존도매상들과의 거래관계를 더욱 돈독히 유지하여 장기적으로 HJC의 성장과 함께 거래 상대인 바이어회사들도 실적이 점점 좋아져 마치 전속도매상의 형태를 띠게 되었으며 바이어들도 초기에는 일본 및 미국의 다른 헬멧제조업체들의 제품도 취급하였지만 점차 모든 관계들을 끊고 HJC와의 거래만을 유지하게 되는 효과를 가져왔다.

CEO의 리더십과 지배구조

HJC의 CEO인 홍완기 회장은 회사의 성장과정 속에서 많은 어려움과 OEM, 다양한 도매유통업자를 활용한 판매 등의 유혹이 있었으나 창업부터 세계 제일을 추구하는 일관된 경영철학과 원칙에 기반한 회사운영을 통하여 HJC만의 독특한 기업문화를 정착시켰다. 특히 CEO가 직접 제품 개발과정에 참여할 정도로 연구개발에 대하여 지속적으로 노력하여 왔으며 그 결과 오늘날의 세계 최고 품질의 제품이 있을 수 있는 기반이 되었다. 그리고 HJC는 무노조 경영을 추구하고 있다. 권위주의 시대의 노조탄압을 통한 무노조 경영이 아니라, 이익분배제도, 소사장제도, 사원아파트 건립 등의 상생하는 노사화합의 기업문화에 의한 사원복지 증진을 통하여 무노조 경영의 원칙을 고수하고 있다.

이러한 HJC 고유의 기업문화는 상당 부분 회사의 지배구조와 밀접한 연관관계가 있는 것으로 생각된다. HJC는 주식시장

Exhibit 5 HJC 주식보유 현황

	보유주식 수	지분율	비 고
홍완기	2,503,645	49.09%	대표이사
홍수기	1,321,190	25.91%	(주)홍진싸이클 대표이사
홍윤기	484,245	9.50%	북경푸른솔체육용품유한공사 대표이사
홍효기	260,392	5.10%	상무이사
김희기	234,615	4.60%	감사
홍석중	51,000	1.00%	대표이사 장남
김신정	14,985	0.29%	
우리사주조합	230,000	4.51%	
합 계	5,100,000	100%	

자료: HJC

에 공개가 되지 않은 비상장 회사로 대주주이자 CEO인 홍완기 회장의 지분이 전체 주식의 49.09%에 달한다. 뿐만 아니라 홍완기 회장의 형제와 아들이 보유하고 있는 지분이 41.51%나 되므로, 홍완기 회장 일가가 소유하고 있는 주식이 90.6%나 된다 *〈Exhibit 5. HJC 주식보유 현황〉*. 따라서 회사 경영을 홍완기 회장의 의지대로 이끌 수 있는 환경이 구비되어 있다. 이러한 지배구조는 대주주의 의지에 따른 기업 운영을 가능케 해 줌으로써 대기업에 비해 각종 자원이 부족한 중소기업이 세계 시장의 무한 경쟁에서 살아남고 승리할 수 있는 데에 많은 도움이 되었다고 할 수 있다. 향후 회사의 성장에 따라 기업공개가 이루어질 수 있을 것이며, 이 경우 건전하고 투명한 지배구조를 갖는 동시에 HJC 특유의 경쟁력을 잃지 않을 수 있는 지배구조를 갖도록 해야 할 것이다.

8.3 시장환경 분석

전체 시장

오토바이 헬멧 시장은 지역적으로 크게 북미, 유럽, 중국 및 동남 아시아로 나눌 수 있으며 북미에서는 미국이 가장 대표적인 시장이며 유럽에서는 독일이 주도한다고 볼 수 있겠다〈*Exhibit 6. 오토바이 헬멧 시장 분석*〉. 2003년의 경우 HJC가 북미시장 점유율이 50%를 넘고 있으나 유럽 11.9%, 기타 2.16%인 점을 감안하면 유럽시장에 대한 추가적인 공략과 저가제품중심의 중국과 동

Exhibit 6 오토바이 헬멧 시장 분석

지 역	125cc 이상 라이센스 소유자	특 징
미 국	1,500,000명	남/여 비율: 91.3%/8.7% 연령별: 18~24(14.5%), 25~40(37.9%), 40 이상(44.6%) 절반 이상이 할리 데이비슨을 소유
독 일	3,000,000명	남/여 비율: 86.7%/13.3% 연령별 : 18~24(8.4%), 25~40(59.1%), 40 이상(32.5%) 모터사이클 유럽시장 리드
프랑스	892,000명	유럽의 기후가 온난화되면서 점차 라이더가 증가하고 있는 추세임
영 국	822,000명	
스위스	395,000명	
중 국	해당 없음	가장 큰 시장이나 소배기량 위주, 생산면에서 외국업체 생산기지 마련, 기술이전 용이
동남아시아	해당 없음	소형 스쿠터위주 라이더 헬멧사용 인식부족 법제 미비

자료: HJC

남아시아 지역에 대한 대책이 필요함을 알 수 있다.

고객 측면

고객들은 헬멧을 선택함에 있어 대부분이 가격보다는 디자인과 편안함을 추구하고 있으며 상대적으로 가격이나 안전성에는 큰 비중을 두고 있지 않다. 이는 헬멧이 오토바이 운전자의 안전을 보장하기 위한 제품이나 대부분의 제품이 최소한의 안전규격을 통과해야 하기 때문에 고객들이 안전에 대해 상대적으로 덜 민감한 것으로 보인다. 그러나 연령대 별로 살펴보면 약간의 차이가 보인다. 30대 이전에는 디자인이 가장 큰 선택요인이고 편안함이 두 번째 선택요인이나 연령이 늘어날수록 디자인에 대

Exhibit 7 오토바이 헬멧 선택 요인분석

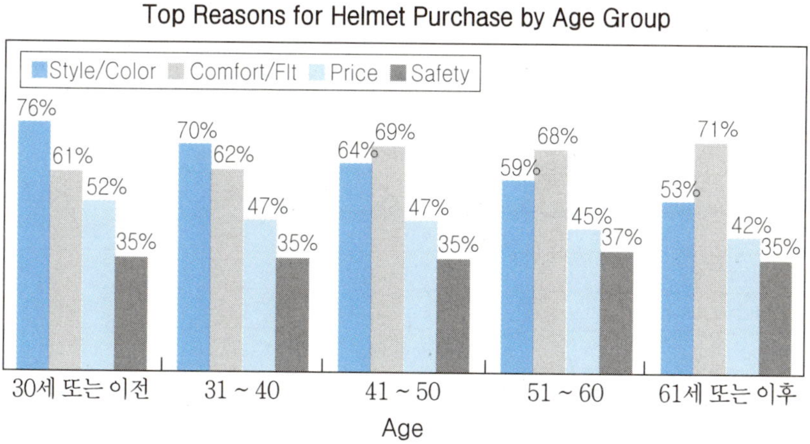

자료: JD Power 2004 Motorcycle helmet satisfaction study

한 관심은 적어지고 편안함에 대한 관심이 증가하여 40대 이후에는 편안함이 가장 큰 선택요인이 되고 있다*〈Exhibit 7. 오토바이 헬멧 선택 요인분석〉*.

경쟁구도 측면

2003년 시장점유율을 기준으로 볼 때 HJC는 세계시장의 22% 점유율을 가지고 있고, 주요 경쟁자는 Nolan, Shoei를 들 수 있으며 계속해서 품질과 편안함 등 여러 분야에서 가장 호평을 받고 있는 Arai 또한 포함할 수 있겠다. 단순 시장점유율이 아니라 가격대와 주요 제품라인별로 경쟁 현황을 살펴보면

Exhibit 8 제조사별 품질만족도

Brand		Fit and comfort	Color/Graphic Design	Overall Satisfaction
Arai	AWARD	●●●●●	●●●●●	●●●●●
Fulmer		●●○○○	●●●○○	●●○○○
Harley-Davidson		●●●●○	●●●●●	●●●○○
HJC		●●●○○	●●●○○	●●○○○
KBC		●●●●○	●●●●●	●●●○○
Nolan		●●●●○	●●●●○	●●●○○
Schuberth		●●●●●	●●●●○	●●●●○
Shoel		●●●●●	●●●●●	●●●●○
Vega		●●●○○	●●●●○	●●○○○

* 진한 동그라미가 많을수록 만족도가 높음.

자료: JD Power 2004 Motorcycle helmet satisfaction study

HJC의 경우 중저가 헬멧 시장을 타겟으로 하고 있으며 해당시장에서의 주요 경쟁자는 Nolan, KBC, AGV로 파악된다. 즉, 고급 제품은 Arai와 Shoei가 양분하고 있으며 나머지 중저가 시장을 HJC와 상기 경쟁자들이 경쟁을 벌이고 있는 상황이다.

각 제조사별 고객의 만족도 조사 결과를 살펴보면 Arai와 Shoei가 가장 높은 만족도를 나타내는 반면 HJC의 경우 산업평균에 미치지 못하는 만족도를 보이고 있다. 또한 디자인과 편

Exhibit 9 **ADAC 헬멧 테스트 결과**

■ ADAC 헬멧 테스트

모델명 / 구 분	Shoel Raid	Uvex V1	AGv Bolt	Arai AC-10	HJC AC-10	Kiwl K 500	Nolan N92 Classion	Dainess Ergon Evo1	FM F 101	LXS HX-290	Vemar VSS
소비자가격 DM	599	549	659	749	550	499	499	649	499	549	499
쉴드가격 DM (따로 구입시)	90	90	95	100	50	79	47	61	80	90	69
헬멧 중량(g)	1436	1446	1312	1405	1526	1400	1365	1409	1363	1456	1419
사고시 안정성	2.5	2.6	2.5	3.0	2.7	2.7	2.4	2.7	2.6	2.9	2.8
시야 확보	2.8	1.6	2.8	2.6	3.1	2.5	2.6	3.3	3.3	2.9	3.3
공기역학/ 소음방지	3.0	3.4	3.4	2.4	2.4	3.1	3.1	3.8	3.4	2.6	3.8
조작의 용이성/ 착용감	2.1	2.4	2.5	2.4	2.7	2.5	2.8	2.5	2.6	2.7	2.4
헬멧	2.3	2.6	2.6	2.4	2.9	2.3	3.0	2.6	2.8	2.9	2.6
턱끈	2.2	2.3	2.3	2.3	2.5	3.2	2.3	2.7	2.3	2.3	2.3
쉴드	1.5	2.2	2.3	2.2	2.3	2.3	2.8	2.3	2.5	2.5	2.2
종합 점수	2.4	2.5	2.6	2.6	2.7	2.7	2.7	2.8	2.8	2.8	2.8
ADAC 평가도	★★★	★★★	★★	★★	★★	★★	★★	★	★	★	★

★★★ 강력하게 추천 ★★ 추천할만 함 ★ 조건부 추천(테스트 점수는 낮을수록 좋다.)

자료: ADAC 평가 결과

안함 모두에서 평균 정도의 만족도만을 나타내고 있어 HJC가 향후 고가 제품으로의 확장을 위해서는 이 부분에서 많은 개선이 요구된다고 하겠다〈*Exhibit 8. 제조사별 품질만족도*〉.

소비자 입장에서의 만족도가 아니라 안전성, 시야확보 등 구체적인 성능에 대한 경쟁사와의 비교자료를 살펴보면 안정성과 공기역학/소음방지에서는 좋은 테스트 결과를 보이고 있으나 시야 확보, 조작의 용이성 및 편안함에서 경쟁사에 비해 성능이 낮은 것을 알 수 있다. 이는 미국 소비자들이 가지고 있는 HJC 제품에 대한 불만족의 가장 큰 이유라고 볼 수 있으며 특히 다른 제품에 비해 무게가 무거운 점 또한 HJC의 약점이라고 할 수 있겠다〈*Exhibit 9. ADAC 헬멧 테스트 결과*〉.

8.4 HJC가 당면한 과제와 향후 발전 방안

외부적 측면

외부적 측면에서 HJC의 향후 발전을 위해 가장 중요한 업무는 제품을 새롭게 포지셔닝하는 것과 신규 시장을 개척하는 일이라 할 수 있다.

현재 HJC의 제품은 중저가에 집중되어 있는 것이 사실이다. 이러한 상황에서는 기존 시장 특히 북미와 유럽 시장에서의 수익률을 향상시키는 데에 한계가 있을 수밖에 없다. 기존의 중저가 시장은 물론 일본의 Shoei, Arai와 같은 고가 시장에 도전하기 위한 전략이 요구되는 시점이다. 기존의 HJC 소비자들이 불만을 갖고 있는 편안함, 디자인 측면의 개선을 통한 고급 제품을 개발하고, 이를 고가의 제품으로 판매하는 것이 향후 HJC의 성장을 위해 필요하다고 판단된다. 이러한 과정에서 기존의 브랜드와는 다른 신규 브랜드를 도입할 필요성이 있다. 기존 HJC의 고객들은 HJC의 제품을 저가 브랜드로 인식하고 있다. 이러한 상황에서 기존 HJC브랜드를 갖고 무리하게 고가 시장까지 확장할 경우 소비자들의 인식에 혼란을 불러일으킬 수 있고, 이로 인해 기존의 중저가 시장에서도 어려움을 겪게 될 가능성이 존재한다. Toyota가 고급 자동차 시장에 진출하기 위해 Lexus라는 브랜드를 도입했듯이, HJC도 Shoei, Arai에 도전하기 위한 새로운 브랜드를 런칭하는 것이 기존의 시장을 살리는 동시에 신규시장에 진출에 성공할 수 있는 방법이라 판단된다.

신규시장 개척 역시 매우 중요한 업무라고 할 수 있다. 앞부분에서 지적했듯이, HJC의 주요 시장은 북미 시장으로 유럽이나 아시아에서는 시장점유율이 떨어지는 편이다. 유럽 시장의 경우는 북미 시장과 마찬가지로 기존의 중저가 제품과 새로 고가 제품을 갖고 공략하는 것이 바람직할 것이다. 반면, 아시아 시장의 경우 기존의 중저가 제품으로도 충분히 공략이 가능할 것으로 보인다. 시장 진출에 장애요인으로 작용하는 헬멧 착용에 대한 인식 부족을 개선할 수 있는 안전 캠페인 등을 통한 마케팅 전략이 필요할 것이다. 특히, 중국 시장은 HJC가 공장을 직접 설립한 시장인 만큼 보다 중점적인 관리가 필요한 시장이라 할 수 있다.

내부적 측면

내부적 측면에서 가장 중요한 업무는 내부 운영 프로세스의 개선이라 할 수 있다. 이는 매우 복합적인 것으로, 제품 개발 프로세스, 수요 예측 프로세스 등을 아우르는 개념이라 할 수 있다.

최근 몇 년 사이에 HJC의 재고 자산이 급격히 증가하는 경향을 보이고 있다. 이는 판매 시장이 증가하고, 판매하는 제품이 증가하면서, 제품별 수요예측이 점차 어려워졌기 때문이라 할 수 있다. 재고 자산의 증가는 회사 운영의 부담으로 연결되기 때문에 적정한 수준으로 낮추기 위한 개선 활동이 필요하다. 이를 위해 유통망과 연계된 프로세스 개선이 필요할 것이지만, 무엇보다도 제품 모델의 숫자를 줄이는 것이 우선되어야 할 것으로 판단된다. 여기서 말하는 모델은 헬멧 자체의 외형 디자인이 다른 것을 말하는 것으로 현재 HJC의 제품 모델은 경쟁 업체에 비해 지나치게 많은 편이다. 이는 고객의 다양한 요구를 만족시키기 위한 것으로 볼 수 있지만, 지나치게 많은 모델은 HJC의 부담으로 작용할 수밖에 없다. 모델이 다양할수록 개발 과정에서는 개발비가 증가하게 되고, 생산과정에서는 생산일정의 수립에 어려움을 겪게 되며, 나아가 생산 모델을 변경할 때에는 생산 라인이 중단되는 등 간접비 증가 등으로 이어져 생산원가 상승의 원인이 된다. 또, 이렇게 생산된 제품생산량이 판매 수요와 맞지 않을 경우에는 결국 재고로 남게 되면서 HJC에 재고 부담을 주게 되는 것이다. HJC의 재고량이 증가하고, 생산원가가 상승하게 된 데에는 이러한 원인이 작용하였을 것으로 보인다. 수익성이 떨어지는 모델의 수는 줄이고, 대신 각 모델별로 색상과 디자인을 다양하게 하는 것이 고객의 다양한 요구를 만족시키는 동시에 HJC의 내부 효율성 향상에 도움이 될 것으로 판단된다. 이와 같은 개선이 이뤄진 후에 유통망과 연계된 수요예측 프로세스 개선도 효과를 거둘 수 있을 것이다.

제품의 품질에 있어서는 더 이상 기본기능 향상이 아닌 고객이 원하는 '편안함'과 '디자인' 쪽으로 개발의 중심을 옮겨야 할 것으로 보인다. HJC는 이미 각종 규격을 통과한 상태이므로, 이 부분에 있어서는 인정을 받았다고 할 수 있다. 하지만, 고객들이 내리는 평가에 있어서는 HJC의 점수가 그다지 높지 못하다. 고객들은 HJC의 제품을 다소 무겁고, 불편하고, 디자인도 평범한 제품으로 평가하는 경향을 갖고 있다. 연구개발의 중심을 이러한 부분으로 옮김으로써 고객의 불만을 해소하는 것은 물론 앞에서 언급한 고가 시장으로 진출하는 것이 바람직하다고 판단된다.

이와 같은 내외부적 측면에서의 전략을 *〈Exhibit 10. HJC 향후 전략〉*에 정리하였다.

Exhibit 10 **HJC 향후 전략**

구 분	기존 브랜드	신규 브랜드
Place	기존 시장+동남아, 중국 강화	북미, 유럽
Product	기존 제품군	'편안함', '디자인' 강화 제품군
Price	기존 가격	200달러 이상
Promotion	안전 캠페인, 재고 소진 할인	신규 브랜드 홍보

자료: HJC

재무적 측면

이와 같은 업무, 특히 새로운 브랜드 런칭, 신규시장 개척과 같은 업무를 추진하기 위해서는 상당한 규모의 자금이 필요할 것이다. 현재 HJC는 총자산이 900억 원이 넘고, 보유 현금이 60억 원 가량이 되는 반면 부채는 150억 원 정도에 불과한 매우 안정적인 재무구조를 갖고 있다. 이러한 상황에서 추가적인 자금조달에 큰 어려움은 없을 것으로 예상된다. 오히려, 지금의 부채비율은 부채로 인한 법인세 감면효과를 기대하기 어려울 정도로 지나치게 낮은 비율이라 할 수 있다. 세계 시장 1위라는 위치 등을 감안할 때, HJC의 파산 위험성은 현재로서는 매우 낮다고 볼 수 있으므로, 지금보다는 보다 높은 부채비율을 가져가는 것이 필요할 것으로 판단된다. 사실상 최적 부채비율을 구하는 것은 불가능하지만, 지금의 HJC의 재무구조로 볼 때에는 신규시장 진출 등에 필요한 자금은 부채의 형태로 조달하더라도 무방할 것으로 보인다.

많은 기업인들은 자신의 회사를 상장시키고자 한다. 상장을 통해 자신의 회사를 사회적으로 인정받고자 하는 마음도 있을 것이고, 현실적으로는 회사운영에 필요한 자금을 조달할 수도 있고, 또 일부 주식을 매각함으로써 수익을 실현시킬 수 있기 때문이다. HJC의 경우 당분간은 기업공개(IPO)의 가능성은 없어 보인다. 일단, 위에서 언급했듯이 보유 현금의 규모도 상당한 편이고, 부족한 자금은 부채의 형태로도 얼마든지 조달 가능하다고 보이기 때문이다. 지금과 같은 상황에서는 기업공개를 통해 다른 주주들이 HJC의 경영에 참여하게 될 경우 경영에 혼란을 줘서 오히려 HJC의 경쟁력을 약화시킬 수도 있을 것이다. 물론, 사업이 더 확장이 된다면 그 때에는 기업공개가 필요하게 될 것이다. 하지만, 무조건적인 기업공개를 추진하기보다는 현재 활용 가능한 자원을 우선적으로 활용하는 것이 더 올바른 접근이라 보인다. 또, 한편 기업을 공개하게 될 경우에는 기업공개에 앞서서 다양한 주주들의 의견을 담아 낼 수 있는 내부 시스템의 개선이 우선되어야 할 것이다.

기 타

HJC는 현재 효성기계공업(주)와 같은 회사의 주식을 20% 가량 보유하고 있고, 회사의 경영에도 일정부분 참여하고 있다. 효성기계공업(주)의 주요 사업부문이 오토바이 생산이므로, HJC의 이와 같은 주식 보유 및 경영 참여는 전혀 연관이 없는 사업에 대한 투자라고 보기는 어렵지만 그렇다고 HJC와 직접 연관된 사업이라고 보기에도 무리가 따른다. HJC가 성장함에 따라 이와 같은 기회는 앞으로 더 늘어날 것으로 보인다. HJC 이전에 성공했던 기업들의 경우 이와 같은 기회를 기회로 활용하지 못하고 몰락했던 경우도 많았다. HJC는 자신들의 전문성을 최대한 살리고 시너지 효과를 기대할 수 있는 부문에 대한 투자를 해 나감으로써 앞선 기업들과 같은 실패를 경험하는 일이 없도록 해야 할 것이다.

CHAPTER 09

(주)놀부: 한국형 외식프랜차이즈

강 선 우
김 륜 희

9.1 (주)놀부의 창업부터 성공까지

회사 개요

전세계 8,000개의 점포를 가진 글로벌 기업인 스타벅스와 우리나라 한식 프랜차이즈를 대표하는 (주)놀부가 같은 해에 시작했다는 사실을 아는 사람은 많지 않을 것이다. 1987년, 미국에서 하워드 슐츠는 시애틀의 길모퉁이에 위치한 작은 커피숍을 인수했고, 우리나라에서는 김순진씨 부부가 서울 신림동 5평짜리 공간에 보쌈을 주메뉴로 하는 자그마한 음식점을 열었다. 1987년 그 누구도 작은 커피숍과 음식점이 이렇게 큰 성공을 거두리라고는 생각하지 못했을 것이다.

여러 단품 음식점들이 본점에서의 성공을 기점으로 프랜차이즈 사업을 확장시키고 있는 가운데, 단연 돋보이는 것은 (주)놀부이다. 규모면에서 국내 최대 한식 프랜차이즈 기업이면서 한정식부터 보쌈, 부대찌개 등 단품 음식까지 다양한 브랜드로 지속적으로 성장해 왔으며, 창업 후 20년이나 지난 지금도 30~40% 대의 성장률을 보이고 있다.

(주)놀부는 1987년 5월 10일 신림동 뒷골목의 5평 점포 '놀부보쌈'으로 시작하여 창업 이후 19년이 지난 2006년 현재, 전국에 530여 개의 가맹점을 거느릴 만큼 크게 성장한 토종 외식업체다. 1989

년 본격적으로 프랜차이즈 사업을 시작한 (주)놀부는 그 동안 놀부보쌈, 놀부명가, 놀부부대찌개, 놀부집 항아리갈비, 솥뚜껑 삼겹살, 시골상차림 놀부집, 놀부유황오리 진흙구이 등의 브랜드를 갖추며 수익원 다각화를 이룬 모범적인 기업이다. 특히 대기업의 막강한 자본에 의지하여 존속하는 타한식업체들과 달리 소자본으로 시작하여 현재의 규모를 일구어 낸 (주)놀부의 사례는 국내에서 새롭게 외식업계로의 창업을 고려하거나 이미 시작한 기업에게 좋은 본보기가 되고 있다.

(주)놀부는 국내의 치열한 한식업 경쟁 속에서도 짧은 시간에 급속한 성장을 하여 1998, 2001년 한국프랜차이즈 종합 대상을 수상하며 명실상부 국내 최대의 한식 프랜차이즈로 자리매김하였다. 또한 과학적인 프랜차이즈 시스템과 한식의 표준화를 통해 2003년 기술표준원 선정 한국서비스품질우수기업 인증을 획득하는 등 타 한식업체와 비교되는 행보를 보여 주기도 하였다. 한편, 2004년 산업자원부 주최의 국가생산성대상, 2005년 국가생산성 국무총리표창을 수상하였다.

이렇게 (주)놀부가 한식의 대표적인 프랜차이즈로 자리잡는데까지는 (주)놀부만의 특별한 무언가가 있었다. 이렇게 크게 성장했음에도 불구하고 (주)놀부가 매출이 500억에 달하는 커다란 기업인지 아는 사람은 많지 않을 것이다. 본사의 매출이 500억이면, (주)놀부의 전가맹점들로 인해 창출되는 사회적 부는 엄청난 것이다. 이에 본 연구에서는 (주)놀부의 성공에 대해서 알리고, 그 커다란 성공 뒤에 숨어 있었던 (주)놀부만의 특별한 전략들을 파헤쳐 앞으로 우리나라 외식업의 발전에 공헌을 할 수 있는 가이드라인을 제공하고자 한다.

주요 연혁

1987년	3월	「골목집」이란 상호로 태동(영업장 5평, 자본금 300만 원)
	5월	「놀부보쌈」창업(영업장 12평,자본금 500만 원)
1988년	4월	신림극장 인근에 2호점인 신림점을 개점(영업장 40평)
1989년	4월	체인 1호점인 「놀부보쌈」 '상도점' 을 개점함으로써 본격적인 체인사업 전개
	8월	난곡본부점을 개점한 이래 그 해 연말까지 23개의 체인점을 형성
1990년	1월	주식회사 「農園食品」을 설립(자본금 5천만 원)하였고, 3월 23일 경북, 경남, 호남지사를 개설
1991년	3월	충북 음성에 중앙공급식 주방(C.K.) 음성공장을 준공(대지 2,000평, 건평 700평)
1992년	2월	「놀부부대찌개」전문점 개발
1993년	4월	말레이시아에 「NOLBOO Ⅱ 개점」
	9월	법인명을 (株)農園食品에서 (株)놀부로 변경
1995년	4월	「놀부솥뚜껑삼겹살」 개발(의장등록 특허 제 184077호)
1996년	9월	창업 10주년 기념 C.I.P 작업 시작(1997년 9월 완료)
1997년	12월	시골상차림 「놀부집」 개점(예술의 전당 건너편)
1998년	11월	NB 푸드 서비스 창립
1999년	10월	놀부 종가 창립
	12월	유황오리 진흙구이 개발(잠실점)
2001년	5월	ISO9002 인증획득
2002년	2월	놀부 명가 창립
	11월	ISO9001 인증획득
2003년	12월	산업자원부 - 기술표준원 선정 한국서비스품질우수기업 인증 획득
2004년	1월	놀부한판석쇠구이 브랜드 런칭
	5월	HACCP 위해요소중점관리기준 인증 획득
	6월	보쌈과 순대 브랜드 런칭
	9월	국가생산성대상 수상
	12월	한국유통대상 국무총리상 수상
2005년	12월	국가생산성대상 국무총리 표창수상(고객만족부문)

자료: (주)놀부

외식 시장

그 동안 외식산업은 여성의 사회 진출이 확산되고 핵가족이 늘어나면서 가구당 월평균 외식비 지출이 1987년부터 2005년까지 15배 가량 증가하는 등 꾸준한 성장을 해 왔다. 뿐만 아니라 주5일제 도입, 소득수준의 향상, 여가 문화의 다양성 등 복합적인 요인에 의해 미래 산업으로 지속적인 성장이 기대되는 분야이기도 하다. 국내 외식산업의 매출액 규모는 지난 10년간 30%의 성장을 하였지만 사업체 수는 그다지 증가하지 않았다. 이는 소득수준이 증가함과 동시에 대형 레스토랑의 메뉴에 관심을 갖는 사람들이 증가하였기에 소규모 외식업자의 입지가 점점 좁아지고 있음을 의미한다.

이를 미리 눈치챈 듯 90년대에 이미 아웃백, TGI프라이데이 같은 외국계 패밀리레스토랑이 국내에 진출하여 큰 성공을 거두었다. 우리나라의 소득수준 향상과 구매자 취향에 민감하게 반응한 결과였다. 한편, 비슷한 시기에 대형 체인 레스토랑을 선호하는 사람이 늘면서 이탈리안, 퓨전, 디저트, 한식 등을 중심으로 외식 산업의 프랜차이즈화가 가속화되었다. 그러나 외식산업은 제조산업과 달리 업소 규모의 대형화에 한계가 있고 소비자들의 다양한 욕구를 특정 메뉴로 충족시키기 어렵다는 단점이 있기에 프랜차이즈 간 경쟁이 치열해지고 실패하는 사례가 많았다. 특히 한식은 서양식에 비해 계량화 및 품질 관리가 까다로운 탓에 프랜차이즈에 많은 어려움이 따른다.

외식산업은 우리나라의 대표적인 포화 시장 중 하나이다. '먹는 장사가 제일이다' 라는 속설을 반영하듯 사람이 사는 곳이면 빠지지 않고 음식점이 모여 있다. 90년대 중반까지 꾸준히 증가하던 음식점 사업체 수는 지난 10년간 60만 개 수준을 유지해 왔다〈*Exhibit 1. 우리나라 음식점 사업체 수*〉. 한 가지 흥미로운 사실은 음식업체의 수가 변하지 않는 동안 가구당 월평균 외식비 지출은 두 배 증가하였다는 것이다〈*Exhibit 2. 우리나라 가계당*

Exhibit 1 우리나라 음식점 사업체 수(단위: 천 개)

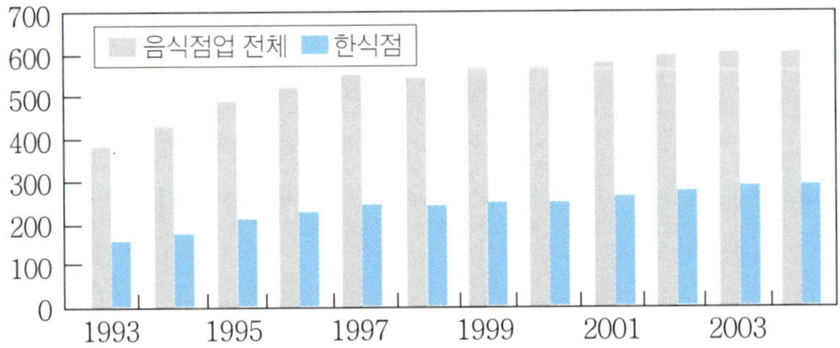

자료: 통계청, 〈사업체 기초통계〉, 2006

Exhibit 2 우리나라 가계당 월평균 외식비 지출(단위: 만 원)

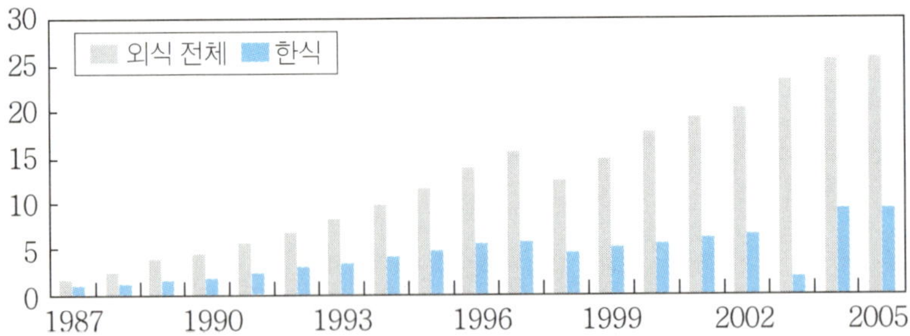

자료: 통계청, 〈품목별 가계당 월평균 가계수지(전국)〉, 2006

월평균 외식비 지출〉. IMF 이후 성장이 잠시 위축되었던 한국의 외식산업은 2000년 30조 원까지 성장하다가 2005년을 즈음하여 40조 원의 시장규모를 달성했는데 특히 외식서비스 물가가 1995년부터 2005년까지 40% 정도 성장했음을 고려하면, 실질적으로 시장이 꾸준히 성장했음을 알 수 있다. 그리고 1998년 IMF 금융위기 때를 제외하면 한 가구의 총지출에서 외식비가 차지하는 비중이 꾸준히 증가했음을 알 수 있다*〈Exhibit 3. 가계당 월평균 외식비 비중〉*.

현재 우리나라의 외식시장은 롯데리아, KFC, 맥도날드를 비롯한 패스트푸드사와 아웃백, 피자헛 등의 패밀리레스토랑이 주류를 이룬다. 공통적인 특징은 외국 브랜드이거나 적어도 대기업 자본을 바탕으로 영향력을 행사하는 기업이라는 것인데, 이들의 거센 물결 속에서 두각을 나타낼 토종브랜드의 개발이 적극 모색되어야 할 것이다. 이러한 배경 속에서 김밥천국, 본

Exhibit 3 가계당 월평균 외식비 비중(단위: %)

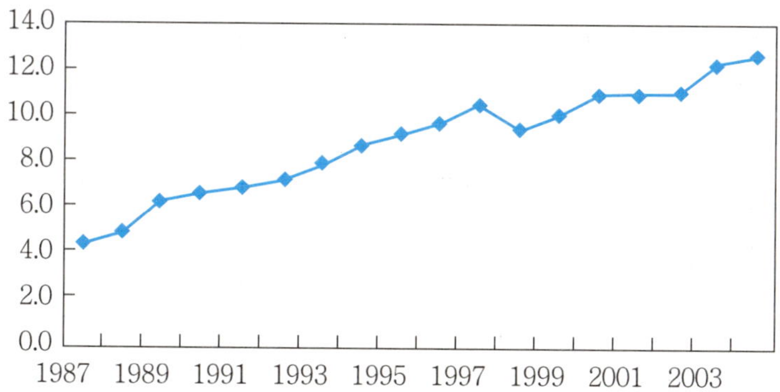

자료: 통계청, 〈품목별 가계당 월평균 가계수지(전국)〉, 2006

죽, 놀부 등 국내 외식 프랜차이즈의 성공은 의미하는 바가 크다. 특히 (주)놀부를 비롯한 여러 사업체가 한식을 소재로 해외 진출을 시도하였다는 점은 국내 웰빙식사에 대한 관심이 커지고 한식에 대한 해외의 수요가 증가하는 상황에서 많은 기대를 걸어 볼만하다.

9.2 재무적 분석

재무적 성과

(주)놀부는 거래소 혹은 코스닥 등록 기업은 아니나, 최근 몇 년간의 회계감사 보고서를 통해 재무적 분석을 할 수 있었다.

구체적인 재무 지표를 보기에 앞서서, (주)놀부가 창업에서부터 현재까지 얼마나 성장해 왔는가를 가맹점 수의 변화 추이를 통해 살펴보고자 한다. (주)놀부는 창업년도인 1987년부터 가맹점을 빠른 속도를 늘려왔으며, 심지어 IMF 때에도 가맹점이 줄어들지 않고 오히려 늘었다는 데 주목할 수 있겠다. 2001년도부터는 지식경영에 힘입어 현재까지 가맹점이 두 배가 증가는 기염을 토했다. 이런 가맹점 수의 놀라운 성장은 (주)놀부의 매출 성장에 크게 기여했다. 2005년도에는 전국 523개의 가맹점을 가지고 있으며 2006년도에는 더 성장할 것으로 기대되고 있다.

아래의 3개의 그림에서 매출액, 영업이익, 순이익의 변화추이를 볼 수 있다. (주)놀부는 1987년에 시작해서 거의 20년이 지난 현재에도 꾸준히 매출과 이익이 증가하고 있음을 볼 수 있

다. 매출액은 2001년부터 2004년까지 계속적으로 증가세를 보이

Exhibit 4 (주)놀부의 가맹점 수 변화 추이(2005.12. 기준)

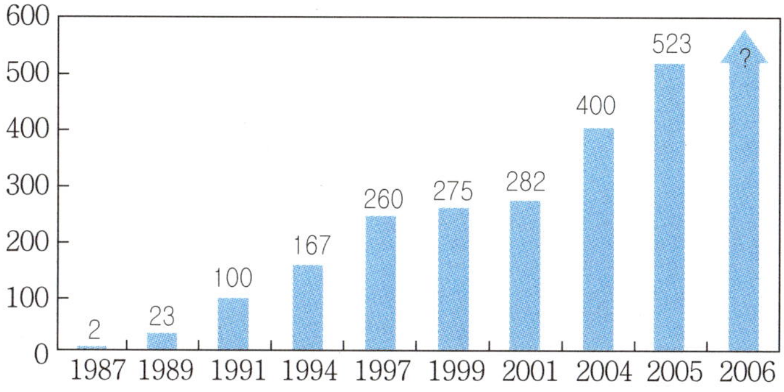

자료: (주)놀부

Exhibit 5 (주)놀부의 매출액 변화 추이

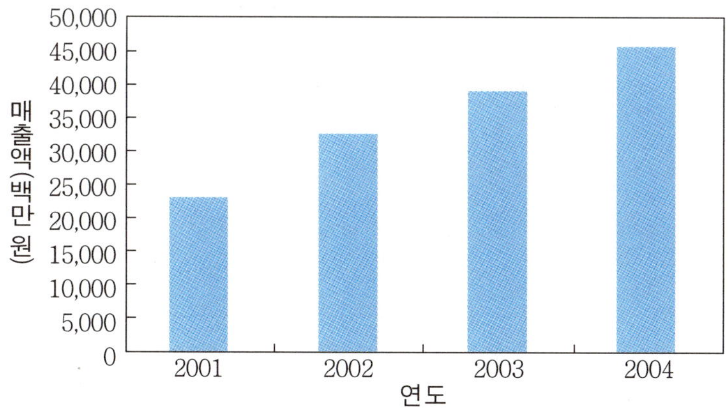

자료: (주)놀부

Exhibit 6 **(주)놀부의 영업이익 변화 추이**

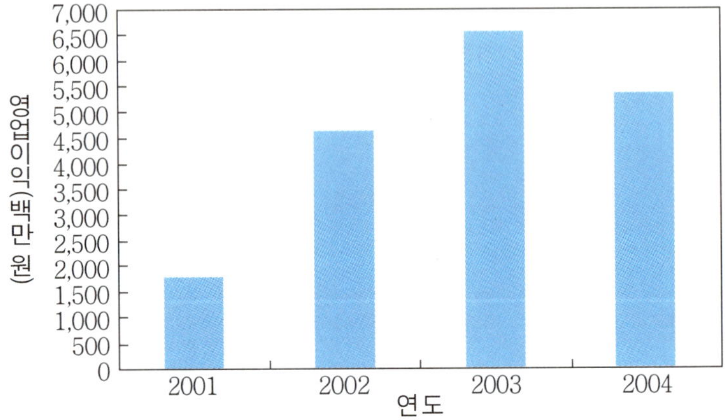

자료: (주)놀부

Exhibit 7 **(주)놀부의 순이익 변화 추이**

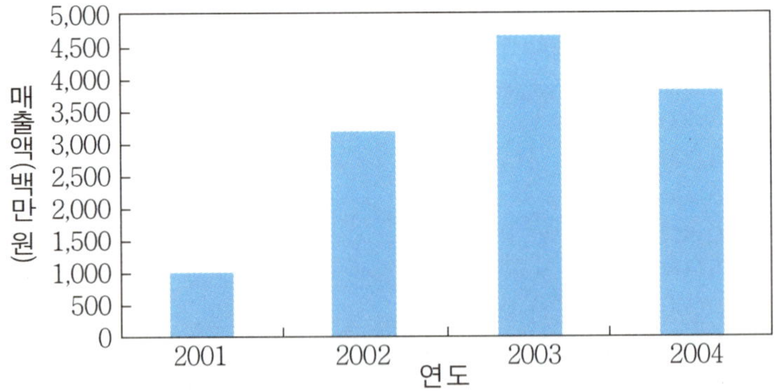

자료: (주)놀부

고 있다. 2004년도의 매출액은 약 456억으로 (주)놀부가 성업을 하고 있음을 보여 준다. (주)놀부의 매출은 처음 가맹계약을 맺었을 때 내는 가맹비와 가맹점으로부터 받는 가맹로열티 및 관리비 그리고 중앙공급식주방으로부터 공급하는 식자재에서 나오는 마진 등으로 구성된다. 가맹로열티 및 관리비는 가맹점 규모에 따라 차등을 둔 고정금액으로 매년 받고 있다. 영업이익과 순이익은 2003년도까지 증가를 보이고 있는데, 특히 2001년도에서 2002년도까지는 두 배가 넘도록 증가를 하였다. 2004년도에는 약간의 감소를 보여, 영업이익과 순이익은 각각 약 53억과 38억을 달성했다. 2004년도에 이익이 감소했는데, 매출은 오히려 증가했으므로 영업 외적인 원인일 것이다. 이 감소의 주원인은 2003년도에 (주)놀부의 주요 주주들의 지분을 회사가 자기주식을 사들이는 과정에서 생긴 비용으로 생각된다(자세한 매출 및 이익 등의 구성은 〈부록 9.5〉의 손익계산서 참조).

주요 경영지표

여러 가지 지표들을 구하여 이를 통해 함의를 찾아보고자 하였다.

Exhibit 8 성장성 지표(growth indicators)

연 도	2001년	2002년	2003년	2004년
총자산 증가율	34.07%	32.17%	45.90%	7.23%
매출액 증가율	41.93%	41.91%	20.02%	16.65%
영업이익 증가율	121.82%	160.48%	41.45%	−18.77%
순이익 증가율	84.37%	217.50%	47.91%	−18.40%

자료: (주)놀부

Exhibit 9 수익성 지표(profitability indicators)

연 도	2001년	2002년	2003년	2004년
매출액 영업이익률	7.75%	14.22%	16.76%	11.67%
총자산순이익률	15.51%	37.03%	32.97%	25.08%
자기자본이익률	35.25%	131.97%	84.07%	75.65%

자료: (주)놀부

Exhibit 10 효율성 지표(efficiency indicators)

연 도	2001년	2002년	2003년	2004년
영업이익대비 비용비율	249%	145%	120%	239%
자산회전율	3.59회	3.83회	3.28회	3.11회

자료: (주)놀부

Exhibit 11 안정성 지표(safety indicators)

연 도	2001년	2002년	2003년	2004년
자기자본 대비 부채비율	186.20%	337.69%	105.65%	376.71%
유동비율	101.85%	91.71%	114.89%	78.54%
차입금 의존도	3.48%	10.32%	11.31%	12.53%
영업이익 대비 이자보상비율	42.57배	47.87배	84.20배	84.40배

자료: (주)놀부

(주)놀부의 지배구조

(주)놀부의 지배구조는 전형적인 상장되지 않은 가족기업의 형태를 보여 주고 있다. 2002년 이전의 자료는 구할 수 없었으나, 지배구조는 최근과 큰 변화가 없었을 것으로 보인다. 최근까지 CEO 김순진씨 가족(김순진, 오진권, 오현준, 오지연)이 총주식 수 60,000주에서 88%의 지분을 소유하고 있다. 세부 내용을

보면, 김순진씨의 주식 보유비율은 2002년도에 41.16%, 2003년도와 2004년도에 54.58%이고, 오진권씨의 경우는 2002년도에 30%, 2003년도에 16.58%, 오현준씨의 경우는 2002년도와 2003년도에 8.42%, 오지연씨도 2004년도까지 8.42% 그리고 기타 외부에서 소유하고 있는 비율이 12%를 차지한다. 특이한 사항은 2003년도까지 오진권씨와 장남 오현준씨가 보유하고 있던 25%의 지분을 (주)놀부에서 자기주식으로 매입하여, 오진권씨와 오현준씨가 이 회사의 주주에서 제외되었다는 사실이다. 25%에 해당하는 15,000주를 65억에 매입하였다. 회계감사시에 이 자기주식 매입의 원인을 경영권 안정이라 명시하고 있으며 2005년도에 전량 매각예정이라고 밝히고 있다.

아래의 표는 가장 최근의 (주)놀부의 지배구조를 나타내고 있다.

Exhibit 12 2004년도 12월 31일 기준 (주)놀부의 지배구조

주주명	소유주식 수	지분율
김순진	32,750주	54.58%
오진권	5,050주	8.42%
오현준	15,000주	25.00%
오지연	7,200주	12.00%
합 계	60,000주	100.00%

자료: (주)놀부

9.3 (주)놀부의 프랜차이즈 성공 요인

한국의 프랜차이즈

최근 전세계적으로 빠르게 성장하고 있는 새로운 유통형태인 프랜차이즈 산업의 발전은 우리나라도 예외가 아니었다. 프랜차이즈 산업은 1979년대 국내에 도입된 이래, 매년 그 비중을 늘려가며 확대, 번창해 가고 있다. 특히 1997년 외환위기 이후 장기적인 불황과 구조조정 등으로 인한 노동시장의 불안이 겹치면서 연령과 성별을 상관할 것 없이 생계형 소자본 창업에 대한 관심이 고조되었고, 프랜차이즈 가맹을 시도하는 사람도 크게 증가하였다. 산업자원부가 2002년 말 낸 프랜차이즈 총람자료에 따르면 본부(본사)는 1,600여 개, 가맹점은 12만 개에 달했다. 국내 프랜차이즈 산업이 엄청난 양적 성장을 이루었다는 것을 짐작할 수 있다.

그러나 이와 같은 프랜차이즈 산업의 고속성장 못지 않게 개업한지 얼마되지 않아 폐업하는 업체 수도 꾸준히 증가하고 있어 프랜차이즈 유통시장의 큰 문제점으로 대두되고 있다. 이는 무엇보다도 시스템 운영에 따르는 문제점들인 소규모 프랜차이즈 체인 본사의 난립과 경영부실, 지나친 로열티 부담, 국내 실정에 맞는 브랜드 개발의 저조성 등과 시스템 내의 본부와 가맹점 당사자 간의 유리한 점만 믿고 일단 사업을 벌려 놓고 보자는 식의 허황된 경영자 지식 등이 원인이 되어 영업 채산성 약화가 누적되고 결국 국내 유통산업의 발전을 크게 저해하는 요인이 되고 있는 것이다.

(주)놀부의 프랜차이즈 성공 요인

CEO 김순진

(주)놀부는 창업주인 김순진 대표가 5평짜리 보쌈점포에서 시작해 지금에 이르렀으며, 그 과정에서 CEO의 역할은 매우 중요했다. 창업 초기 아직 회사의 형태를 갖추지 못한 시기에 가맹점 수를 불려 나가고 회사의 형태로 만든 것은 100% CEO 공이라고 말해도 과언이 아닐 것이다. 게다가 중졸의 학력으로 외식업에 뛰어들어 중견기업으로 성장시키기까지는 대표이사 본인이 끊임없는 학습활동을 통해 박사과정까지 이수함으로 자신의 성장을 기업의 성장과 함께 한 것은 매우 중요한 요인이다. 이렇게 환경변화에 따라 기업 오너로서의 능력을 지속적으로 향상시켜 나갔으며, 현재에도 끊임없는 자기개발과 학습을 이어가고 있다. (주)놀부의 성장은 곧 CEO의 성장과 함께 계속되고 있다고 볼 수 있다.

지식경영

놀부의 지식경영의 시작은 외식산업의 특성상 인력의 질 낙후를 인지한 데서 왔다. 현 인력의 질을 높이고, 나아가 인재를 받아들이고 유지할 수 있는 환경을 만들기 위해 먼저 현장에서 쓸 수 있는 지식의 개발과 이런 축적된 지식들의 활용이 필요했던 것이다. 다른 산업에서는 일찍부터 시작한 기업들이 많았지만, 외식업계에서는 혁신적인 일이었다. 이를 위해 2001년 지식조직추진본부(지조추)를 구성하고 지식조직으로 발전하기 위한 초석을 다지기 시작했다. 2002년부터는 지식경영위원회(지경위)를 조직하여 본격적으로 직원들의 역량을 파악하고 개발하기 위한 업무를 진행해 왔다. 이렇게 본사에서 시작한 지식 경영활동은 가맹점으로도 확대되었고, 이것으로 인한 성과는 2001년도부터 시작된 (주)놀부의 눈부신 성장을 통해 볼 수 있다.

지경위를 중심으로 지금까지 진행되고 있는 (주)놀부의 지식 경영은 다음과 같은 활동을 통해 프랜차이즈사업자로서의 경쟁력을 갖추어 왔다.

1) 가맹점 지식경영

① 조리 및 점포 운영 매뉴얼

다음 장에서 이야기하겠지만, 중앙공급식주방(central kitchen)은 전가맹점에서 동일한 맛을 내도록 하는데 큰 기여를 하는 것이 사실이다. 하지만, 음식의 특성상 특히 한식의 특성상 조리 과정 역시 음식의 맛을 좌우한다. 한 점포에서 맛을 보고 맛있어서 다음 번에 다른 점포에 갔는데 맛이 달라 실망한 경험들을 한 번쯤을 해 봤을 것이다. 즉, 프랜차이즈 성공을 위해서는 맛있는 음식이 개발되었다면 전가맹점에서 동일한 맛을 내는 것이 매우 중요하다고 볼 수 있다. 따라서 (주)놀부에서는 가맹계약시 교육을 하는 것에 그치지 않고, 조리법 및 점포 운영에 관한 매뉴얼을 만들어서 점포의 직원들이 항상 볼 수 있도록 배포하고 있다. 본사에서 개발된 조리법에 대한 지식을 가맹점과 공유함으로써 서로 윈윈하는 전략을 쓰는 것이다.

② Best Practice(모범규준) 개발

(주)놀부는 가맹점들이 표준화된 가이드라인을 잘 지키고 있는지 점검하는 것을 두 가지 방법으로 하고 있는데, 이 점검이 지식경영을 하는 데 좋은 통로가 되고 있다. 하나가 각 지점별

로 감독관(supervisor)을 두어 관리하는 것이고, 다른 하나는 정기적으로 불시에 위생검사를 하는 것이다. 감독관은 본사의 가맹관리팀 직원들이 점포들을 담당하여 가맹점주와 본사와의 연결 채널을 하고 있다. 가맹점에 대해서는 어려운 점들을 듣고 본사에 알려 해결하도록 도와주고, 본사에 대해서는 가맹점이 프랜차이즈 계약을 잘 이행하고 있는지를 살피고 위반시 경고를 주게 된다. 위생검사는 본사 직원들이 가맹점에 미리 알리지 않고 가맹점을 방문하여 위생이나 조리 상태, 매장 운영 등을 점검하는 것이다. 조리 방법이나 매장을 관리하는 면에서 매뉴얼을 상세한 부분까지 다 만들어 줄 수 없는 것이 현실이므로 그런 부분에 대해서는 가맹점별로 자율성을 가지고 운영한다. 이런 과정에서 어떤 가맹점을 남들이 본받아야 할 좋은 방법을 가지고 있을 것이다. 이런 것들을 점검을 통해 발견을 하고 베스트 프랙티스로 선정하여 표준화된 매뉴얼을 만들어 이를 다시 전가맹점에 배포하게 된다. 이를 통해 한 가맹점의 성공사례가 거기서 끝나지 않고 모든 놀부의 가맹점으로 퍼져서 전체적은 수익상승을 가져오게 된다.

2) 본사 지식경영

① Community of Practice(지식공유 모임) 및 지식보고서

지식보고서는 개인의 지식창출에서 더 나아가 팀 활동을 통해 일상 업무 속에서 지식교류를 일으키고, 이를 통해 전문 분야에 대한 지식을 자연스럽게 공유할 수 있게 하는 매개체가 되였다. 이러한 팀 활동은 궁극적으로 전문가별 공동체를 구조화시키기 위한 것이다.

② 지식활동의 인사고과 연계

지식활동을 통해 쌓이는 지식마일리지에 대한 물질적인 보상과 함께 인사고과에 반영함으로 직원들의 의욕을 북돋우고 있다. 마일리지는 매월 점수 및 등수가 발표되며, 연말에는 이 등수를 바탕으로 해외연수 기회부여 및 인사고과에 적정 포인트가 반영되게 된다.

③ 팀 수업

각 분야의 전문가 육성을 위해 시작된 시범수업이 한 단계 나아가 팀 학습을 통한 팀 발표로 확대되었다. 부서를 초월해 같은 관심분야를 지닌 직원들이 모여 회사 내 주요 이슈를 도출하고 이에 대해 프로젝트를 수행하고 발표를 통해 지식을 공유하는 형태이다. 기업차원에서 핵심인재의 발굴 및 육성을 하는 도구가 되고 있다.

④ 멘토(mentor)제

현재 (주)놀부에는 신입직원 멘토제, 점포지식활동 멘토제, 시범수업 멘토제 등 지식관리자 및 선임자가 자신의 지식을 전수할 수 있는 창구가 있다. 이를 통해 개인이 지니고 있는 무형적 지식을 자연스럽게 전직원들에게 전파시키고 있다.

중앙공급식주방(central kitchen)

(주)놀부는 1991년 국내 외식업계 최초로 충북 음성에 2,000평 규모의 중앙공급식주방을 설립했다. 중앙공급식주방(central kitchen)은 프랜차이즈 사업에 있어서 기반이 되는 가장 기초적인 시설이다. 쉽게 말해 전가맹점에서 동일한 맛을 내기 위해서는 본사의 핵심 노하우 제품을 동일한 품질로 전가맹점에 제공

할 수 있는 시스템이 구축되어야 하며, 그 중심에 중앙공급식주방이 있는 것이다. 음성 공장에서는 고도의 기술을 요하거나 (주)놀부의 노하우가 담긴 음식 조리를 하고 각 점포에서는 간단한 조리를 통해 식사를 완성하도록 한다. 특히, 음성공장은 소스, 김치, 원재료와 같이 맛의 많은 부분을 결정하는 주요 식자재를 100% 직접 생산하여 회사 노하우 유출을 막는 역할도 한다. 최종 고객이 식사하는 음식을 만드는데 필요한 식자재의 60% 정도를 여기에서 공급한다.

(주)놀부의 중앙공급식주방이 의미를 갖는 또 다른 큰 이유는 타경쟁업체가 쉽게 모방하지 못할 만큼의 대규모 투자를 요구한다는 것이다. 1991년도 당시의 가맹점 수로는 공장을 30% 정도 밖에 가동하지 못했음에도 과감히 공장에 큰 투자를 결정하는 것은 쉽지 않은 일이었을 것이다. 하지만, 결과적으로 중앙공급식주방의 이와 같은 이점들은 (주)놀부가 외식산업과 같은 시장에서 지속적인 경쟁력을 유지하는 데에 많은 기여를 해왔다.

가맹점주의 수익성 확보

(주)놀부는 1차 고객이 가맹점주이고, 그 다음 2차 고객이 가맹점을 찾아 주는 손님들이라고 말한다. 즉, 가맹점주가 수익을 내지 않으면 놀부도 없다는 마음가짐을 가지고 가맹점주의 수익성 확보를 위해 지속적으로 노력하고 있다. 이런 노력은 신메뉴 개발 및 기존 메뉴 재개발뿐만 아니라, 어느 가맹점에서 부족한 면이 있을 때 이를 보완할 방안을 마련해 주는 것에 이른다. 한 예로, 어느 가맹점에서 점심메뉴의 매출이 저조하여, 정식메뉴나 순두부메뉴 등으로 문제점을 보완해 고객의 욕구와

가맹점주의 수익성을 동시에 만족시키기도 하였다. 이런 노력이 있었기에 (주)놀부와 계약을 맺은 가맹점 중에 수익악화로 그만두게 된 가맹점은 거의 없었다고 한다. 요즘 창업열풍 속에 가맹점을 모집하여 가맹비만 받고 그 후에 사후관리부족으로 손해를 가맹점에게 떠넘기는 여러 프랜차이즈 실패사례 속에서 (주)놀부의 이런 가맹점 관리 노력은 정말 돋보이는 점이다.

끊임없는 신메뉴 개발과 테스트 마케팅

(주)놀부 가맹점에 가서 음식을 먹어 본 사람이라면 공통적으로 느꼈을 것이 음식이 맛있다는 것이다. 본인도 (주)놀부의 가맹점 몇 군데에 가보았는데, 메뉴들이 어느 정도 이상이 된다는 것이다. 놀부의 음식맛의 비밀은 메뉴개발팀에 있었다. 메뉴개발팀은 외식분야에서 30년 정도의 경력을 쌓은 베테랑으로 구성되어 있다. 6명의 구성원들은 대부분 조리장까지 올라간 경력이 있는 사람들로 새로운 메뉴개발을 위해 매년 10개 정도씩의 새로운 메뉴가 사업기획서까지 만들어진다고 한다. (주)놀부의 직원들의 중요한 업무 중에 하나가 맛있는 음식점에 가서 먹어보는 것이라고 하니, 맛있는 음식을 만들고자 하는 놀부의 의지가 얼마나 대단한지 짐작해 볼 수 있다. 더욱 놀라운 것은 메뉴재개발을 지속적으로 한 것이다. 흔히 어떤 메뉴가 성공을 하면 이에 만족하고 더 이상의 노력을 안할 수도 있는 것이지만, (주)놀부는 트렌드의 변화에 맞춰서 메뉴들을 지속적으로 재개발(renew)을 한다고 한다. 재개발은 고객들이 잘 눈치채지 못하는 미세한 것에서부터 큰 변화까지를 포함한다. 새로운 메뉴나 재개발 메뉴가 개발되면 항상 테스트 마케팅을 거치게 된다. 새로운 메뉴는 먼저 모델점에서 상품 가능성을 테스트하게 된다. 모

델 점포에서 고객들의 반응이 좋으면 우선 교육 점포로 확대를 한다. 교육점은 보쌈이나 갈비 등 아이템별로 1개 이상씩 존재하는데, 여기서도 성공을 하게 되면 전가맹점으로 확대를 하게 된다. 한 두 가지 히트 아이템을 가지고 섣불리 프랜차이즈를 만들어서 사회적으로 많은 손실을 남기는 경우를 많이 보게 되는데, 상품 가능성을 조심스럽게 판단한 후에 전가맹점으로 확대하는 이런 (주)놀부의 자세는 정말 다른 프랜차이즈에서 본받아야 할 점이라고 생각된다.

'놀부' 브랜드

기업성장에 있어 브랜드는 매우 큰 역할을 한다. 브랜드 이름이 소비자에게 어떻게 인식되는가에 따라 기업의 인지도가 크게 달라지는 것이다. 외식 프랜차이즈 산업측면에서 보면 음식점의 특성을 가장 잘 보여주고 고객들에게 오래 기억되는 브랜드 이름이어야 그 효과가 크다. 그러한 의미에서 '놀부'는 흥부의 이미지와 대비되어 강한 인상을 남기고 '놀부보쌈'처럼 음식특성을 잘 나타내기에 마케팅적인 의무를 훌륭히 소화해 내고 있다. 특히 프랜차이즈라는 산업이 국내에 정착되기 시작한 80년대 말에 한식 프랜차이즈 전문업체로써 성공하기 위해서는 고객의 신뢰감구축이 우선이었다. 이를 위해 1차 고객인 가맹사업을 하고자 하는 고객에게는 믿을 수 있는 파트너로서, 2차 고객인 놀부를 찾는 일반 고객에게는 맛과 품질로 신뢰를 쌓아가야 했다. 물론 놀부라는 브랜드 자체가 인지도 측면에서 장점이 있지만 현재의 브랜드 파워를 형성하기까지 지난 18년간 다양한 연계활동이 있었으며, 그 기반에는 바로 고객과의 신뢰를 최우선으로 하는 마음이 있었다.

9.4 (주)놀부의 당면 과제 및 제언

우수인재 발굴과 육성

인재중심사업이면서 3D 업종이라고 인식되는 외식산업에서 우수인재의 발굴과 육성은 다른 산업에 비해서 어려운 것이 현실이다. 외식업도 잘 키우면 왠만한 중견기업 못지 않은 매출을 낼 수 있는 것을 사람들은 많이들 '밥장사' 라는 것으로 치부했고, 인재들도 외식산업으로 가는 것을 꺼려하는 것이 현실이다. 어쩌면 중졸의 학력이었던 CEO 김순진씨가 계속적인 자기개발로 박사학위까지 받은 이면에는 이런 이유가 있었을 지도 모른다는 생각이 든다. 김순진 CEO의 이러한 노력은 회사 홈페이지에도 (주)놀부의 중요한 성공요인의 하나로 나오고 있다. 하지만 회사가 커질수록 오너의 능력이 해 낼 수 있는 범위는 한정될 것이다. 사실 (주)놀부가 지식경영을 시작한 것도 이런 문제를 인식하면서부터라고 한다.

회사 안에 직원들이 축적된 노하우를 공유하고 직원들이 공부하는 분위기를 만들기 위해 독후감 대회 등을 여는 노력으로 직원들의 사기를 향상시키고 직원들의 질을 높이고자 하는 노력을 하였다. 또한 자기 개발을 할 수 있도록 교육의 기회를 제공하고 있다. 이러한 지식경영으로 2001년도부터 눈의 띄게 (주)놀부는 성장하였다. 하지만, 인재육성은 현재 직원들의 질을 향상하는 데서 그쳐서는 안 되고 새로운 인재들을 모으는 노력도 해야 할 것이다. 작은 식당으로 시작했으나 약 500억 정도의 매출을 내는 중소기업으로 변모하는 데 현재 최대용량을 쓰고 있다고 한다면, 더 큰 도약을 위해 최대 용량을 늘릴 수 있는 새로운 우수 인재의 발굴과 육성은 중요한 사항이 아닐 수 없다. 사실 (주)놀부가 음식점으로 입소문을 타고 알려져 어느 정도 유명해지기는 했지만 (주)놀부의 마케팅은 좋은 점수를 받기 힘들 것으로 생각된다. 게다가 (주)놀부를 하나의 중소기업으로 보는 사람은 아직 그렇게 많지 않을 것이다. 글을 쓰고 있는 본인만 해도 이 사례를 발굴하기 전까지는 (주)놀부가 이렇게 큰 회사인지는 알지 못했다. 우수 인재를 영입하기 위해서는 (주)놀부를 음식점이 아닌 하나의 기업으로 알리는 노력이 필요할 것으로 생각된다. 채용설명회를 주최하거나, 다른 채용박람회 등에 참여하여 적극적으로 (주)놀부를 일하기 좋은 공간임을 알리고 우수 인재를 영입하도록 해야 할 것이다.

서비스 품질 개선

예전의 음식 장사가 그렇듯 아직도 음식점을 하는 데는 맛이 제일 중요하다고 여기는 경향이 짙다. 심지어 서비스는커녕 사람들을 욕으로 대하는 할머니 집이 맛과 푸짐한 인심으로 입소문을 타기도 한다. 하지만, (주)놀부는 전국 500개가 넘는 가맹점를 가지고 있는 커다란 프랜차이즈 회사로 맛만큼이나 서비스 품질 역시 매우 중요하다고 본다.

(주)놀부가 맛과 메뉴로 지금까지 성공을 거두었다면, 이제 더 큰 도약을 위해서는 (주)놀부만의 서비스를 개발해야 될 시기가 아닌가 생각된다. 고객 감동이라는 시대의 흐름에 부흥하지 않고서는 더 커다란 도약을 위한 준비가 되었다고 볼 수 없을 것이다.

중견기업으로 가기 위한 조직 변화

본사에서도 이미 인지하고 있는 문제이기도 한데, 회사 규모가 커짐에 따라 그에 맞는 조직 시스템을 갖춰야 하는 것이 큰 과제로 떠오르고 있다. 본사의 채용 과정으로 엿볼 수 있었던 것은 직원들이 어떤 정해진 팀으로 나뉘어져서 근무를 하기 시작한 것이 얼마 되지 않았다는 것이다. 작은 기업에서 흔히 그렇듯이 정해진 구분이 없이 한 사람이 여러 일을 하고 담당자가 없이 시간되는 사람이 일을 처리하는 방식이 오랫동안 지속되어 왔는지도 모른다. 현재 지방 사업본부까지 포함해서 본사에 근무하고 있는 총직원 수는 120명 정도가 되며 본사의 팀 구성은 대략 사업기획팀, 자재유통팀, 메뉴개발팀, 가맹관리팀, 관리팀, 점포개발팀, 전산팀, 홍보마케팅팀, 교육팀, 디자인팀, 비서실 등으로 구성된다. 필요없이 팀을 나누는 것은 낭비일 수 있겠지만, 전문성을 발휘할 수 있도록 조직을 분화시켜 주는 것은 필요하다. (주)놀부가 중견기업으로 성장하기 위해서는 조직을 분화하고 체계를 잡는 것이 필요하다. 지금까지 이런 문제를 안고 있었던 것은 외식산업의 인력 수준의 낙후가 큰 몫을 했을 것으로 생각된다. 우수 인재 발굴과 양성을 해결하면서 이 문제도 같이 해결해야 할 것이다. 조직을 제대로 정비하지 않은 채 기업의 규모만 커지면 직원들의 혼란이 가중될 것이다. 기업이 성장할수록 그 규모를 지탱할 수 있도록 기업에서 체계적인 조직을 만들어야 할 것이다.

해외 진출

그 동안 (주)놀부는 국내에서의 성공을 바탕으로 미국 LA, 말레이시아, 중국에 점포를 내놓으면서 해외 진출을 시도해 왔다. 하지만 그 동안 중국 '놀부명가'를 제외한 해외 점포의 주 고객이 현지 동포였다는 점에서 어딘지 모르게 아쉬운 면이 있었다. 본사에서도 가까운 날에 해외 시장에서 프랜차이즈 사업을 시작할 계획이라고 밝혔는데, 특히 한국인뿐만 아니라 현지인을 대상으로 할 것이라 한다. 하지만 해외 시장 진출이 시장 확대와 더불어 매출액 증대라는 면에서 매력적으로 보이지만, 그만큼 사전에 충분한 준비가 뒤따라야 한다.

아마도 가장 중요한 것은 현지인의 입맛에 맞는 메뉴를 개발하는 것이다. 중국의 '놀부명가'가 중국인들에게 어필할 수 있었던 이유는 식사량이 많고 푸짐한 상차림을 선호하는 그들의 문화를 이해했기 때문이다. 이처럼 반드시 우리 고유의 것만이 세계 최고라는 사고에서 벗어나 현지인의 입맛에 맞추어 맛, 조리법, 내용물 등에 변화를 주어야 한다. 중국 시장은 지난 몇 년간 급성장하고 있는 추세이기 때문에 '놀부명가'의 성공을 바탕으로 현지 프랜차이즈 사업을 확장해 나간다면 큰 성공을 기대할 수 있다.

문제는 미국 시장이다. 미국은 중국보다 한국과의 문화 차이가 클 뿐만 아니라 냄새를 비롯해 여러 가지 취향에 민감한 사람들이 많기 때문에 보다 철저한 분석을 통해 그들의 입맛에 맞게 음식, 인테리어, 서비스 등에 변화를 줄 필요가 있다. 뿐만 아니라 요식업 매출이 집중되는 시기에 맞춰 한국의 문화와 음식을 결합한 행사를 개최하는 등 집중 마케팅이 절실하다. 박람회를 통해 교포마켓뿐만 아니라 현지인 수요를 확대하고, 잠재 가맹점주를 대상으로 한 사전 홍보를 강화하는 것이 도움이 될 수 있다.

9.5 부록 ((주)놀부 손익계산서)

손 익 계 산 서

제15기 2004년 1월 1일부터 2004년 12월 31일까지
제14기 2003년 1월 1일부터 2003년 12월 31일까지

회사명: 주식회사 놀부 (단위: 원)

과 목	제15(당)기		제14(전)기	
	금 액		금 액	
매출액(주석2,16)		45,607,498,572		39,096,454,513
상품매출	22,540,074,015		17,215,527,133	
제품매출	21,704,973,045		20,867,427,380	
기타매출	1,362,451,512		1,013,500,000	
매출원가		27,536,148,297		24,677,831,437
상품매출원가	15,875,440,421		13,801,455,714	
기초상품재고액	405,474,465		312,782,286	
당기상품매입액	15,954,949,680		13,902,851,868	
기말상품재고액	(−)439,150,981		(−)405,474,465	
타계정대체액	(−)45,832,743		(−)8,703,975	
제품매출원가	11,660,707,876		10,876,375,723	
기초제품재고액	140,953,371		126,967,403	
당기제품제조원가	11,701,048,870		10,890,361,691	

과 목	제15(당)기		제14(전)기	
	금 액		금 액	
기말제품재고액	(−)132,260,474		(−)140,953,371	
타계정대체액	(−)49,033,891		−	
매출총이익		18,071,350,275		14,418,623,076
판매비와 관리비		12,747,898,413		7,865,343,063
급여(주석17)	5,117,458,351		3,669,745,100	
퇴직급여(주석17)	504,711,570		361,923,843	
복리후생비(주석17)	480,614,016		448,902,606	
여비교통비	91,175,893		77,321,802	
접대비	138,176,713		79,520,738	
통신비	63,267,269		60,234,900	
수도광열비	190,643,301		92,356,770	
세금과공과(주석17)	413,645,085		274,666,092	
감가상각비(주석17)	1,027,401,727		546,119,559	
지급임차료(주석17)	1,122,083,884		431,957,068	
수선비	81,285,351		70,994,576	
보험료	55,325,574		42,132,000	
차량유지비	226,607,913		301,392,376	
경상개발비(주석8)	48,757,528		19,024,843	
운반비	373,127,860		256,152,745	
교육훈련비	7,293,075		54,080,218	
도서인쇄비	48,054,842		87,721,794	
회의비	41,307,612		41,692,711	
포장비	43,247,600		44,686,500	
소모품비	193,643,677		143,907,364	
지급수수료	659,651,593		465,746,861	
보관료	2,384,117		4,096,900	

과 목	제15(당)기		제14(전)기	
	금 액		금 액	
광고선전비	1,433,799,658		204,856,787	
대손상각비	647,933		5,615,730	
무형자산상각비	29,558,485		27,133,730	
해외시장개척비	39,707,286		6,358,850	
공연료	253,200,000		46,683,900	
잡비	1,120,500		316,700	
영업이익		5,323,451,862		6,553,280,013
영업외수익		239,461,211		257,360,152
이자수익	212,836,758		240,924,087	
외화환산이익	15,312		45,517	
유형자산처분이익	15,179,899		15,088,969	
매도가능증권처분이익	8,066		-	
외환차익	173,991		-	
대손충당금환입	4,583,814		-	
잡이익	6,663,371		1,301,579	
영업외비용		129,971,840		206,163,127
이자비용	63,073,197		77,833,983	
기부금	16,464,560		19,326,331	
외환차손	8,310,897		46,628	
외화환산손실	99		151,940	
매도가능증권처분손실	3,644,442		198,802	
유형자산처분손실	35,769,277		87,801,042	
잡손실	2,709,368		20,804,401	
경상이익		5,432,941,233		6,604,477,038
특별이익		-		-
특별손실		-		-

과　목	제15(당)기		제14(전)기	
	금　액		금　액	
법인세차감전순이익			5,432,941,233	6,604,477,038
법인세등(주석2)			1,630,385,111	1,942,299,070
당기순이익			3,802,556,122	4,662,177,968

자료: (주)놀부

CHAPTER 10

엠텍비젼(주): 잘 돌려줘야 성공한다

박현성
허 준

어느새 찬기운이 느껴지는 2005년 어느 가을 아침, 금천구 가산동 월드메르디앙 벤처센터 건물 안으로 엠텍비젼(주) 이호섭 경영기획팀장이 바쁘게 들어섰다. 엘리베이터를 기다리며 그는 바쁘게 오전 배당정책에 대한 회의자료를 훑어보고 있었다. 투자자들에 대한 업무를 책임지는 IR 담당자로서 이날 회의에서 배당정책에 대해 제안할 내용을 회의 들어가기 전에 마지막으로 검토하는 것이었다. 돌이켜보면 엠텍비젼(주)은 1999년 창업 이래 지난 7년간, 수많은 벤처기업들이 문을 여닫는 가운데서도 눈부신 성장을 이루어 왔다. 전세계에서 카메라폰 여섯 대 중 한 대가 엠텍비젼(주)의 반도체 부품을 사용하고 있었으며 1억개 판매의 대기록 달성이 바로 눈 앞에 있었다. 그러나 이러한 성공에 대한 뿌듯함에도 불구하고 이호섭 경영팀장의 뇌리에는 불안감이 스쳐갔다. 2005년 주식시장의 호황과 엠텍비젼(주)의 지속적 이익증가 속에서도 대기업 진출설과 휴대폰 시장에 대한 부정적 전망 때문에 엠텍비젼의 주가는 약세를 면치 못했었다. 한편, 현재의 실적과 긍정적인 예상을 바탕으로 배당을 높임으로써 이러한 저평가를 해소하려 한다면 엠텍비젼(주)의 성장전략을 추구하기 위해 필요한 내부자금을 희생해야 했다, 배당정책에 대한 입장을 정리하지 못하고 있는 동안, 엘리베이터 벨이 울리고 그의 마음은 더욱 조급해졌다.

10.1 회사 개요

엠텍비젼(주)은 디지털카메라관련 반도체 설계와 시스템 개발을 통해 종합 솔루션(total solution)의 제공을 사업목적으로 1999년 1월에 설립되어 8월에는 MP3저장매체를 이용한 디지털 카메라 시스템 개발에 착수하였다. 그 해 10월에 벤처기업으로 인증을 받아 2000년 2월에는 기술경쟁력 우수 중소기업으로 선정되기도 했다. 이어 9월에는 우수 벤처기업으로 선정되기도 하며 꾸준히 기술력을 인정받아 왔다. 2004년에는 코스닥 상장을 통해 다시 한 번 한국 우량기술기업으로서의 표본을 보여 주었다. 2004년부터 2005에 걸쳐 엠텍비젼은 꾸준히 새로운 기술을 개발하였으며 2005년 10월에는 제 10회 전자부품기술대상 대통령상을 수상하기도 했다〈*Exhibit 1. 엠텍비젼(주)의 연혁*〉.

Exhibit 1 엠텍비젼(주)의 연혁

1999년 01월	엠텍비젼(주) 설립(서울 서초구 서초동 1627-1 반석빌딩 2층)
1999년 04월	부설연구소 설립(한국산업기술진흥협회)
1999년 09월	ETRI ASIC 지원센터 설계보육실 입주
1999년 10월	벤처기업 인증(서울지방중소기업청)
2000년 02월	기술경쟁력 우수 중소기업 선정(중소기업청)
2000년 06월	25주차 IR52장영실상 수상(과학기술부 장관)
2000년 09월	우수 벤처기업 선정 (매일경제신문사)
2001년 01월	[KS A 9001/ISO 9001] 품질시스템 인증취득
2001년 05월	수출유망중소기업 지정(중소기업 수출지원센터)
2001년 06월	모바일폰 용 카메라 IC(MV303)개발
2001년 12월	Mobile Phone용 카메라 IC 기술 국산신기술(KT)마크 획득
2001년 12월	우량기술기업으로 선정(기술신용보증기금)
2002년 04월	외장형 모바일폰 카메라 MV608 개발 완료
2002년 05월	내장형 모바일폰 카메라 IC MV305 개발 완료
2002년 11월	내장형 모바일폰 카메라 IC MV317 개발 완료
2003년 01월	제 1회 사모 전환사채 4,000,000,000원 발행

2003년 06월	Mega Pixel 모바일폰 카메라 IC MV319 개발 완료
2003년 09월	액면분할(주당 액면 5,000원에서 500원으로)
2003년 11월	코스닥 등록 예비심사 승인
2004년 01월	코스닥시장 매매개시
2004년 01월	자본금 500,000,000원 증가(전환사채 전환청구)
2004년 04월	미국 현지 법인 MTEKVISION America Inc. 설립
2004년 05월	카메라 시그널 프로세서(CSP) MV 9313 개발완료
2004년 08월	[ISO 14001] 환경경영시스템 인증취득
2004년 09월	중국지사(사무소) 설립(상하이)
2005년 07월	CSP 본격 양산 개시
	제 4회 Korean Technology Fast 50 금상수상 (3위) 2년 연속 수상
	캐나다 멀티미디어칩 전문 R&D센터설립
	일본 동경사무소 설립
2005년 08월	캐나다 멀티미디어 업체, Atsana 기술인수
	세계최초 Audio DSP 내장 MP3폰용 IC, MV3320개발
2005년 10월	제 10회 전자부품기술대상 대통령상 수상

자료: 엠텍비젼(주)

사업부문

2000년대 들어 카메라폰 시장의 급속한 성장으로 인해 엠텍비젼(주)의 주력 제품인 카메라 컨트롤 프로세서의 수요가 급증하고 있다. 또한, 국내 주요 고객에 대해서는 선도제품을 출시함으로써 지속적인 신뢰도 향상 및 점유율 확대에 주력하고 있다. 2004년에는 1,681억 원의 매출을 달성하였으며 국내뿐만 아니라 해외전략 고객을 지속적으로 발굴해 나감에 따라 진정한 글로벌 업체로 거듭나고 있다〈*Exhibit 2. 세계 카메라폰 시장 규모*〉.

엠텍비젼(주)의 주력 제품군은 크게 세 가지로 나눌 수 있

Exhibit 2 **세계 카메라폰 시장 규모**(단위: 백만 대)

	2004	2005	2006	2007	2008	2009
전체 휴대폰	692	762	807	853	892	932
카메라폰	323	456	561	651	723	781
비중	46.6%	60%	69.5%	76.3%	81%	83.7%

자료: IDC, April.2005

다. 엠텍비젼의 주사업은 카메라폰 내부에서 이미지 시그널 처리 및 이미지 압축기능을 담당한 카메라 컨트롤 프로세서, ISP 기능을 가지며 고화소 센서들의 화질 최적화를 위한 카메라 시그널 프로세서 그리고 이동통신사업자와 이동단말기 제조회사들이 요구하는 멀티미디어 기능을 특화시킨 고성능 멀티미디어 프로세서 모바일 멀티미디어 플랫폼 등이다. 현재에는 MP3, VOD, 3D Game, 영상통화 등 다양한 멀티미디어 서비스 모두 수용하는 형태의 제품으로 자리잡아가고 있으며, 모바일 영상 솔루션의 대표적인 선도업체이다

엠텍비젼(주)은 카메라폰용 센서를 2004년에만 3,860만 개를 공급하여 세계 카메라폰 시장의 약 16.4% 정도를 점유한 것으로 추정되며, 올해에도 6,300만 개의 칩을 공급하여 세계시장 18% 점유를 목표로 하고 있다.

카메라 컨트롤 프로세서(Camera Control Processor: CCP)란 카메라폰에서 촬영된 이미지와 영상을 사용자의 단말 액정크기에 맞게 실시간으로 압축 및 재생을 하고, 또한 저장된 이미지와 영상을 편집 및 가공하여 액정에 디스플레이를 해 주는 핵심부품이다. 카메라 컨트롤 프로세서는 영상의 촬영과 디지털 줌, 이미지 효과, 연속촬영, 이미지 회전 등 주요 기능들로 구

성되어 있다. 엠텍비젼은 이미 3세대 이동통신의 멀티미디어 서비스에 맞추어 고성능 고화소용 제품을 출시한 상황이다.

모바일 멀티미디어 플랫폼(Mobile Multimedia Platform:

Exhibit 3 사업부문별 품목별 매출내역(단위: 천 원)

사업부문	품 목	주요상표 등	매출액(비율)
반도체 사업부문	**카메라컨트롤 프로세서** 카메라 폰의 이미지 센서로부터 영상을 Capture하여, 저장하거나 압축, 전송하는 카메라용 이미지 프로세싱 반도체 IC로, KT(국산신기술) 마크 인증 제품	MV3XX Series	37,759 (85.29%)
	카메라시그널 프로세서 카메라어플리케이션프로세서 카메라폰의 화질개선 및 자동초점 보정기능을 하는 프로세싱 반도체 **카메라어플리케이션 프로세서** 카메라컨트롤을 포함한 동영상 3D게임, 오디오 등을 지원하는 멀티미디어 반도체IC	MV9xx/ MV8xx	6,440 (14.54%)
SYSTEM 사업부문	**PC 카메라** 화상통신, 화상회의, 보안/감시, 디지털카메라 기능을 하며, 33만 화소의 VGA급 선명한 화질을 자랑하는 PC 카메라 ZECA는 USB 접속 방식으로 설치가 쉽고 초당 30프레임의 고속 전송률로 빠르고 선명한 이미지를 제공		47 (0.10%)
	기타	-	21 (0.15%)
합계		-	44,267 (100%)

자료: 엠텍비젼(주)

MMP)은 최근 활발하게 사용되는 멀티미디어 서비스인 VOD(Video On Demand)와 MOD(Music On Demand), DMB(Digital Multimedia Broadcasting), 3D Game, 화상통화 지원 등을 휴대폰을 통해 구현시켜 주는 전용 프로세서로 최고급(high-end) 제품에 본격적으로 적용될 것으로 예상된다. 엠텍비젼(주)은 이러한 미래의 추세를 예측하여 국내에선 최초로 3D 게임 엔진과 동영상을 구현할 수 있는 MPEG4를 하나의 칩에 구현하여 공급할 예정이며, DMB를 비롯해 다양한 응용 프로그램을 위한 여러 가지 멀티미디어 프로세서를 개발할 예정이다.

카메라 시그널 프로세서(Camera Signal Processor: CSP)란 카메라의 눈과 같은 역할을 해 주는 이미지센서를 통해 들어온 영상을 실제 영상과 동일한 모습으로 색감과 밝기 등을 조절해 주는 기능을 수행한다. 주요 기능으로는 CMOS, CCD 이미지 센서를 지원하여 영상데이터를 읽을 수 있도록 하고, 선명한 영상과 이미지를 확보하기 위한 자동 초점, Optical Zoom Lens 조절, 영상 및 이미지 왜곡보상, 기계식 셔터 Timing 조절 등 다양한 기능을 통해 디지털카메라 화질을 담아 내는 역할을 한다. 카메라 시그널 프로세서는 유럽 및 아시아시장을 중심으로 크게 확장될 전망이다〈*Exhibit 3. 사업부문별 품목별 매출내역*〉.

산업의 특징 및 현황

현재 세계적으로 카메라폰의 출하량이 지속적으로 증가하고 있는 추세이다. 게다가 카메라폰의 해상도가 VGA급(30만 화소)에서 Megapixel급(수백만 화소)으로 급속한 발전이 있었다. 3백만 픽셀의 카메라폰이 상용화되고 있는 현재에도 앞으로의 고화질화를 예상하고 있으며, 고화질이 카메라폰 선택의 중요한 요소로 기준이 되고 있다. 최근에 MP3, TV, 게임, DMB등 고화질, 고음질의 다양한 멀티미디어 기능을 수행하는 카메라폰들이 출시되면서 앞으로는 디지털 컨버젼스를 통한 한층 더 앞선 응용분야의 성장성은 높다고 보여진다. 이러한 휴대폰의 디지털 컨버젼스 경향은 한국과 일본을 주축으로 지속적으로 진행되고 있다. 이와 더불어 휴대폰 제조업체들의 개발비용 절감을 위해 업체 간 플랫폼 공유화, 부품업계와의 제휴 등이 증가할 것으로 전망한다. 현재 휴대폰 부품산업에서는 선진 기술확보를 통한 조기 제품 출시가 중요한 시점이다.

사실상 멀티미디어 산업의 미래는 밝다고 볼 수 있다. 이와 같이 시장이 빠르게 변하는 상황에서는 무엇보다 시장의 변화에 맞게 발빠르게 맞춰 움직이는 것만이 생존의 길이다. 또한 이렇게 경쟁이 치열하고 기술이 빠르게 진보하고 있는 환경에서는 신뢰성 테스트 등 지속적인 기술적 지원이 중요하다. 이러한 시장의 특성을 고려하면, 의사결정이 빠른 중소기업이 주도하기 적합한 경쟁상황이라고 볼 수 있다.

국내 최대의 Fabless 반도체 설계전문 업체

엠텍비젼(주)의 큰 경쟁력으로 꼽히는 것이 비용의 효율화이다. 본사는 반도체 설계전문회사로 반도체 자체 생산시설(Fab)을 갖추고 있지 않기 때문에 반도체 위탁 생산회사(파운드리)를 통하여 웨이퍼 가공을 하고 있다. 또한, 매출의 증감에 따라, 외주가공업체의 수를 늘리거나 줄일 수 있어 매출의 증가 혹은 감소에 따르는 생산유휴시설이 발생할 여지가 없다. 이는 엠텍비젼이 순수한 기술력을 창출할 뿐, 직접 비용이 많이드는 Fab을 소유하고 있지 않은 것에 대한 장점이다.

엠텍비젼(주)의 생산업무는 제품의 기획, 연구 및 개발, 디자인, 원자재 구매, 생산 및 조립, 검사, 및 포장으로 이루어져 있다. 이러한 과정 속에서 엠텍비젼은 기획에서부터 주요 원자재 구매 및 제품검사까지 생산의 핵심적인 과정을 수행하고 있다. 또한 SRAM메모리를 구매한 후 이를 반도체 조립전문회사에 의뢰하여 제품을 공급받고 있다. Packaging 공정은 엠코테크

Exhibit 4 요약 대차대조표(단위: 백만 원)

구 분	2005년 3/4분기	2004년	2003년	2002년	2001년
[유동자산]	82,095	72,473	60,267	5,704	3,246
• 당좌자산	70,301	58,531	47,329	4,228	2,365
• 재고자산	11,794	13,942	12,937	1,476	881
[고정자산]	45,261	25,916	7,490	2,959	2,475
• 투자자산	16,129	7,695	2,360	202	157
• 유형자산	12,785	8,094	1,943	1,525	1,419
• 무형자산	16,347	10,127	3,187	1,232	898
자산총계	127,357	98,390	67,757	8,663	5,721
[유동부채]	19,901	13,339	13,497	1,498	660
[고정부채]	3,777	3,889	5,313	1,659	1,800
부채총계	23,678	17,228	18,810	3,157	2,461
[자본금]	3,652	3,652	3,152	2,522	1,550
[자본잉여금]	36,163	36,163	32,632	3,088	2,189
[이익잉여금]	69,183	47,543	13,178	−103	−478
[자본조정]	−5,320	−6,196	−15		
자본총계	103,678	81,162	48,947	5,506	3,261
자본+부채	127,357	98,390	67,757	8,663	5,721

자료: 엠텍비젼(주)

놀로지에서 전담하고 있으며, 웨이퍼 가공은 동부전자를 필두로 삼성전자, 후지츠, TSMC 등에게 외주를 주고 있다.

엠텍비젼(주)의 공시된 주요 재무제표를 통해 기업의 성장성, 수익성, 효율성 그리고 안정성 등을 살펴볼 수 있다. 성장지수로 볼 수 있는 총자산 증가율은 2001년 57억 대비 2002년 86억의 53%의 증가율을 보였다. 2003년에는 자산이 677억으로 증가 682%의 경이로운 증가율을 보이게 된다. 그 후에도 엠텍비젼은 꾸준한 높은 자산 증가율을 보이고 있다〈*Exhibit 4. 요약대차대조표*〉.

또한 2001년 매출액은 36억 원 정도로 그 다음 해에는 73억 정도로 약 102%라는 성장성을 보였다. 그 이후 2년에 걸쳐 2003

Exhibit 5 매출액, 영업이익, 당기순이익 추세(단위: 백만 원)

	2005년3/4	2004년	2003년	2002년	2001년
매출액	128,492	168,072	56,358	7,326	3,627
영업이익	25,191	34,532	14,951	771	-391
당기순이익	25,188	34,364	13,281	374	151

자료: 엠텍비젼(주)

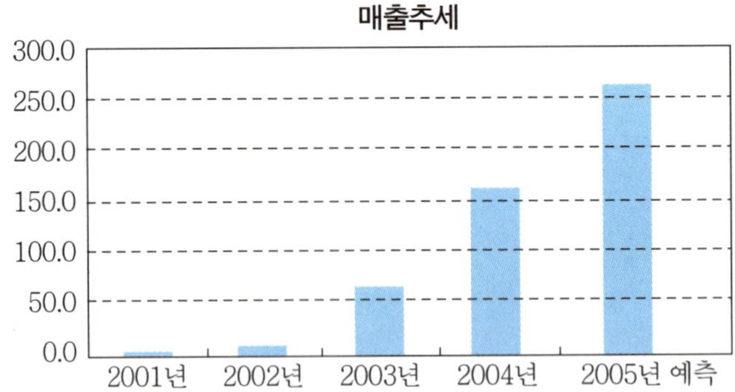

자료: 엠텍비젼(주)

Exhibit 6 **주요 재무비율**

(연말기준)	2002	2003	2004
매출액증가율(%)	102	669	198
영업이익증가율(%)	–	1,837	131
경상이익증가율(%)	440	3,032	157
총자산증가율(%)	53	682	45
자기자본순이익률(%)	9	49	53
총자본순이익률(%)	5	35	41
기업경상이익률(%)	8	37	42
기업순이익률(%)	7	36	41
매출액(종업원 1인당, 천 원)	146,532	988,741	1,057,057
영업활동현금흐름이자보상비율	–3	7	551
영업이익이자보상비율	7	36	525
경상이익이자보상비율	5	34	533
자기자본비율	64	72 82	
부채비율	57	38	21
차입금/자기자본	38	12	5

자료: 엠텍비젼(주)

년에는 564억, 2004년에는 1,680억으로 큰 폭으로 성장했다. 성장폭의 경우 2년에 걸쳐 꾸준히 크게 성장하였지만, 실제 매출액증가율은 연 200% 안팎의 안정적인 추세를 탔다고 볼 수 있다 *〈Exhibit 5. 매출액, 영업이익, 당기순이익 추세〉*.

그리고 자기자본순이익률과 총자본순이익률은 각각 전년대비 49%와 35%로 2003년에 급격히 증가, 그 이후 지속적인 상승률을 보이고 있다. 이는 투자자로부터 기업의 수익성이 높다는 평가를 받고 있다.

종업원 1인당 매출액 또한 2002년 1억 4천 정도에서 2004년에는 10억 5천으로 효율성이 급증하고 있다. 자기자본비율은 매년 약 10%씩 계속 증가하고 부채비율은 약 18%씩 감소하고 있다. 그리고 이익보상비율은 급격히 감소하고 있어 회사의 재무구조가 건실하다는 것을 암시하고 있다〈*Exhibit 6. 주요 재무비율*〉.

주가동향

규모가 작은 Fabless 중소업체로서 대기업에서 유사한 신제품 출시, 기술 개발, 사업범위 확대관련 소식만 들려도 주가는 크게 영향을 받는다. 2005년 3월 2일에 최고 42,400원까지하던 주가가 3월 말쯤 삼성전자가 이 분야에 뛰어든다는 루머로 엠텍비젼(주)의 성장성과 성과에는 상관없이 4월 28일 최저 24,050원까지 주가가 급락하였다. 그 이후 주가가 상승하기는 하였으나 전반적인 주식시장의 상승에도 불구하고 11월 14일 현재 아직도 30,650원으로 예전의 주가수준을 회복하지는 못하고 있다〈*Exhibit 7. 주가동향*〉.

Exhibit 7 **주가동향**

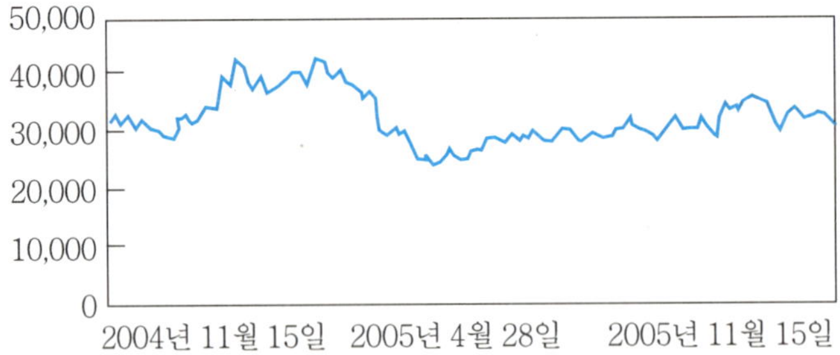

자료: KIS Value

10.2 전략과 경쟁상황

전략적 목표

엠텍비젼(주)의 비전은 Digital Media Pioneer이며 이에 따른 전략적 목표는 2010년까지 매출액 1조를 달성하여 Fabless 1조 원 클럽[1]에 가입 (1 billion dollar club)하는 것이다. 1조 원의 매출은 당사가 생존의 문제를 극복하고 안정된 발전을 추구하기 위해 필요한 수준이라고 간주된다. 2005년 예상매출액 2751억 원에서 5년 후 1조 원의 매출을 올리기 위해서는 연간 평균매출을 29.45%씩 증가시켜야 한다.

성장전략

이러한 전략적 목표를 달성하기 위해서는 경쟁 기술 개발과 확보가 가장 중요하다. 특히, 현재까지 주력하고 있는 분야인 CCP, MMP, CSP 같은 프로세서에서 연구개발을 통해 경쟁력을 강화하는 동시에 Interface와 Display를 포함한 Machine Vision Platform(MVP) 전체로 사업영역 확장이 필요하다.

MVP에서 새로운 기술을 기발하기 위해서는 현재 엠텍비젼(주)는 단독 인수보다는 유관회사와의 제휴를 통한 신기술 개발을 더 선호하고 있다. 이와 같은 전략의 일환으로 삼성테크윈

1) 2004년 기준으로 Fabless 기업들 중 매출 1조 원 클럽에 가입된 기업은 대부분 미국기업으로 10개 정도된다. 이들 중 가장 큰 기업은 미국의 Qualcomm(3조 원 이상)이며 대만에는 미디어텍이 있다.

Exhibit 8 삼성테크윈(주)와의 공동출자조합 결성

1) 목적 : 대기업과 전략적 투자 제휴를 통한 미래지향적 신기술 발굴, 확보, 육성

2) 대상조합내용

- 조합명 : SVIC 9호 신기술투자조합
- 조합원 : 엠텍비젼(주), 삼성테크윈(주)
  삼성벤처투자(주) – 업무집행조합원
- 총조합규모 :
  총 100억 원(엠텍비젼/삼성테크윈: 각 49.5억 원, 삼성벤처투자 1억 원)
  총좌수: 1,000좌(엠텍비젼 출자좌수: 495좌)
- 중점투자대상 : 첨단미래산업인 "Robot Eye", "Machine Vision" 및 "Imaging" 관련 미래 지향적 신기술 보유 회사
- 존속예정기간 : 7년
- 출자예정일 : 2005년 12월 23일

자료: 엠텍비젼(주)

(주)과 각각 49.5억 원을 각자 출자하여 Robot Eye와 Machine Vision 및 Imaging 관련와 관련된 신기술을 보유한 회사에 투자하고자 공동출자조합을 결성하였다〈*Exhibit 8 삼성테크윈(주)와의 공동출자조합 결성*〉.

성장전략의 위협요소

엠텍비젼(주)의 전략실현에 있어서 근본적인 위협요인은 Imaging 분야 자체가 아직 정립되어 있지 않아 불확실성이 높다는 점이다. 현재에 존재하지 않는 새로운 산업을 만들어 가는 중이므로 시장의 수요가 확정되지 않은 상태이다.

경쟁의 측면에서는 새로운 분야이기 때문에 경쟁을 통해서 파이자체를 크게 하는 방향이 보다 바람직하다. 그러나 TI,

Exhibit 9 **제품군별 경쟁업체**

- 카메라 프로세서: CCP 제품군과 같이 카메라 지원 기능이 중심이 되는 제품들로 Seiko Epson, Sanyo, 코아로직 등
- 멀티미디어 프로세서: 다양한 멀티미디어 기능을 지원하는 제품으로 TI의 OMAP 프로세서와 Hitachi의 SH-Mobile
- Baseband: Qualcomm을 비롯하여 최근 베이스밴드 업체들이 기존 통신 기능 외에 DSP의 기능을 강화해서 카메라 기능은 물론 동영상 및 멀티미디어 기능까지 지원

자료: 엠텍비젼(주)

Renaissance, ATI같은 외국 거대 멀티미디어 기업들이 막강한 자금력을 바탕으로 이 분야에 빠르게 진입할 때, Machine Vision Platform(MVP) 전체로 사업영역 확장이 어려워짐과 동시에 현재 엠텍비젼(주)이 강점을 가지고 있는 프로세스 부문도 위협받을 수 있다. 이들 기업과의 경쟁에서 시장을 선점하기 위해서는 빠른 대규모의 기술투자와 과감한 전략수행이 필요하다 *〈Exhibit 9. 제품군별 경쟁업체〉*.

엠텍비젼(주)에 있어서 직접적이면서도 가장 위협적인 요소는 삼성 한 기업에 대부분 매출을 의존하고 있다는 것이다. 이는 수요자 협상력 측면에서 가격과 물량공급을 결정할 때 불리하게 작용한다*〈Exhibit 10. 구매자별 매출〉*.

또한, 생산시설과 기술, 자본력을 보유하고 있는 잠재적 진입자로서의 삼성은 엠텍비젼(주)의 생존 자체를 어렵게 할 만큼 위협적인 것이다. 실제, 올해 초 주식가격의 급락은 삼성전자의 진출설에 기인한 것이 었으며 이러한 삼성 및 기타 대기업의 신규진입 위험은 상존하고 있다*〈Exhibit 7. 주가동향〉*.

엠텍비젼(주)는 이러한 위협을 잘 인지하고 있으며 이를 극

Exhibit 10 구매자별 매출

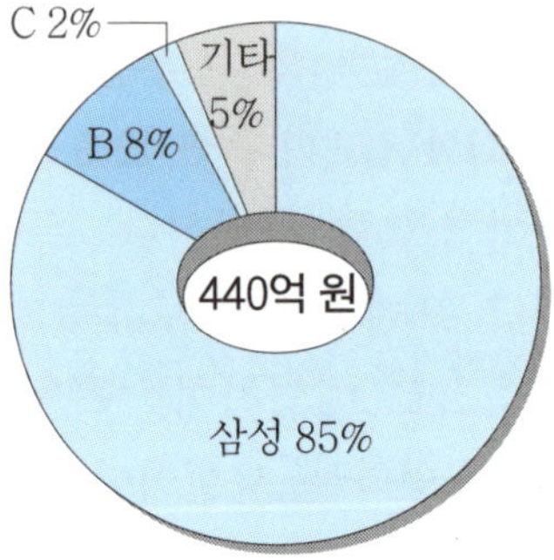

자료: 엠텍비젼(주)

복하기 위해 적극적인 전략적인 제휴와 해외거래처를 다변화를 모색하고 있으며 조만간 긍정적인 변화가 기대된다.

성장전략을 위한 자금 수요

현재까지 필요한 투자와 경영활동에 필요한 대부분의 자금 수요를 내부유보자금으로 충당하고 있다. 33억 원 정도의 자금을 은행, 종금사로부터 차입하고 있으나 신규 차입 없이 지속적으로 상환하고 있다〈*Exhibit 11. 자금조달 내역*〉. 2004년도 연구개발에 86억 원, 2005년 3/4분기까지만 139억 원을 투입한 점을 고려하면 대부분의 투자는 내부유보자금을 통해 충당하고 있음을 알 수 있다〈*Exhibit 12. 비용구조 및 연구개발비 비중*〉.

그러나 엠텍비젼(주)가 앞으로의 성장전략을 수행하기 위해서 외부 자금 조달이 필요하다. 2005년 3사분기 현재 연구개발비는 매출의 10.8% 수준이며, 성장전략 달성을 위해서는 2010년까지 매출액의 10% 정도 연구개발투자가 예정되어 있다. 즉, 2010년까지 필요한 연구개발비 투자액은 총 2,461억 원이다 〈*Exhibit 13. 예상 연구개발비 투자액*〉. 또한, 연구개발비 외에 해외진출과 판매선 다변화 등 추가적으로도 많은 비용이 들어갈 것으로 예상된다. 그러므로 이러한 막대한 자금 수요의 증가를

Exhibit 11 자금조달 내역(단위: 백만 원)

조달원천	기초잔액	신규조달	상환등감소	기말잔액
은행	3,911	–	711	3,200
보험회사	–	–	–	–
종합금융회사	84	–	28	56
여신전문금융회사	–	–	–	–
상호저축은행	–	–	–	–
기타금융기관	–	–	–	–
금융기관 합계	3,995	–	739	3,256
회사채(공모)	–	–	–	–
회사채(사모)	–	–	–	–
유상증자(공모)	–	–	–	–
유상증자(사모)	–	–	–	–
자산유동화(공모)	–	–	–	–
자산유동화(사모)	–	–	–	–
기타	–	–	–	–
자본시장 합계	–	–	–	–
주주 · 임원 ·	–	–	–	–
관계회사차입금				
기타	–	–	–	–
총계	3,995	–	739	3,256

자료: 엠텍비젼(주)

Exhibit 12 **비용구조 및 연구개발비 비중(단위: 천 원)**

과 목		2005년 3/4	2004년	2003년
원재료비		1,227,385	809,359	589,502
인건비		4,554,256	2,430,369	1,411,530
감가상각비		652,333	540,337	83,336
위탁용역비		4,747,085	2,784,941	1,083,163
기타		2,687,486	2,021,403	39,484
연구개발비용 계		13,868,545	8,586,409	3,207,015
회계처리	판매비와 관리비	6,093,164	1,867,647	1,080,710
	제조경비	174,155	140,605	–
	개발비(무형자산)	7,601,226	6,758,157	2,126,305
연구개발비 / 매출액 비율 [연구개발비용계÷당기매출액×100]		10.80%	5.1%	5.7%

자료: 엠텍비젼(주)

Exhibit 13 **예상 연구개발비 투자액(단위: 십억 원)**

	2005년	2006년	2007년	2008년	2009년	2010년
예상매출액	275.1	356.1168	460.993	596.7552	772.4993	1,000
연구개발비투자액	27.5	35.6	46.1	59.7	77.2	100.0
2010년까지 누적투자액			246.1			비고

자료: 엠텍비젼(주)

충당하기 위해서는 증자나 채권발행, 장기설비자금 차입 등의 방법으로 외부자금을 조달해야 한다. 현재, 발행된 주식 수는 7,303,750개이며 미발행 또는 자기보유주식 수는 12,696,250개이며 2005년 11월14일 현재주가 30,650원을 가정하면 최대 3891억 원의 자금을 확보할 수 있다.

10.3 주주구성

2005년 9월 23일 현재, 대표이사 이성민씨가 1,480,000주(20.26%)를 보유하고 있으며 미국계 사모펀드인 오펜하이머펀드(Oppenheimer Fund)[2)]가 1,120,492주(15.34%)를 보유하고 있다. 오펜하이머펀드는 엠텍비젼(주)가 투자자금의 확보를 위해 자사주의 15%를 블록딜(Block deal)로 넘김으로써 2대 주주가 되었다. 외국계 기업지배구조펀드로서 드물게 현재 경영권에 대한 간섭이 전혀 없으며 기업의 성장 가능성을 높게 평가하고 있다. 기업의 성장 가능성에 초점을 맞추고 있기 때문에 자사주매입과 배당보다는 재투자를 하는 것을 선호한다. 한편, 최대주주인 대표이사 이성민씨는 주주권리에 대해 확실한 인식을 가지고 있으며 특히 작년부터 현재까지의 주가하락에 대해 어떤 형태로든 보상하고 기업의 미래성장성을 홍보해야 한다는 심정을 피력하여 왔다.

배당정책

배당은 기업이 일정기간 동안 영업활동을 해 발생한 이익 중

---

2) 오펜하이머는 미국 뉴욕 리버티스트리트에 본사를 둔 오펜하이머는 1,500억 달러(원화 174조원) 규모의 자산을 운용하고 있는 중대형 투자사이다. 미국 7대 뮤추얼보험 그룹인 매스뮤추얼 파이낸셜 그룹의 한 사업부분인 오펜하이머 애퀴지션(Oppenheimer Acquisition) 아래에 있다. 미국 캘리포니아공무원연금(CalPERS) 등과 함께 주주권리 행사에 가장 적극적인 기업지배구조펀드로 손꼽힌다. 기업의 지배구조가 자신들의 원칙에 부합하지 않을 경우 주주총회 참여나 법정소송 등의 적극적인 방법으로 문제를 제기해 왔다.

일부를 주주들에게 소유지분에 따라 배분하는 것이다. 따라서 배당정책이란, 배당을 주주에게 '어느 정도'를 '어느 시기'에 '어떤 형태'로 나누어 줄 것인가를 결정하는 정책이다. 이는 최종적으로 주주총회의 승인을 받게 된다.

우선, 얼마나 많은 배당을 할 것인가는 당기처분가능이익금을 어떤 비율로 배당금과 내부유보로 분할할지를 결정하는 문제이다. 다시 말해 당기순이익 중 현금으로 지급된 배당금 총액의 비율인 배당성향[3]을 정하는 것이다. 배당성향이 높을수록 회사의 재무구조가 악화될 수 있으나 투자자들에게는 좋은 신호를 준다. 반대로 낮을수록 사내유보율이 높고 다음 기회의 배당증가나 무상증자의 여력이 있음을 나타낸다.

주식회사는 소유와 경영이 분리되어 있고 주주의 이익을 최대로 하는 것이 회사의 목표이므로 언제 배당을 할지는 중요한 문제이다. 일반적으로 안정적 배당이 선호되는데, 이는 시기마다 요구되는 수익률이 변동하기 때문이다.

배당을 지급하는 형태는 현금배당과 비현금배당이 있는데, 비현금배당에는 주식배당이 있으며 이 외에도 현물배당, 채권배당, 사채배당이 있다.

그 밖에도 효과적인 배당정책을 위하여 배당에 따른 투자기회 상실에 따른 기회비용 등, 고려할 사항들이 있다. 그 중에서 세금과 발행비용은 직접적인 영향이 있다. 배당시 고려할 세금은 회사가 지불하는 법인세가 아닌 주주가 지불해야 하는 배당소득세와 자본소득세이다. 배당을 받게 되면 주주는 배당소득세를 지불해야 한다. 그러나 회사가 투자를 위해 배당을 유보했을

3) $\text{배당성향(\%)} = \dfrac{\text{현금배당총액}}{\text{유배회시당기순이익 합계}} \times 100$

때, 그 결과가 주가에 반영이 된 후 주식을 매각하게 된다면, 주주는 자본소득세를 내야 한다.

배당소득세와 자본소득세의 세율이 동일하다면, 배당정책은 주주의 부에 직접적인 영향력이 없다. 하지만 우리나라에서는 일반적으로 배당소득세율[4]이 자본소득세율보다 상대적으로 높다. 따라서 세금을 납부하는 투자자는 배당성향이 낮은 기업을 선호하고, 기업은 배당을 지급하기보다는 이익을 유보하려 할 것이다.

만약, 회사가 현재 보유하고 있는 현금보다 많은 현금배당을 한다면, 외부로부터 새로운 자금을 조달할 필요성이 있다. 주로 신주나 회사채를 발행하는데 이에 따르는 발행비용이 발생하게 된다. 따라서 발행비용만을 고려한다면 배당은 기업가치를 감소시킨다.

하지만 일반적으로 투자자들은 크게 두 가지 이유로 배당을 선호한다. 첫째로 불확실성에 대한 제거이다. 배당금은 당장 눈앞의 현금이나 자본소득은 언제 얼마만큼 실현될지 모르는 불확실성에 쌓여 있기에 투자자들은 보다 안전한 배당을 원하게 된다. 그리고 대체로 현주가는 요구수익률에 반비례[5]하는데 현재 배당을 하지 않고 미래를 약속할 경우 증가된 불확실성(위험)에 의해 주주들의 요구수익률이 더 높아져 기업의 주가가 감소할 수 있다.

둘째로 정보불균형(information asymmetry)을 해소하고 시장에 좋은 긍정적 신호를 주는 수단이 될 수 있다. 내부 경영자

---

4) 소주주일 경우 약 24.2% 정도, 대주주는 종합소득의 크기에 따라 누진적 과세.

5) $주가 = \frac{\Sigma 미래현금흐름}{(1+요구수익률)^{보유기간}}$

와 외부 투자자들 사이에는 항상 같은 정보를 동시에 모두 보유할 수는 없으므로 필연적으로 불균형이 존재하게 된다. 배당률의 증가는 미래의 현금흐름이 더 높은 배당금 수준을 유지할 만큼 예측이 된다는 경영진의 확신을 의미하므로 투자자들에게 신호로 인식될 수 있다. 이와 달리 기존보다 낮은 배당률은 경영악화로서 투자자들에게 적신호로 인식된다. 따라서 기업은 배당을 올리고 나면 다시 낮추기 힘들게 되므로 배당은 하반경직성의 특징을 가지게 된다. 결과적으로 경영자들은 정보의 불균형을 해소함과 동시에 투자자들에게 높이 평가받기 위하여 배당률을 증가시키려 한다. 또한 배당공시는 다른 재무제표, 증권분석가들의 자료보다 신뢰할 수 있고 기업의 가치에 대한 정보를 효율적으로 전달하는 수단으로 인식되고 있다.

결과적으로 배당금은 신호수단과 불확실성 제거에 따른 이점과 함께 세금납부와 발행비 등의 손실을 가져온다. 따라서 기업은 이들을 고려하여 얼마나, 언제, 어떻게 배당을 지급할지 결정하는 배당정책을 최적화한다.

크게 현금배당과 주식배당이 있다. 현금배당은 주주총회의 결의에 의해 주주에 대한 이익배당으로 배당률(1주당 액면금액에 대해서 지급되는 배당금의 비율)에 따라 배당금(현금)[6]을 지급하는 것이다.

주식배당은 현금대신 이에 상당하는 신주를 발행해 배당하는 방식이다. 주주의 지분비율에 따라 비례적으로 주식을 분배받으므로 주식배당금이 지급된 이후에도 주주의 비례적 소유지분은 변동이 없으며 '배당락'을 통해 주가도 그만큼 떨어지므로

---

6) 배당금 = 배당률(%) × 액면가액 × 100

보유주식의 가치는 변하지 않는다.

주식배당을 통해 현금유출을 막아 자본증가에 따른 기업의 재무구조가 개선되고 따라서 회사의 담보력과 신용이 높아지며, 유통주식 수의 증가로 시장성을 높여 주가를 적정수준으로 유지할 수 있게 된다. 하지만 장기적으로 주식 수의 증가로 따른 더 큰 배당압력을 받게 된다.

배당률은 앞서 밝힌 것과 같이 1주당 액면금액에 대해서 지급되는 배당금의 비율이다. 이에 따라 크게 균등배당정책과 차등배당정책으로 나뉘어진다.

주주들에게 적용되는 배당률이 획일적으로 같으면 균등배당정책이라 한다. 차등배당정책은 배당률이 주주에 따라 달라지는 것으로, 주로 대주주가 소액주주보다 낮은 배당률을 받는 것을 말한다. 배당결정에 있어 대주주는 배당소득세와 종합소득세로 인하여 저배당을 선호하는 경향이 있고, 또 기업의 이윤이 적정수준에 미달할 때 대주주는 소액주주에게 배당권리의 일부를 양보 또는 포기하는 경우가 있는데 이 때 차등배당이 실시된다.

엠텍비젼(주)과 코아로직(주)의 과거배당정책

엠텍비젼(주)은 1999년 설립한 이후 2004년 코스닥에 상장할 때까지 배당을 전혀 지급하지 않고 모든 이익을 내부에 유보하여 기술개발과 사업확장을 위해 투자하여 왔다. 2004년 코스닥에 상장 이후 주당 500원의 현금배당을 지급하였다(배당성향: 10.32 %)〈*Exhibit 14. 과거배당*〉.

엠텍비젼(주)의 배당정책은 유사한 제품군을 생산하는 코아로직(주)의 배당정책과 비교해 볼 수 있다. 코아로직(주)은 주주

Exhibit 14 **과거배당**

구 분		2004년	2003년	2002년
주당액면가액(원)		500	500	500
당기순이익(백만 원)		34,365	13,282	375
주당순이익(원)		4,705	2,632	82
배당가능이익(백만 원)		47,188	13,178	–
현금배당금총액(백만 원)		3,548	–	–
주식배당금총액(백만 원)		–	–	–
현금배당성향(%)		10.32	–	–
현금배당수익률 (%)	보통주	1.6	–	–
	우선주	–	–	–
주식배당수익률 (%)	보통주	–	–	–
	우선주	–	–	–
주당 현금배당금 (원)	보통주	500	–	–
	우선주	–	–	–
주당 주식배당금 (원)	보통주	–	–	–
	우선주	–	–	–

가치 중심경영 차원에서 2004년 사업년도에 주당 1,500원(액면가 500원, 액면배당률 300%)의 현금배당을 실시하기로 결정, 이는 지난년도의 500원에 비하여 3배에 해당하는 금액이다. 그 결과 총배당지급액이 전년도 2억 3천에서 99억으로 대폭 증가하였다. 이는 다른 벤처기업에 비하여 높은 수준으로 외부투자자들에게 좋은 신호를 주고 있다고 평가되고 있다.

자사주매입

자사주매입은 기업이 자기 자금을 통해 자회사 주식을 매입

Exhibit 15 자사주매입

일자	종류	수 량		1주당 처분가액	처분가액 총액
		주문수량	처분수량		
2005년 08월 02일	기명식보통주	30,000	30,000	30,900	927
2005년 10월 18일	기명식보통주	70,000	70,000	30,200	2,114
2005년 04월 29일	기명식보통주	14,341	14,341	24,050	344,901
2005년 05월 02일	기명식보통주	84	84	24,250	2,037
2005년 04월 18일	기명식보통주	34,511	34,511	26,477	937,577,047
2004년 08월 02일	기명식보통주	30,000	4,807	23,550	113,204,850
2004년 08월 04일	기명식보통주	29,000	9,585	25,144	241,006,400
2004년 08월 05일	기명식보통주	30,000	8,000	26,343	210,745,160
2004년 08월 06일	기명식보통주	30,000	3,378	26,150	88,334,700
2004년 08월 10일	기명식보통주	30,000	1,479	25,900	38,306,100
2004년 08월 11일	기명식보통주	30,000	5,000	25,905	129,524,400
2004년 08월 12일	기명식보통주	30,000	5,000	26,250	131,250,000
2004년 08월 13일	기명식보통주	40,000	8,561	26,414	226,132,350
2004년 08월 16일	기명식보통주	30,000	14,937	24,719	369,223,400
2004년 08월 17일	기명식보통주	30,000	7,100	24,644	174,975,900
2004년 08월 18일	기명식보통주	30,000	4,000	24,425	97,700,000
2004년 08월 19일	기명식보통주	25,000	3,153	25,684	80,982,100
2004년 08월 20일	기명식보통주	20,000	3,912	25,532	99,882,950
2004년 08월 27일	기명식보통주	20,000	11,008	26,272	289,199,700
2004년 08월 31일	기명식보통주	10,080	3,000	25,250	75,750,000
2004년 09월 02일	기명식보통주	7,080	7,080	25,611	181,322,950
2004년 06월 08일	기명식보통주	5,000	5,000	36,186	180,931,750
2004년 06월 09일	기명식보통주	5,000	5,000	35,250	176,250,000

하는 것이다. 이를 통해 현재 유통되고 있는 주식의 수를 줄여,

각 주당 가지고 있는 가치를 단기적으로 올릴 수 있다. 또는 지분율을 높여 기업매수대상에서 벗어나는 이점을 가져온다. 이 밖에도 배당지급시, 세금을 내야 하는 주주에게는 소득세를 면하고 주식의 가치를 올리는 효과와 기업을 비공개화할 수 있는 등 여러 가지 효과가 있다. 하지만 너무 많은 양의 자사주매입은 내부유보를 통한 투자가 적다는 안좋은 신호를 투자자에게 줄 수 있다. 엠텍비젼은 주주의 권익을 보호하고 각 주가를 하락을 방어해 안정시키기는 것과 스톡옵션(stock option)을 위해 여러 차례에 걸쳐 자사주매입을 결정한다〈*Exhibit 15. 자사주매입*〉.

이와 같은 사실을 바탕으로 이호섭 경영기획팀장은 이번 회의에서 2005년 엠텍비젼(주) 배당정책에 대해 어떤 제안을 하여야 할지 결정을 내려야 한다. 배당의 증액여부와 규모, 다른 대안으로의 대체여부 등 배당정책과 관련하여 다양한 선택의 여지가 있다. 마지막으로 그는 생각했다. 과연 엠텍비젼(주)의 투자를 위한 자금 수요를 충족시키며 주주의 권익을 극대화하기 위해 가장 적합한 배당정책은 무엇인가?

향후 배당정책에 대한 제안

일반적으로는 배당정책을 결정할 때는 배당정책과 관련된 내부잉여자본 변화에 따른 투자의 기회비용과 투자자의 불확실성에 대한 노출 정도 등에 대한 영향 등 여러 가지 요소들을 종합적으로 고려해야 한다. 그러나 엠텍비젼(주)의 경우 성장전략을 수행하기 위해 향후 자금의 모집이 매우 중요하기 때문에 투자자의 신뢰를 확보하고 앞으로 엠텍비젼(주)의 높은 성장성을 보여 주는 것이 배당정책에서 가장 중점을 두어야 할 부분이다. 그러므로 엠텍비젼(주)의 배당정책을 결정할 때, 정책의 변경으로 인해 얼마나 시장에 긍정적 신호를 주며 효과적으로 정보불균형을 해소할 수 있는가를 가장 중요한 결정요인으로 고려해야 한다. 아래와 같이 엠텍비젼(주)이 고려할 수 있는 여러 배당정책의 대안들 중에 시장에서 가장 긍정적인 효과를 주는 방안을 선택해야 한다.

- 추가적인 자사주매입 vs. 배당증액

배당이 아닌 추가적인 자사주매입으로도 주가를 끌어올린다든지 시장에 긍정적인 신호를 보내는 등 배당과 유사한 효과를 낼 수 있다. 또한 자사주매입의 경우 배당정책에 비해 시행시기나 규모 등의 측면에서 융통성이 높다. 그러나 1회성이 짙은 자사주매입은 지속성이 높은 배당정책의 변경에 비해 시장에 주는 긍정적 신호가 적다는 단점이 있다. 엠텍비젼(주)의 경우, 이미 기존에 여러 차례 자사주를 매입한 바 있고 시그널 효과가 중요하기 때문에 자사주매입보다는 배당증액쪽을 선택하여야 한다. 이러한 배당의 증액은 배당가능이익의 증가나 배당성향을 증가를 통해 이루어질 수 있다.

- 현금배당 vs. 비현금배당

현금이 아닌 주식 등으로 배당하는 비현금배당정책의 경우, 내부현금을 유보하여 투자에 사용할 수 있다는 장점이 있으며 오펜하이머 펀드같은 대주주의 성향이 배당보다는 내부유보를 통한 성장 가능성을 극대화시키는 것을 선호한다. 그러나 2004년과 2005년의 저조한 주식수익률을 고려할 때, 엠텍비젼(주)의 성과를 과시하고 앞으로의 성장 가능성을 보여 주기 위한 보다 적극적인 정책이 필요하다. 배당정책은 하방경직성을 가지고 있으므로 최소한 작년에 주었던 액면가의 100%(주당 500원) 수준의 현금배당은 기본적으로 지급되어야 하며, 이 수준 이상으로 배당을 지급한다면 현금배당을 지급하는 것이 바람직하다.

- 균등배당 vs. 차등배당

현재, 최대주주인 대표이사는 저조한 주식수익률을 어떤 방식으로든 보상하려는 마음을 가지고 있으며 주주권리에도 많은 관심을 기울이고 있다. 그러므로 20%를 상회하는 지분을 보유하고 있는 최대주주가 자신이 받게 될 배당 중에 일부를 포기하여 사내에 유보시킨다면 주식시장에 상당히 긍정적인 시그널로 받아들여질 것이다. 사실 최대주주가 포기하게 될 금액은 회사 전체적인 입장에서는 큰 액수는 아닐 것이다. 그러나 이는 회사의 경영진이 얼마나 주주권리를 존중하는지 그리고 엠텍비젼(주)의 장래에 대해서 낙관적으로 보는지에 대한 정보를 잘 전달해 줄 수 있는 제스츄어로서 받아들여질 것이다. 이러한 배당정책의 채택은 자본시장에서 자금을 추가적으로 모집하는데 엠텍비젼(주)가 보다 유리한 위치에 서게 할 것으로 예상된다.

결론적으로 상기의 상황을 고려하여 봤을 때, 투자를 위한 자금 수요를 충족시키며 주주의 권익을 극대화하기 위해 가장 적합한 배당정책은 차등배당정책이며 인상된 배당금은 현금으로 지급하여야 한다.

10.4 에필로그

실자로 엠텍비젼(주)은 2005년 11월 23일에 차등현금배당을 공시하였다. 공시된 차등현금배당에 따르면 최대주주인 대표이사는 2004년과 동일하게 주당 500원의 배당을 받고 그 외의 주주들은 전년도 대비 2배 증액된 1,000원을 받게 된다. 즉, 2005년 9월 30일의 지분율을 바탕으로 계산하면 최대주주는 7억 4천만 원을 받게 되고 엠텍비젼(주)은 총 65억 6천만 원의 배당을 지급하게 된다. 2005년 3/4분기 현재의 마진율[7]과 예상매출액 〈*Exhibit 5. 매출액, 영업이익, 당기순이익 추세*〉을 바탕으로 계산한 예상배당성향은 12.17%로 2004년의 10.32%에 비해 증가하였다.

"주주가치를 높이는 동시에 회사의 미래를 위한 투자를 강화하는 두 가지를 다 만족시키기 위해 결정했습니다."

– 엠텍비젼(주) CEO 이성민 –

엠텍비젼(주)의 CEO가 7억 4천만 원의 배당을 더 받을 수 있었음에도 불구하고 이를 포기하고 차등배당정책을 채택하게 된 이유는 모언론과의 인터뷰에서 찾을 수 있다. 즉, 엠텍비젼(주)의 차등배당정책은 최대주주의 희생을 바탕으로 시장에 엠텍비젼(주)의 미래 성과에 대한 좋은 시그널을 줌으로써 주주가치를 높이는 동시에 향후 자금조달에 유리한 위치에 서게 됨으로써 미래에 대한 투자를 강화하기 위한 방안인 것이다. 이러한

7) 3/4분기 현재 마진율 $= \frac{25,188\text{백만}}{128,492\text{백만}} = 19.6\%$, 2005 예상매출액 = 2,751억 원

배당정책의 결과는 주식시장에서 긍정적인 반응으로 나타났다. 2005년 초부터 시장평균 성과에 비해 훨씬 못 미치던 주가가 11월 14일부터 12월 8일까지 3주 동안 무려 20% 상승하였다. 시장은 이러한 배당정책을 긍정적으로 보고 있으며 향후 엠텍비젼(주)이 증자나 채권발행을 통해 추가로 자금을 모집하는데 유리한 위치에 서게 되었다.

우리나라의 많은 중소기업들은 기술을 개발하고 제품을 판매하는 데만 치중하는 경향이 있다. 직접 수익이 창출되지 않는 배당정책에는 소홀하다. 그러나 중소기업이 성공하고 발전하기 위해서는 외부로부터 원활한 자금조달이 선행되어야 한다. 특히 대기업에 비해 자금조달이 어려운 중소기업에 있어 배당정책은 더욱 중요하다. 그러므로 효과적인 배당정책의 운용은 중소기업이 성공하기 위한 중요한 요소이다. 일반 주주들의 권익을 신장시키는 배당정책을 도입함으로써 회사의 가치를 높일 수 있다. 엠텍비젼(주)의 차등 배당정책에 대한 본 사례는 중소기업들의 올바른 배당정책의 좋은 예를 보여 주고 있다.

찾아보기

ㅈ

ㅊ

ㅋ

ㅌ

ㅍ

ㅎ

영문

[공동필진 프로필]

강 병 욱
현, KAIST경영공학 박사과정
KAIST 졸업, KAIST 경영공학 석사

강 선 우
현, KAIST경영공학 석사과정
KAIST 졸업

권 영 배
신한은행
KAIST 졸업, KAIST Techno MBA

김 도 연
KAIST 경영공학 박사과정
KAIST 졸업, KAIST 경영공학 석사

김 륜 희
Illinois대학 재무학박사과정
KAIST 졸업, KAIST 경영공학 석사

김 성 기
한국투자증권
KAIST 졸업

김 세 호
KAIST MIS MBA과정
고려대 졸업

김 유 미
삼성전자
이화여대 졸업, KAIST Techno MBA

김 철 승
삼성SDS
서울대 졸업, KAIST Techno MBA

김 효 선
현대자동차
부산대 졸업, KAIST MIS MBA

문 보 경
삼성생명
연세대 졸업, KAIST 경영공학 석사

박 성 흠
신한은행
서울대 졸업, KAIST Techno MBA

박 장 우
한화증권
부산대 졸업, KAIST Techno MBA

박 헌 국
삼성전자
서울대 졸업, KAIST MIS MBA

박 현 성
KAIST경영공학 박사과정
KAIST 졸업, KAIST 경영공학 석사

서 상 원
한국도로공사
충남대 졸업, KAIST Techno MBA

신 동 윤
KAIST MIS MBA과정
경희대 졸업

신 소 희
한국쉘링
연세대 졸업, KAIST Techno MBA

안 혁
신한은행
KAIST 졸업, KAIST 경영공학 석사

안 현 미
삼성증권
KAIST 졸업, KAIST 경영공학 석사

양 은 민
신한은행
고려대 졸업, KAIST Techno MBA

연 순 호
삼성전자
고려대 졸업, KAIST Techno MBA

이 재 혁
KAIST MIS MBA과정
연세대 졸업

조 번 형
삼성화재해상보험
고려대 졸업, KAIST Techno MBA

조 재 훈
신한은행
서울대 졸업, KAIST Techno MBA

조 정 호
공군본부
공군사관학교 졸업, KAIST Techno MBA

지 상 호
신한은행
KAIST 졸업, KAIST Techno MBA

한 승 룡
GS칼텍스
연세대 졸업, KAIST 경영공학 석사

홍 광 표
KAIST 경영공학 석사과정
KAIST 졸업

허 준
KIS채권평가(주)
KAIST 졸업, KAIST 경영공학 석사